Die TUPE Regulations: Betriebsübergang in Großbritannien

Schriften zum Arbeitsrecht und Wirtschaftsrecht

Herausgegeben von Abbo Junker

Band 113

PETER LANG

Berlin - Bruxelles - Chennai - Lausanne - New York - Oxford

Sarah Häußinger

Die TUPE Regulations: Betriebsübergang in Großbritannien

PETER LANG
Berlin - Bruxelles - Chennai - Lausanne - New York - Oxford

Bibliografische Information der Deutschen Nationalbibliothek
Die Deutsche Nationalbibliothek verzeichnet diese Publikation in der Deutschen Nationalbibliografie; detaillierte bibliografische Daten sind im Internet über http://dnb.d-nb.de abrufbar.

Zugl.: München, Univ., Diss., 2023

D 19
ISSN 1433-4666
ISBN 978-3-631-90878-5 (Print)
E-ISBN 978-3-631-90884-6 (E-PDF)
E-ISBN 978-3-631-90885-3 (EPUB)
DOI 10.3726/b21194

Verlegt durch:
Peter Lang GmbH, Berlin, Deutschland

info@peterlang.com http://www.peterlang.com/

Vorwort

Diese Arbeit wurde von der Juristischen Fakultät der Ludwig-Maximilians-Universität-München im Sommersemester 2023 als Dissertation angenommen. Gesetzgebung, Rechtsprechung und Literatur sind bis März 2023 berücksichtigt. Mein Dank gilt meinem Doktorvater, Herrn Professor Dr. *Abbo Junker*, für die großartige Betreuung meiner Arbeit und den Anstoß, sich mit diesem Thema auseinanderzusetzen. Ich möchte ihm ebenfalls danken für die lehrreichen Jahre als Mitarbeiterin an seinem Lehrstuhl für (Internationales) Arbeitsrecht, Arbeitsrechtsvergleichung und Bürgerliches Recht und den von ihm stets geförderten Austausch mit den anderen Doktoranden. Ein besonderer Dank gilt auch Herrn Professor *Dr. Richard Giesen* für die zügige Erstellung des Zweitgutachtens.

Danken möchte ich darüber hinaus Professor Dr. *John McMullen*, Dr. *Charles Wynn-Evans* und *Melanie Tethers* für ihre wertvollen Hinweise und Einblicke in den britischen Arbeitsrechtsalltag. Ohne sie hätte ich viele Themen nicht in der Tiefe bearbeiten können. Mein Dank gilt auch der *Deutsch-Britischen Juristenvereinigung e.V.*, die mich bei meinem Forschungsaufenthalt unterstützt hat.

Allen Kollegen und Freunden am Zentrum für Arbeitsbeziehungen und Arbeitsrecht (ZAAR) danke ich für die Unterstützung und die schöne gemeinsame Zeit. Ausdrücklich erwähnen möchte ich Frau Dr. *Monika Flößer* und Frau Dr. *Anna Kuhn*, die mich sowohl persönlich als auch mit ihrem fachlichen Wissen bereichert haben und dadurch einen wesentlichen Teil zu dieser Arbeit beigetragen haben. Für die fortwährende Unterstützung und die mühevolle Korrekturarbeit möchte ich außerdem Herrn *Franz Mildner* danken.

Meine Familie hat mir diesen Bildungsweg ermöglicht, mich ermutigt und unterstützt. Dafür bin ich unendlich dankbar.

Sarah Häußinger — München, September 2023

Inhaltsübersicht

Inhaltsverzeichnis

Abkürzungsverzeichnis

Abs.	Absatz
AC	Appeal Cases
AG	Arbeitsgericht
Anor	another (englisch: ein anderer)
Art.	Artikel
AuR	Arbeit und Recht
BAG	Bundesarbeitsgericht
BeckOGK	Beck'scher Onlinegroßkommentar
BeckOKArbR	Beck'scher Onlinekommentar Arbeitsrecht
BeckRS	Beck'sche Rechtsprechungssammlung
Begr.	Begründer
BetrVG	Betriebsverfassungsgesetz
BGB	Bürgerliches Gesetzbuch
BJIL	British Journal of Industrial Relations
bspw.	beispielsweise
bzw.	beziehungsweise
CA	Court of Appeal
CCT	compulsive competitive tendering
CMLR	Common Market Law Reports
COIT	Central Office of the Industrial Tribunals
col.	colon
CompLaw	Company Lawyer
DB	Der Betrieb
Deb.	debate
d.h.	das heißt
EAS	Europäisches Arbeits- und Sozialrecht
EAT	Employment Appeal Tribunal
ed.	edition
EG	Europäische Gemeinschaft
ELJ	Employment Law Journal
Emp.	Employment
EPA 1975	Employment Protection Act 1975
ERA	Employment Rights Act
ET	Employment Tribunal
et al.	und andere

etc.	Et cetera
EU	Europäische Union
EuGH	Europäischer Gerichtshof
EUV	Europäische Verträge
EUWA	European Union (Withdrawal) Act
EuZA	Europäische Zeitschrift für Arbeitsrecht
EuZW	Europäische Zeitschrift für Wirtschaftsrecht
EqA	Equality Act
EWG	Europäische Wirtschaftsgemeinschaft
EWiR	Entscheidungen zum Wirtschaftsrecht
f.	folgende
ff.	fortfolgende
HC	High Court
HCO	House of Common
HL	House of Lords
Hrsg.	Herausgeber
ICR	Industrial Cases Report
ICCLR	International Company and Commercial Law Review
IDS	Incomes Data Service
IJ	Irish Jurist
IJCLLIR	The International Journal of Comparative Labour Law and Industrial Relations
ILJ	Industrial Law Journal
IRLR	Industrial Relations Law Reports
IRS ER	Industrial Relations Services Employment Review
i.S.d.	im Sinne der
JZ	Juristen Zeitung
krit.	kritisch
KSchG	Kündigungsschutzgesetz
LAG	Landesarbeitsgericht
liq.	liquidation, englisch: Abwicklung
lit.	Literatur
Ltd	Limited (Company)
m.w.N.	mit weiteren Nachweisen
NLJ	New Law Journal
NJW	Neue Juristische Wochenschrift
NZA	Neue Zeitschrift für Arbeitsrecht
NZA-RR	Neue Zeitschrift für Arbeitsrecht Rechtsprechungsreport
NZI	Neue Zeitschrift für Insolvenz- und Sanierungsrecht

ors	others (englisch: andere)
para.	paragraph
Plc.	Public limited company (Englisch: Kapitalgesellschaft mit der Möglichkeit zur Börsennotierung)
QB	Queen's Bench Division
RdA	Recht der Arbeit
reg.	regulation
RIW	Recht der Internationalen Wirtschaft
RL	Richtlinie
Rn.	Randnummer
Rs.	Rechtssache
s.	section
S.	Seite
Sc	Scottish (englisch: schottisch)
sched.	schedule
sog.	sogenannt
SPC	service provison change
TULR(C)A	Trade Union and Labour Relations Consolidations Act
TUPE	Transfer of Undertaking (Protection of Employment), verwendet für TUPE Regulations
TURERA	Trade Union Reform and Employment Rights Act
UK	United Kingdom
v	versus
v.	vom
vol.	volume
WL	Westlaw (Datenbank)
z.B.	zum Beispiel
ZIP	Zeitschrift für Wirtschaftsrecht

Entscheidungsverzeichnis

ADI (UK) Ltd v Willer, UKEAT/11/99, nicht veröffentlicht
ADI (UK) Ltd v Firm Securitiy Group Ltd [2001] 3 CMLR 139 (149) CA
Anderson v Kluwer Publishing Ltd [1985] COIT 15068/85 (nicht veröffentlicht)
Anglo Beef Processors UK v Longland and ors [2016] WL 08944729 EAT
Arch Initiatives v Greater Manchester West Mental Health NHS Foundation Trust and ors [2016] ICR 607 EAT
Argyll Coastal Services Ltd v Stirling [2012] WL 1067788
Argyll Training Ltd v Sinclair, Argyll & The Islands Enterprise Ltd [2000] WL 1084347 EAT
Astle and ors v Cheshire County Council, Omnisure Property Management Ltd [2004] WL 1372331 EAT
Atos Origin UK Ltd v Amicus and ors, EAT/0566/03, nicht veröffentlicht
Betts and ors v Brintel Helicopter Ltd and anor [1997] ICR 792 CA
Brookes and ors v Borough Care Services Ltd and anor [1998] ICR 1198 EAT.
Camden Primary Care Trust and University College London v Skittral and ors [2005] WL 1801244 EAT
Cartin v Botley Garages Ltd [1972] ICR 144 CA
Charlton and anor v Charlton Thermosystems (Romesy) Ltd and ors [1995] ICR 56 EAT
Cheesman v R Brewer Contracts Ltd [2000] WL 1918515 EAT
Clifton Middle School v Askew [2000] ICR 286 CA
Complete Clean Ltd v Savage, Design & Clare Cleaning Services Ltd, Buffer Bear Ltd [2002] WLUK 551 EAT
Computer Insight Ltd v Stewart, EAT/121/97, nicht veröffentlicht
Connick Tree Care v Chapman, EAT/889/97; nicht veröffentlicht
Costain Ltd v Armitage and anor [2014] WL 4355128 EAT
Council of the Isles of Scilly v Brintel Helicopters Ltd and ors [1994] ICR 249 EAT
Cowell v Quilter Goodison Company Ltd [1989] WL 651208 CA
Departement for Education v Huke [2012] WL 4866858
Derrick Cyffin Jones T/A the Barley Mow Public House v Miss D Beardmore [2010] WL 889306 EAT
Dewhurst and ors v Revisecatch Limited t/a Ecourier, City Sprint (UK) Ltd [2019] WL 06348712 ET
Dewhurst v CitySprint UK Ltd [2016] ET/2202512/2016

Dines and ors v Initial Healthcare Services Ltd and anor [1993] ICR 978 EAT
Dines and ors v Initial Health Care Services Ltd and anor [1995] ICR 11 CA
Dudley Bower Building Services Ltd v Lowe [2003] ICR 844 EAT
Duncan Web Offset (Maidstone) Ltd v Cooper [1995] IRLR 632
ECM (Vehicle Delivery Service) Ltd v Cox and ors [1999] ICR 631 EAT
ECM (Vehicle Delivery Service) Ltd v Cox and ors [1999] ICR 1162 CA
Eddie Stobart v Moreman and ors [2012] ICR 919 EAT
Ejiofor T/A Mitchell & Co Solicitors v Sullivan and ors [2014] WL 4423166 EAT
Enterprise Management Services Ltd v Connect-Up Ltd [2012] IRLR 19 EAT
Fairhurst Ward Abbotts Ltd v Botes Building Ltd and ors [2003] WL 1822912 EAT
Fairhurst Ward Abbotts Ltd v Botes Building Ltd and ors [2004] ICR 919 CA
Farmer v Danzas (UK) Ltd [1995] IRS ER 14 EAT
GEFCO UK Ltd v Oates, Car & Delivery Co Ltd [2005] WL 1801215 EAT
Holis Metal Industries Ltd v GMB, Newell Ltd [2008] ICR 464
Hunter v McCarrick [2012] ICR 533 EAT
Hyde Housing Association Ltd v Layton [2016] ICR 261 EAT
Jackson Lloyd Ltd and Mears Group PLC v Smith and ors, Ucatt, Williams and ors [2014] WL 1219555 EAT
Jinks v London Borough of Havering [2015] WL 3750909 EAT
Johnson Controls v UK Atomic Energy Authority [2012] WL 609214 EAT.
Kelman v Care Contract Services Ltd [1995] ICR 260 scEAT
Kenny v South Manchester City College [1993] I.C.R. 934 HC
Key2Law (Surrey) LLp v De'Antiquis (Secretary of State for Business, Innovation and Skills intervening) [2012] ICR 881
Kimberley Group Housing Ltd v Hambley and ors/ Angel Services (UK) Ltd v Same [2008] ICR EAT
Litster and ors v Forth Dry Dock & Engineering Co Ltd (in receivership) and anor [1990] ICR 341 scHL
Lorne Stewart Plc v Hyde and ors [2013] WL 5336063
Mackie v Aberdeen City Council [2005] WL 2999756 EATsc
Magna Housing Association Ltd v Turner, EAT/198/98, nicht veröffentlicht
Mathieson v United News Shops Ltd, UKEAT/554/95, nicht veröffentlicht
Metropolitan Resources Ltd v Churchill Dulwich Ltd [2009] ICR 1380 EAT
McChrystal and ors v Wimpey Homes Holdings Ltd [2003] WL 23014743 EAT
McCormack and ors v Scottish Coal Company Ltd [2004] WL 1476718 EAT

McCririck v Channel 4 Television Corporation (1) and IMG Media Ltd (2) [2013] WL 10924079 ET.
McTear Contracts Limited v Mr B Bennett and ors, Mitie Property Services UK Limited, Amey Services Limited Respondents [2021] WL 00827709 scEAT
Michael Peters Ltd v Farnfield [1995] IRLR 190 EAT.
Mustafa and Steen v Trek Highways Services Ltd and ors [2016] IRLR 326 EAT
Ndeze v Horizon Security Services Ltd, UKEAT/0071/14, nicht veröffentlicht
Nokes v Doncaster Amalgamated Collieries Ltd [1940] AC 1014 HL
Nottinghamshire Healthcare Trust v Hamshaw and others [2011] WL 2747652
OCS Group UK Ltd v Jones [2009] WL 2848113
Palyle v Churchill Insurance Ltd, CGA Group Ltd and CGA Direct (Insurance Brokers) Ltd, UKEAT/570/98, nicht veröffentlicht.
Perth & Kinross Council v Donaldson and ors [2004] ICR 667 EAT
Porter and Nanayakara v Queen's Medical Centre (Nottingham University Hospital) [1993] IRLR 486 HC
P14 Medical Limited v Edward Mahon [2021] IRLR 39 QB
RCO Support Services Ltd and anor v UNISON and ors [2002] ICR 751 CA
Ronald McLeod, James Welsh v Charles B Ingram T/A Phoenix Taxis, Rainbow Cars Ltd T/A Rainbow Taxis [2002] WL 1039554 EAT
Salvation Army Trustee Co v Bahi and ors [2017] IRLR 410 EAT
Securiplan v Bademosi [2003] WL 22358408 EAT
SNR Denton UK LLP v Kirwan [2013] ICR 101
Sunley Turff Holdings Ltd v Thomson and ors [1995] IRLR 184 EAT
Superclean Support Services plc v Lansana and Whetton Cleaning Services Ltd, EAT/281/96, nicht veröffentlicht
Taurus Group Ltd v Crofts, Securitas Security Services (UK) Ltd [2012] WL 2191417 EAT
The Print Factory (London) 1991 Ltd v Millam [2007] ICR 1331 CA
Thomas-James v Cornwall County Council [2008] ET/1701021-22, nicht veröffentlicht
Transport and General Workers Union v Swissport (UK) Ltd and anor [2007] ICR 1593 EAT
Uber BV v Aslam [2021] ICR 657 CA
Ubsdell v Paterson [1972] ICR 86 CA
Wain and ors v Guernsey Ship Management Ltd [2007] ICR 1350 EAT
Ward Hadaway Solicitors v Love and ors [2010] WL 1368798 EAT

Whitewater Leisure Management Ltd v Barnes [2000] ICR 1049 EAT
Wilson v St. Helens Borough Council [1996] ICR 711 EAT
Wood v Caledon Social Club Ltd (Debarred), London Colney Parish Council [2010] WL 3694502 EAT.
Woodhouse v Peter Brotherhood Ltd [1972] ICR 186 CA.
Wynnwith Engineering Co Ltd v Bennett and ors [2001] WL 1612541 EAT
Xerox Business Services Philippines INC Ltd v Zeb [2017] WL 03912509 EAT

§ 1 Einleitung

Der Ausgleich zwischen Arbeitnehmerschutz und unternehmerischer Freiheit ist für Regierungen ein schwieriges Unterfangen. Dieser Konflikt wird wegen der vielen widerstreitenden Interessen (Veräußerer[1], Erwerber, Arbeitnehmer, Arbeitnehmervertretungen, Gewerkschaften) besonders bei den Regelungen zum Betriebsübergang sichtbar. Es verwundert daher nicht, dass die Suche nach dem Stichwort „*transfer of undertakings*" (Unternehmensübergänge) in der englischen Datenbank *Westlaw* insgesamt 698 Gerichtsentscheidungen findet.[2] Die Transfer of Undertaking (Protection of Employment) Regulations 2006 oder auch kurz „TUPE Regulations" sind die britische Umsetzung der Betriebsübergangsrichtlinie 2001/23/EG – sozusagen das britische Äquivalent zum deutschen Betriebsübergang nach § 613a BGB. 1

Basierend auf der ersten Betriebsübergangsrichtlinie 77/187/EWG haben die TUPE Regulations erstmals 1981 ihren Weg in das britische Gesetzesrecht (*statutory law*) gefunden. Seither waren sie Gegenstand zahlreicher Reformen (in den Jahren 1993, 2006 und 2014), Entscheidungen und Diskussionen. Die größte und bis heute maßgebliche Reform erfolgte durch die TUPE Regulations 2006.[3] 2

Eine Untersuchung der TUPE Regulations lohnt sich aus deutscher Sicht aus mehreren Gründen. Ihre Ursprungsfassung basiert auf der Richtlinie 77/187/EWG.[4] Wie § 613a BGB sind sie daher wesentlich vom europäischen Recht geprägt und über die Jahre geformt worden. Insbesondere die Entscheidungen des EuGH hatten bzw. haben einen großen Einfluss auf die Gesetzgebung und die Rechtsprechung in beiden Ländern. Daher ist auch die Interpretation ausgewählter EuGH-Entscheidungen durch die britischen Gerichte und das britische Schrifttum interessant. 3

---

1 Zur besseren Lesbarkeit wird in dieser Arbeit nur die männliche Form verwendet. Die Personenbezeichnungen umfassen jedoch alle Geschlechter.

2 Recherche vom 12.02.2023 auf www.uk.westlaw.com.

3 Transfer of Undertakings (Protection of Employment) Regulations 2006/246.

4 Richtlinie 77/187/EWG des Rates vom 14.02.1977 zur Angleichung der Rechtsvorschriften der Mitgliedstaaten über die Wahrung von Ansprüchen der Arbeitnehmer beim Übergang von Unternehmen, Betrieben oder Betriebsteilen (Amtsblatt EU 1977 L 61/26).

4 Wäre diese Abhandlung im Jahr 2015 geschrieben worden, hätte man sicherlich die Harmonisierung des mitgliedstaatlichen Rechts als Grund für die Betrachtung der TUPE Regulations angeführt. Nach dem Referendum 2016[5] und dem Austritt des Vereinigten Königreichs aus der Europäischen Union am 31.01.2020, gilt dies jedoch nicht mehr. Unabhängig von dem nunmehr fehlenden europäischen Harmonisierungsbedürfnis dient die Rechtsvergleichung auch als Prüfung der Sinnhaftigkeit einer Rechtsvereinheitlichung.[6] Der Sinn von Rechtsvereinheitlichung zeigt im Falle des Brexits schon das geschlossene Handels- und Kooperationsabkommen zwischen der Europäischen Union und dem Vereinigten Königreich[7] – gemeinsame rechtliche Grundlagen können einen Rahmen für gute wirtschaftliche Beziehungen schaffen. Es sei vorab darauf hingewiesen, dass die TUPE Regulations derzeit unverändert fortgelten.[8]

5 In methodischer Hinsicht nimmt die Arbeit an ausgewählten Stellen einen funktionalen Rechtsvergleich vor.[9] Es werden ausgewählte Aspekte der TUPE Regulations analysiert und an geeigneten Stellen eine Parallele zur Richtlinie und zur deutschen Regelung gezogen. Als Quellen dienten dafür neben britischen Werken auch Gespräche mit britischen Rechtswissenschaftlern und Praktikern[10] sowie die Teilnahme an einem Vortrag der Industrial Law Society.[11]

6 Die TUPE Regulations 2006 selbst waren bisher noch kein Gegenstand ausführlicher Abhandlungen in Deutschland, sondern wurden in den gesammelten rechtsvergleichenden Beiträgen zum Betriebsübergang und zur Umsetzung der Betriebsübergangsrichtlinie mit untersucht.[12] *Löw* hatte sich 1992 mit dem Inhalt der Richtlinie 77/187/EWG und ihrer Umsetzung in Großbritannien und

---

5 Brexit Referendum vom 23.06.2016, siehe https://www.gov.uk/government/topical-events/eu-referendum/about, zuletzt abgerufen am 15.02.2023.

6 *Junker*, JZ 1994, 921 (926).

7 Handels- und Kooperationsabkommen zwischen der Europäischen Union und der Europäischen Atomgemeinschaft einerseits und dem Vereinigten Königreich, Großbritannien und Nordirland andererseits (Amtsblatt EU 2020 L 144/14).

8 Siehe ab Rn. 77 ff.

9 Siehe zum funktionalen Rechtsvergleich *Zweigert/Kötz*, Einführung in die Rechtsvergleichung, § 3 II.

10 Sowohl telefonisch als auch während eines Forschungsaufenthaltes in London vom 09.05.2022–15.05.2022.

11 Vortrag „TUPE continued" am 25.01.2023 (Onlineteilnahme) von *Charles Wynn-Evans* und *Kathleen Healy* in der Industrial Law Society.

12 Siehe *Allenberg/Rauch*, EuZA 2009, 257; *Rauch*, in: *Junker*, Betriebsübergang in Europa, S. 67.

Deutschland befasst.[13] *Eisele* hatte in ihrer Dissertation aus dem Jahr 2003 die Umsetzung der Richtlinie 77/187/EWG in die TUPE Regulations 1981 untersucht und mit dem deutschen § 613a BGB a.F. verglichen. Sie hatte den Umsetzungsprozessen eine weitestgehende Rechtsvereinheitlichung attestiert.[14]

Im Zuge der Reform 2006 und der Erweiterung 2014 haben sich die TUPE 7
Regulations aber maßgeblich verändert und bedürfen daher einer erneuten Analyse. Insbesondere hat der britische Gesetzgeber im Jahr 2006 neben dem *transfer of an undertaking* einen weiteren Anwendungsfall eingeführt: den *service provision change*. Dieser umfasst – anders als die deutschen Regeln zum Betriebsübergang – die Fremdvergabe von Tätigkeiten, die Auftragsnachfolge[15] und die Wiedereingliederung von zuvor fremdvergebenen Tätigkeiten. Um dieser britischen Besonderheit Rechnung zu tragen, beschränkt sich diese Abhandlung nach einem Blick auf die Entwicklung der TUPE Regulations (§ 2 und § 3), auf den persönlichen (§ 4) und den sachlichen Anwendungsbereich (§ 5, § 6, § 7 und § 8).

Die TUPE Regulations 2006 finden zwar Anwendung in England, Wales, 8
Schottland und Nordirland. Nicht anwendbar ist dagegen die Erweiterung der TUPE Regulations 2014 in Nordirland.[16] Die Rechtslage in Nordirland ist deswegen in dieser Arbeit grundsätzlich ausgeklammert. Nicht untersucht wird ferner die Anwendung der TUPE Regulations im öffentlichen Dienst. Sollte an einzelnen Stellen dennoch darauf eingegangen werden, sind daraus keine Rückschlüsse auf die Anwendung an anderer Stelle zu ziehen.

Die Arbeit beinhaltet an einigen Stellen englische Begriffe, die nicht sinn- 9
voll übersetzt werden können. Diese bezeichnen das zu untersuchende Phänomen, sind aber nicht identisch mit dem nationalen Verständnis. Durch die Einführung des *service provision change* unterscheidet sich der Anwendungsbereich der TUPE Regulations wesentlich vom deutschen Betriebsübergang nach § 613a BGB. Daher wird in der Arbeit der Begriff *transfer* nicht übersetzt, da dieser weitaus mehr Fälle als der deutsche Betriebsübergang umfasst. Sofern es sich aber um einen *transfer of an undertaking* i.S.d. der reg. 3(1)(a) TUPE handelt, wird dieser mit „Unternehmensübergang" übersetzt. Gleichfalls sind

---

13 *Löw*, Die Betriebsveräußerung im europäischen Arbeitsrecht.

14 *Eisele*, Die Richtlinie zum Betriebsübergang und ihre Umsetzung im englischen Recht, S. 253 f.

15 Sofern in dieser Arbeit das Wort „Auftrag" verwendet wird, ist dies im untechnischen, wirtschaftlichen Sinne gemeint. In keinem Fall ist damit der Auftrag gem. §§ 662 ff. BGB gemeint.

16 *Phillips/Scott*, Employment Law, S. 322.

die Begriffe *transferor* und *transferee* in den TUPE Regulations nicht mit den Begriffen „Veräußerer“ und „Erwerber“ gleichzusetzen, da sie an die Übertragung der Arbeitsverhältnisse und nicht an die wirtschaftliche Einheit anknüpfen. Auch diese werden daher nicht übersetzt. Sofern diese Arbeit die TUPE Regulations ohne Jahreszahl erwähnt, ist ihre aktuelle Fassung gemeint.

§ 2 Entwicklung des Arbeitnehmerschutzes bei Betriebsübergängen bis zu den TUPE Regulations 1981

Der soziale Schutz der Arbeitnehmer erlebte in Großbritannien immer wieder Höhen und Tiefen. Im Mittelpunkt stand bei verschiedenen Regierungen die Diskussion, ob arbeitsrechtliche Schutzvorschriften ökonomisches Wachstum verhindern bzw. verlangsamen und zu Wettbewerbsverzerrungen führen.[17] Dieses Kapitel untersucht, wie sich dieses Spannungsfeld auf die Entwicklung von Schutzinstrumenten zur Wahrung der Rechte der Arbeitnehmer bei Unternehmensübergängen bemerkbar machte. Den Anfang der Betrachtung bildet das von der Vertragsfreiheit geprägte *Common Law* (dazu A.) bis zu den 1970er-Jahren. Dann geht die Untersuchung über zu dem dazu im Gegensatz stehenden sozialpolitischen Aktionsprogramm der Europäischen Gemeinschaft 1974 und der damit zusammenhängenden Betriebsübergangsrichtlinie 1977 (dazu B.). Die Betrachtung der britischen Rechtslage wird schließlich mit der Verpflichtung des Vereinigten Königreichs zur Umsetzung der Richtlinie aufgrund des EG-Beitritts 1973 abgeschlossen. Dieser Prozess mündete in die TUPE Regulations 1981, die einige Neuerungen mit sich brachten (dazu. C.). Am Ende des Kapitels wirft die Arbeit schlaglichtartig einen Blick auf die deutsche Entwicklung des Arbeitnehmerschutzes bei Betriebsübergängen (dazu. D.) und stellt die Entwicklungen gegenüber (dazu. E.). 10

A. Entwicklung im Common Law

Zunächst erläutert dieser Abschnitt das Konzept des *Common Law* und gibt einen Überblick über den Arbeitnehmerschutz in Großbritannien Ende des 19. und Anfang des 20. Jahrhunderts (dazu I.). Dann werden die Rechtsfolgen das *Common Law* für die Arbeitsverträge im Falle einer Unternehmensveräußerung beleuchtet (dazu II.). Der dritte Teil (dazu III.) dieses Kapitels untersucht schließlich erste gesetzliche Schutzregelungen und deren Wirkung anhand von ausgewählter Rechtsprechung. 11

---

17 Siehe *Hardy*, Understanding TUPE, S. 6 f.

I. Einführung in die Entwicklung des Arbeitnehmerschutzes in Großbritannien

12 Das britische Rechtssystem ist seit dem Mittelalter durch das sog. *Common Law* geprägt. Dabei handelt es sich um ein System, in welchem bindende Rechtssätze durch richterliche Entscheidungen entwickelt werden. Der Begriff *Common Law* kommt dabei historisch gesehen vom Ausdruck „*the law common to all the land*" – ein gemeinsames bzw. verbindendes Recht im Gegensatz zu örtlichen Gepflogenheiten (*local customs*).[18] Der Begriff *Common Law* meint auch das sog. *Case Law*, welches häufig synonym verwendet wird.[19] Das *Common Law* erstreckte sich ursprünglich nur auf die durch Gewohnheitsrecht festgelegte Art der Rechtsbehelfe (*writs*).[20] Dies bedeutete, dass nur bestimmte materielle Rechte unter den jeweils festgelegten Rechtsbehelfen geltend gemacht werden konnten.[21] Inzwischen bezieht sich das *Common Law* auch auf das materielle Recht. Die Richter sind an die vorangegangene Rechtsprechung – auch an ihre eigenen Entscheidungen – gebunden (*doctrine of binding precedent*).[22] Eine Änderung der bindenden Rechtsprechung ist nur durch die höheren Gerichte möglich (*overruling*).[23]

13 Dem *Common Law* steht in Großbritannien das sog. *statutory law*, also das geschriebene Recht, gegenüber. Während heute das *statutory law* im Arbeitsrecht einen überwiegenden Anteil der Regelungen stellt, war lange Zeit das *Common Law* vorherrschend.[24] Großbritannien führte erst Ende des 19. und Anfang des 20. Jahrhunderts mit den Mitteln des *statutory law* Regelungen zum Arbeitnehmerschutz ein.[25] Die wichtigsten Anfänge waren der Trade Union Act 1871 und der Trade Disputes Act 1913. Diese regelten die Stellung von Gewerkschaften und das Verhandeln von Kollektivverträgen.[26] Einen echten Schutz der Arbeitnehmer boten diese Gesetze aber nicht[27]. Laut dem britischen Arbeitsrechtswissenschaftler *Otto Kahn-Freund* waren sie nur ein

---

18 *Richards/Mollica*, English Law and Terminology, S. 17.
19 *Richards/Mollica*, English Law and Terminology, S. 17.
20 *von Bernstorff*, Einführung in das englische Recht, S. 4.
21 Siehe ausführlich *Langbein/Lerner/Smith*, History of the Common Law, S. 87 ff.
22 *Roß-Kirsch/Tröger*, Arbeitsrecht in Großbritannien, S. 2.
23 *Samuel*, A Short Introduction to the Common Law, S. 79 ff.
24 *Collins/Ewing/McColgan*, Labour Law, S. 9.
25 *Collins/Ewing/McColgan*, Labour Law, S. 9; *Phillips/Scott*, Employment Law, S. 2 f.
26 *Collins/Ewing/McColgan*, Labour Law, S. 9.
27 *Kahn-Freund*, Selected Writings, S. 8; hierzu krit.: *Deakin/Morris*, Labour Law, S. 13 f.

„collectiv laissez-faire", d.h. die Regelungen sollten nur die Verhältnisse zwischen Gewerkschaften und Arbeitgebern bzw. Gewerkschaften untereinander ordnen, aber nicht direkt Regelungen zum Arbeitnehmerschutz wie Mindestlohn, Arbeitszeiten etc. vorgeben.[28]

II. Betriebsübergang im Common Law

Das *Common Law* sah vor der Einführung gesetzlicher Regelungen noch keinen Übergang der Arbeitsverhältnisse beim Betriebsübergang vor.[29] Die Gerichte unterschieden aber bereits nach der Art des Übergangs und knüpften daran die Rechtsfolgen für die Arbeitsverhältnisse an (dazu 1.). Allgemein galt bei dem Übergang eines Geschäfts (*business transfer*) für den Übergang der Arbeitsverhältnisse die Vertragstheorie. Diese sah keine Übertragung des Arbeitsvertrags vor. Fraglich war aber, ob die Übertragung einzelner Rechte und Pflichten möglich war (dazu 2.). In der Grundsatzentscheidung des House of Lords (HL)[30] in *Nokes v Doncaster Amalgamated Collieries Ltd*[31] war strittig, ob der Erwerber eines Geschäfts einen Anspruch auf die Übernahme der Arbeitsverhältnisse hat. Die Auswirkungen dieser Entscheidung zeigten sich in der Folgerechtsprechung (dazu 3.) 14

1. Differenzierung der verschiedenen Arten von Betriebsübergängen

Im Common Law hatten Geschäftsveräußerungen bereits vor der Einführung gesetzlicher Regelungen Auswirkungen auf die Arbeitsverhältnisse. Die Rechtsfolgen orientierten sich an der jeweiligen Art des Übergangs.[32] Man unterschied zwischen einem *share transfer*, einem *business transfer*, einem *asset transfer* und einem *licence transfer*. 15

Übereinstimmend mit den TUPE Regulations 1981 und auch den heutigen Regelungen hatte der bloße Anteilskauf (*share transfer*) keine Auswirkungen auf die Arbeitsverhältnisse. Da bei diesem lediglich der Inhaber der Anteile an einem Unternehmen wechselte, blieben die Arbeitsverhältnisse mit dem 16

28 *Kahn-Freund*, Selected Writings, S. 8.

29 *Davies/Freedland*, Labour Law, S. 576.

30 Das House of Lords (HL) fungiert seit 2009 nicht mehr als höchste Instanz der britischen Gerichtsbarkeit. Seit dem 01.10.2009 entscheidet der neu geschaffene Supreme Court, siehe auch *von Bernstoff*, Einführung in das englische Recht, S. 20.

31 Nokes v Doncaster Amalgamated Collieries Ltd [1940] AC 1014 HL.

32 *Younson*, Employment Law and Business Transfers, S. 1.

Unternehmen bestehen, weil sich die juristische Person (das Unternehmen selbst) nicht änderte.[33]

17 Anders als später durch die TUPE Regulations 1981 kodifiziert, gingen die Arbeitsverhältnisse bei einem sog. *business transfer*, d.h., bei der Übertragung des Unternehmens als wirtschaftsrechtliche Einheit (*corporate identity*), nicht über (siehe 2.). In diesem Fall hatten die Arbeitnehmer kein Recht, übernommen zu werden und der Erwerber keinen Anspruch darauf, die Arbeitnehmer zu übernehmen (siehe *Nokes v Doncaster Amalgamated Collieries Ltd*, siehe Rn. 22). Der Arbeitgeber konnte die Arbeitnehmer dann nicht unter den im Arbeitsvertrag vereinbarten Bedingungen weiterbeschäftigen, was zu einem Vertragsbruch (*breach of contract*) und in der Regel auch zu einer Kündigung führte.[34] Der Arbeitnehmer hatte dann die Möglichkeit, Schadensersatzzahlungen (*damages*) wegen einer ungerechtfertigten Entlassung (*wrongful dismissal*) geltend machen.[35]

18 Bei einem sog. *asset transfer* werden die einzelnen Gegenstände des Unternehmens (*assets*) veräußert – im Unterschied zum *business transfer* aber keine selbstständige Einheit. Die Bezeichnung *asset transfer* vermag den verständigen deutschen Juristen verwirren, da die Rechtspraxis diesen bzw. den Begriff *asset deal* verwendet und damit einen Betriebsübergang in Abgrenzung zum Anteilskauf (*share transfer* oder *share deal*) meint.[36] Auch in England wird die Bezeichnung bei Gesellschaftsrechtlern für den *business transfer* verwendet. Mit dem Begriff *asset transfer* war im *Common Law* aber gemeint, dass ein Unternehmen lediglich einzelne Produktionsmittel und eben keine Zusammenstellung von Produktionsmitteln als Einheit überträgt. *Younson* spricht in diesem Zusammenhang auch von einem *pure asset transfer*, also eben einem reinen Übergang von materiellen oder immateriellen Gütern.[37] Dabei blieb das Arbeitsverhältnis in vielen Fällen bestehen. Ein Arbeitnehmer konnte durch die Veräußerung des ihm zuvor zugewiesenen Produktionsmittels (z.B. der Maschine) in einem anderen Rahmen als in seinem Arbeitsvertrag vorgesehen, tätig werden. Dann lag ein Vertragsbruch des Arbeitgebers vor. Der Arbeitnehmer konnte sich entscheiden, ob er zu den geänderten Vertragsbedingungen arbeitete oder das Arbeitsverhältnis endete. Im letzteren Fall hatte er dann

---

33 *Younson*, Employment Law and Business Transfers, S. 2.
34 *Younson*, Employment Law and Business Transfers, S. 2 f.
35 *Younson*, Employment Law and Business Transfers, S. 4.
36 Siehe bspw. *Gussen*, in: BeckOKArbR, § 613a BGB Rn. 3.
37 *Younson*, Employment Law and Business Transfers, S. 3.

einen Anspruch auf Schadensersatz wegen einer ungerechtfertigten Entlassung (*damages*).[38]

Der vierte Fall eines Übergangs war der sog. *licence transfer*, d.h. dass eine Lizenz für eine bestimmte Tätigkeit (z.B. eine Schanklizenz) auf ein anderes Unternehmen übertragen wurde. Wenn die Übertragung der Lizenz im Rahmen eines Unternehmensübergangs (*business transfer*) stattfand, kam es zu einem Vertragsbruch seitens des Arbeitgebers und das Arbeitsverhältnis war beendet. Übertrug der Veräußerer lediglich die Lizenz, wertete man diese als *asset* und wendete die Rechtsfolgen über den *asset transfer* an.[39] 19

2. *Grundlage: Vertragstheorie*

Die Grundlage des Common Law bei einem *business transfer* war die Vertragstheorie (*contract theory*). Der Übergang eines Arbeitsvertrags existierte in der Vertragstheorie des *Common Law* nicht.[40] Nach der Vertragstheorie mündete die Veräußerung eines Unternehmens stattdessen in die Beendigung des vormals bestehenden Arbeitsvertrags.[41] Diese konnte durch eine faktische Beendigung des Arbeitsverhältnisses ausgelöst werden, wenn nach der Übertragung des Unternehmens die arbeitsvertragliche Beschäftigungsmöglichkeit im Unternehmen des Veräußerers mehr bestand. Auch die bewusste Entscheidung des vormaligen Arbeitgebers, den Arbeitnehmer nicht weiter zu beschäftigen, führte zu einer Beendigung des Arbeitsvertrags. In jedem Fall war die Beendigung des Vertrages ein Vertragsbruch (*breach of contract*).[42] Eine Übertragung des Arbeitsverhältnisses auf den neuen Unternehmensträger war nicht möglich. 20

Überdies stellte sich die Frage, ob der Veräußerer dann doch wenigstens einzelne Rechte und Pflichten aus dem Arbeitsvertrag auf seinen Nachfolger übertragen kann. Das heißt konkret, ob ein Arbeitgeber das Recht auf die Leistungen des Arbeitnehmers aus dem Arbeitsvertrag auf einen nachfolgenden Arbeitgeber übertragen durfte. Umgekehrt war fraglich, ob ein Arbeitgeber seine Verpflichtungen aus dem Arbeitsvertrag, also die Beschäftigung des Arbeitnehmers sowie die Lohnzahlungen, auf einen folgenden Arbeitgeber 21

38 *Younson*, Employment Law and Business Transfers, S. 3 f.
39 *Younson*, Employment Law and Business Transfers, S. 4 f.
40 *Freedland*, The Contract of Employment (1976), S. 351.
41 *Hardy*, Understanding TUPE, S. 26; *Sage*, TUPE: A Practical Guide, S. 1.
42 *Younson*, Employment Law and Business Transfers, S. 50.

übertragen konnte.[43] Zu diesen Fragen haben die britischen Gerichte Stellung genommen (dazu 3.).

3. *Anfänge in der Rechtsprechung*

a) *Nokes v Doncaster Amalgamated Collieries Ltd*

22 Im wichtigsten Präzedenzfall vor den ersten gesetzlichen Regelungen *Nokes v Doncaster Amalgamated Collieries Ltd* aus dem Jahr 1940 war fraglich, ob ein Arbeitgeber sein Recht auf die Leistung des Arbeitnehmers aus dem Arbeitsvertrag auf den Erwerber übertragen kann. Konkreter war fraglich, ob das Recht des Arbeitnehmers, nicht mehr für den Unternehmenserwerber arbeiten zu wollen, dieser Übertragung entgegensteht.

23 Im Raum stand dabei eine Klage wegen Vertragsbruch (*breach of contract*) gegen einen Bergwerksarbeiter (Herr *Nokes*). Die Kohlemine *Doncaster Amalgamated Collieries Ltd* hatte sich zuvor mit dem Bergwerk, in welchem der Beklagte *Nokes* arbeitete, zusammengeschlossen. Herr *Nokes* weigerte sich, für den neuen Arbeitgeber tätig zu sein. Die Verteidigung argumentierte, dass kein Vertragsbruch vorliegen könne, da die Erwerberin dem Beklagten keine Möglichkeit zum Widerspruch eingeräumt hatte.[44] Im Rahmen der Entscheidung stellte das britische Gericht die Vertragsfreiheit des Arbeitnehmers in den Mittelpunkt.[45] Diese unterscheide ihn historisch gesehen von einem Leibeigenen. Damit könne ein Arbeitgeber seine Rechte aus dem Arbeitsvertrag nicht gegen den Willen des Arbeitnehmers auf einen Dritten übertragen.[46]

24 Aus deutscher Sicht ist das Urteil nicht überraschend. Ein Arbeitnehmer konnte in Deutschland auch schon vor dem später eingeführten Widerspruchsrecht bei Betriebsübergängen sein Arbeitsverhältnis bei einem Betriebsinhaberwechsel kündigen, ohne sich damit entschädigungspflichtig zu machen.[47]

b) *Folgen aus Nokes*

25 Die Entscheidung in *Nokes* suggerierte jedoch nicht, dass der umgekehrte Fall, also die Übertragung der Verpflichtungen des Arbeitgebers oder gar eine

---

43 *Freedland*, The Contract of Employment (1976), S. 352.

44 Nokes v Doncaster Amalgamated Collieries Ltd [1940] AC 1014 HL; *Davies/Freedland*, Labour Law, S. 576.

45 *Davies/Freedland*, Labour Law, S. 577.

46 Nokes v Doncaster Amalgamated Collieries Ltd [1940] AC 1014 HL; siehe auch *Davies/Freedland*, Labour Law, S. 577.

47 *Nikisch*, Arbeitsrecht (1951), S. 194.

automatische Übernahme der Arbeitsverhältnisse bei einem *business transfer*, möglich ist.[48] Diese Entscheidung hatte auf den Schutz der Arbeitsverhältnisse im Falle eines Übergangs keine Auswirkungen. Wenn ein Arbeitnehmer dem Übergang seines Arbeitsverhältnisses zustimmte, aber der Erwerber eine Übernahme ablehnte, endete das Arbeitsverhältnis. Mit der Beendigung des Arbeitsverhältnisses fingierte man eine Kündigung des Veräußerers. Dabei konnte es sich bei Nichteinhaltung der Kündigungsfrist oder anderen Vertragsbrüchen seitens des Veräußerers auch um eine sog. *wrongful dismissal*, d.h. eine rechtswidrige Kündigung handeln. Der Arbeitnehmer konnte dann Schadensersatz einklagen.[49]

In Fällen der Insolvenz oder wenn der Arbeitgeber alle Produktionsmittel 26
veräußert hatte und das Unternehmen aufgelöst wurde, hatte der Arbeitnehmer teilweise keinen Anspruch auf Ersatzzahlungen.[50] Bei einem Vertragsangebot war der Erwerber nicht an die Vertragsbedingungen des vormaligen Arbeitgebers gebunden und konnte diese zum Nachteil des Arbeitnehmers ändern. Außerdem verschlechterten sich die Rechte der Arbeitnehmer im Hinblick auf die ununterbrochene Geltung des Arbeitsverhältnisses (*continuity of employment*). Vorteile, die an eine Mindestlaufzeit des Arbeitsvertrages geknüpft waren, entfielen. Darüber hinaus begann erneut ein Probezeitraum (*qualifying period*) zu laufen, währenddessen dem Arbeitnehmer ohne weiteres bspw. auch wegen seiner Gewerkschafszugehörigkeit gekündigt werden konnte.[51]

4. *Zwischenergebnis*

Das *Common Law* kannte bereits verschiedene Arten von Unternehmens- 27
transaktionen und deren arbeitsrechtliche Folgen. Es gab jedoch bis zu Beginn der 1960er-Jahre weder geschriebene Regelungen (*statuory law*) noch Präzedenzentscheidungen zum Schutz der Arbeitnehmer bei Beendigung des Arbeitsverhältnisses durch einen Unternehmensübergang (*business transfer*). Der Entscheidung *Nokes* schützte lediglich die Vertragsfreiheit des Arbeitnehmers. Er war danach nicht verpflichtet für den Unternehmenserwerber tätig zu werden.

---

48 *Younson*, Employment Law and Business Transfers, S. 49.
49 *McMullen*, Business Transfers and Employee Rights, Intro-6.
50 *Sage*, TUPE: A Practical Guide, S. 1.
51 *McMullen*, Business Transfer and Employee Rights, Intro-7 f.

III. Erste Gesetze und deren Konkretisierung

28 Erste gesetzliche Maßnahmen zum Arbeitnehmerschutz bei Unternehmensübergängen wurden ab Mitte der 1960er-Jahre geschaffen.

1. Redundancy Payments Act 1965

29 Den Anfang bildete der Redundancy Payment Act 1965. Dieser statuierte nach s. 13 Redundancy Payment Act 1965 einen Anspruch des Arbeitnehmers auf Entschädigungszahlungen nach Kündigungen aus wirtschaftlichen Gründen (*redundancy payments*), wenn ihr Arbeitgeber ihnen im Zusammenhang mit einem Wechsel des Eigentums an dem Unternehmen (*change of ownership*) kündigte. Dies galt auch dann, wenn nur ein Teil des Unternehmens erworben wurde. Damit wird dem Umstand Rechnung getragen, dass Arbeitsverhältnisse auch schon bei einem Teilübergang gefährdet sind, was sich dann später, durch die Einführung des Unternehmensteilübergangs in den TUPE Regulations 1981, bestätigte. Der Arbeitnehmer hatte allerdings keinen Anspruch auf die Entschädigungszahlung, wenn er nach dem Wechsel für den neuen Inhaber arbeitete. Sein Anspruch auf Entschädigung entfiel auch, wenn der Erwerber ihm ein Vertragsangebot gemacht hatte und der Arbeitnehmer dieses nicht annahm, obwohl es zumutbar und vernünftig (*reasonable*)[52] gewesen wäre.[53]

2. Employment Act 1972[54] und folgende Gesetze

30 Im Employment Act 1972 regelte der Gesetzgeber die Rechte der Arbeitnehmer bei einer Kündigung aus wirtschaftlichen Gründen.[55] In diesem Rahmen konnte der Arbeitgeber seine Verpflichtung zu Entschädigungszahlungen umgehen, indem er dem Arbeitnehmer ein neues Angebot zu den gleichen Konditionen für eine alternative Stelle unterbreitete. Der Arbeitnehmer konnte dann im Rahmen einer Art Probezeit (*trial period*) überlegen, ob er das Angebot annahm. Entschloss er sich, eine alternative Stelle anzutreten, verlor er seinen Anspruch auf die Entschädigungszahlungen, behielt dafür aber im Gegenzug seine Rechte aufgrund der ununterbrochenen Fortgeltung des Arbeitsverhältnisses. Im Rahmen des Übergangs eines Unternehmens konnte nach der Reform

---

52 Siehe s. 13(4)(b) Redundancy Payment Act 1965.

53 *Hepple*, ILJ 1976, 197 (199 f).

54 Die Reformen und Ergänzungen dieses Gesetz finden sich im Employment Consolidation Act 1978 und schließlich heute im Employment Rights Act 1996.

55 *McMullen*, Business Transfer and Employee Rights, Intro-9.

des Employment Act 1972 – dem Employment Protection (Consolidation) Act 1978 – das neue Stellenangebot des Erwerbers als ein Angebot des Veräußerers gelten. Wenn der Arbeitnehmer dieses nach der Probezeit angenommen hatte, galt er als nicht gekündigt. Auch eventuelle Rechte aufgrund seiner Seniorität beim Veräußerer behielt er in diesem Fall bei. Die Regelungen konnten jedoch in der Praxis umgangen werden, indem beispielsweise die Produktionsmittel einzeln übertragen wurden. Anstatt einer Übertragung des Geschäfts als Ganzes (*business transfer*) lag dann nur ein *asset transfer* vor.[56]

3. *Employment Protection Act 1975*

Schließlich legte der Employment Protection Act 1975 (EPA 1975) dem Unter- 31
nehmensnachfolger (*successor*[57]) bestimmte Pflichten auf. Darunter fiel beispielsweise nach s. 71 des EPA 1975 die Wiedereinstellung eines durch *unfair dismissal* gekündigten Arbeitnehmers und nach s. 48 die Wiedereinstellung einer zuvor gekündigten schwangeren Arbeitnehmerin.[58] Diese beiden Ausnahmefälle waren aber die einzigen gesetzlich geregelten Fälle, in denen ein Erwerber verpflichtet war, Arbeitnehmer des vormaligen Unternehmensinhabers zu beschäftigen.

4. *Auswirkungen auf das Common Law*

Die Gerichte hatten einige Schwierigkeiten die einzelnen und auf mehrere 32
Gesetze verteilten Schutzregeln mit den Prinzipien des *Common Law* in Einklang zu bringen.

a) *Woodhouse v Peter Brotherhood Ltd*

Welche Probleme die Kollision der Prinzipien des *Common Law* einerseits mit 33
der Berechnung der Entschädigungszahlungen aufgrund des Redundancy Payment Act 1965 andererseits mit sich brachte, zeigte sich in *Woodhouse v Peter Brotherhood Ltd*[59].

In diesem Fall klagte ein Arbeitnehmer auf Entschädigungszahlungen nach 34
einer Kündigung aus wirtschaftlichen Gründen gegen seinen Arbeitgeber, die *Peter Brotherhood Ltd*, und legte hierfür eine Berechnungsgrundlage von

---

56 *Hepple*, ILJ 1976, 197 (199).
57 Siehe zur Definition: Trade Union and Labour Relations Act 1974, s. 30 (4).
58 *Hepple*, ILJ 1976, 197 (200).
59 Woodhouse v Peter Brotherhood Ltd [1972] ICR 186 CA.

20 Jahren Unternehmenszugehörigkeit zugrunde.[60] Allerdings hatte die *Peter Brotherhood Ltd* das Geschäft und auch das Arbeitsverhältnis des Klägers zuvor von einem anderen Inhaber übernommen, sodass der Kläger lediglich sechs Jahre für die Beklagte gearbeitet hatte. Die *Peter Brotherhood Ltd* hatte im Zuge der damaligen Transaktion die Produktionsmittel und einige Arbeitnehmer, unter anderem auch Herrn *Woodhouse,* übernommen. Herr *Woodhouse* war auch an den gleichen Maschinen wie zuvor tätig. Allerdings stellte die Erwerberin im Gegensatz zur Veräußerin keine Dieselmotoren, sondern Webstühle, Dampfmaschinen und Kompressoren her.[61] Die Veräußerin hatte nach dem Übergang ihre Dieselmotorenfabrikation in ein anderes Werk verlegt und dort fortgesetzt. Der Court of Appeal argumentierte, dass dadurch kein laufender Geschäftsbetrieb (*business as a going concern*) übergegangen sei, sondern die *Peter Brotherhood Ltd* lediglich einzelne Produktionsmittel erworben habe. Man müsse in den Redundancy Payment Act 1965 den sched. 1 para. 10(2) des Contracts of Employment Act 1963 hineinlesen.[62] Dieser regele, dass der *transfer* eines laufenden Geschäftsbetriebs keine Auswirkungen auf die Zählweise der Beschäftigungsjahre hat. Die Beschäftigungsjahre beim Veräußerer seien bei der Ermittlung des Anspruchs auf Entschädigungszahlungen gegen den Erwerber nur dann zu berücksichtigen, wenn beim Veräußerungsvorgang der laufende Geschäftsbetrieb und nicht nur die physischen Mittel übergegangen sind.[63]

35 Der Court of Appeal führte ferner aus, dass es bei der Prüfung, ob der laufende Geschäftsbetrieb übergegangen ist, nicht auf das individuelle Arbeitsumfeld des betroffenen Arbeitnehmers ankomme. Es komme im Gegenteil auf die Tätigkeit des Unternehmens im Ganzen an. So habe in diesem Fall Herr *Woodhouse* zwar an den gleichen Maschinen wie zuvor gearbeitet, das Unternehmen selbst produzierte jedoch andere Waren. Somit ging kein laufender Geschäftsbetrieb über.[64]

36 Dieser Fall zeigt die Komplexität der Schutzregelungen vor Einführung der TUPE Regulations 1981. Der Court of Appeal musste – mangels klarer, gesetzlicher Definition eines Anwendungsbereichs der Schutznormen – Kriterien für einen Unternehmensübergang entwickeln. So stellte das Gericht vor allem

---

60 Ergibt sich aus dem Redundancy Payments Act, siehe oben.

61 Woodhouse v Peter Brotherhood Ltd [1972] ICR 186 (187) CA.

62 Woodhouse v Peter Brotherhood Ltd [1972] ICR 186 (202) CA.

63 *Davies/Freedland*, Labour Law, S. 579; Woodhouse v Peter Brotherhood Ltd [1972] ICR 186 (194) CA.

64 Woodhouse v Peter Brotherhood Ltd [1972] ICR 186 (202 ff.) CA.

auf die Art der Tätigkeit der Unternehmen ab, die sich in dem Fall *Woodhouse v Peter Brotherhood Ltd* zwischen Veräußerer und Erwerber unterschied. Hervorzuheben ist, dass der Court of Appeal den Übergang der Produktionsmittel als reinen *asset transfer* wertete, gilt die Übertragung der materiellen Betriebsmittel später sogar als Indiz für die Anwendung der TUPE Regulations.[65] Der unklare Anwendungsbereich führte dazu, dass die Entschädigungsregelungen ins Leere liefen.

b) *Cartin v Botley Garages Ltd*

In anderen Fällen sprachen die Gerichte den Arbeitnehmern zwar einen Anspruch auf Entschädigungszahlungen zu, sie schützten sie aber weiterhin nicht vor dem Verlust des Arbeitsplatzes. Das zeigten die Urteile *Ubsdell v Paterson*[66] und *Cartin v Botley Garages Ltd*[67] Im letztgenannten Fall war der Arbeitnehmer Manager einer Autowerkstatt. Als die Werkstatt veräußert wurde, beschäftigte ihn der neue Arbeitgeber zunächst zu den gleichen Konditionen. Nach drei Wochen stufte der Erwerber den Arbeitnehmer in seiner Position herab und setzte sein Gehalt entsprechend nach unten. Der Arbeitnehmer weigerte sich zu den neuen Konditionen zu arbeiten, verblieb aber noch für sechs Monate in der Werkstatt, bis er eine andere Stelle gefunden hatte. Der Arbeitnehmer klagte auf eine Entschädigungszahlung nach einem Arbeitgeberwechsel auf Grundlage des Redundancy Payment Act 1965. 37

Der Court of Appeal bejahte einen Anspruch des Arbeitnehmers.[68] Der Erwerber hätte durch die Vertragsänderung dem Arbeitnehmer konkludent ein neues Angebot im Sinne von s. 10 Redundancy Payment Act 1965 gemacht. Der Arbeitnehmer hätte dieses nicht angenommen, daher stünde ihm eine Entschädigungszahlung zu. In diesem Zusammenhang argumentierten die Richter, dass die Tatsache, dass der Arbeitnehmer nach Übernahme des Geschäfts noch eine kurze Zeit zu den gleichen Vertragsbedingungen gearbeitet hatte, keine Beweisgrundlage für die Übernahme des Arbeitsvertrags zu den gleichen Bedingungen sein könne. Vielmehr sei das Verhalten des Arbeitgebers dahingehend auszulegen, dass er den Arbeitnehmer für die – von ihm festgelegte – Arbeitszeit entlohnen wollte.[69] Der Fall zeigt, dass trotz der Schutzregelungen 38

---

65 Siehe Einfluss *Spijkers*-Entscheidung des EuGH Rn. 163 ff.
66 Ubsdell v Paterson [1972] ICR 86 CA.
67 Cartin v Botley Garages Ltd [1972] ICR 144 CA.
68 Cartin v Botley Garages Ltd [1972] ICR 144 CA.
69 Cartin v Botley Garages Ltd [1972] ICR 144 (147) CA.

das Konzept des automatischen Übergangs der Arbeitsverhältnisse vor den TUPE Regulations 1981 dem britischen Recht fremd war.

5. *Kritik*

39 Obwohl die obenstehenden Regelungen zum Schutz der Arbeitnehmer beigetragen haben und damit auch die Situation der Arbeitnehmer verbesserten, gingen Arbeitsverhältnisse nach wie vor nicht automatisch auf einen Erwerber über. Arbeitnehmer hatten auch keinen Anspruch auf eine Übernahme. Der Erwerber konnte sie aber mit deren Einverständnis übernehmen. Er war nicht an ihre vorherigen Arbeitsverträge gebunden und konnte ihnen nachteilige Vertragsbedingungen anbieten.[70] Das Schrifttum hatte infolgedessen den Schutz der Arbeitnehmer als unzureichend kritisiert. Auch der Anspruch auf Entschädigungszahlungen bzw. dessen Höhe könne umgangen werden, da der Anwendungsbereich der Schutznormen nicht hinreichend klar definiert war.[71] Zusammenfassend gab es daher zwar Regelungen zum Schutz der Arbeitnehmer, aber kein Konzept zum automatischen Übergang von Arbeitsverhältnissen wie ihn die späteren TUPE Regulations 1981 vorsahen.

B. Entwicklung der Betriebsübergangsrichtlinie

40 Aufgrund des Beitritts zur Europäischen Wirtschaftsgemeinschaft 1973 war das Vereinigte Königreich fortan zur Umsetzung der EU-Richtlinien verpflichtet. Dies betraf auch die Umsetzung der Richtlinie 77/187/EWG.[72] Deren Erlass beruht auf verschiedenen Entwicklungen, welche unter (I.) herausgearbeitet werden. Weiterhin werden unter (II.) die Grundpfeiler der Richtlinie für den Schutz der Arbeitnehmer bei Betriebsübergängen gezeigt.

---

70 *McMullen*, Business Transfers and Employee Rights, Intro-11 f.

71 *Hepple*, ILJ 1976, 197 (200); *Davies/Freedland*, Labour Law, S. 583; ähnlich *Younson*, Employment Law and Business Transfers, S. 6, der die Situation der Arbeitnehmer als ungerecht bezeichnete.

72 Die Verpflichtung ergab sich aus dem reg. 2(2) des mittlerweile im Zuge des Brexits aufgehobenen European Communities Act 1972.

I. Entstehung der ersten Richtlinie 1977

1. Rechtspolitischer Hintergrund

Die Kommission befasste sich Mitte der 1970er-Jahre mit dem Schutz der Arbeitnehmer bei Unternehmensübergängen aufgrund von zwei wesentlichen Entwicklungen. 41

Zum einen stiegen in den 1960er-Jahren die Unternehmenszusammenschlüsse in der Europäischen Gemeinschaft.[73] Zum anderen führten multinationale Übernahmen europäischer Firmen zu einer Reihe an Problemen. So hing die Weiterbeschäftigung vom globalen Wachstum des jeweiligen Unternehmens ab, was zu einer höheren Anfälligkeit für Arbeitslosigkeit bei älteren Arbeitnehmern und Arbeitnehmern in kleineren Unternehmen führte.[74] Darüber hinaus erfuhren die von einem Betriebsübergang betroffenen Arbeitnehmer häufig erst aus den Medien von einem geplanten Wechsel ihres Arbeitgebers beziehungsweise der Beendigung ihres Arbeitsverhältnisses. Der soziale Schutz der Arbeitnehmer aufgrund der steigenden Gefahr für ihre Arbeitsverhältnisse war einer der wesentlichen Zwecke der Richtlinie. 42

Ferner fehlte im Bereich des Arbeitnehmerschutzes bei Betriebsübergängen jegliche innereuropäische Harmonisierung. Während bspw. Staaten wie Frankreich und Deutschland schon vor Erlass der Betriebsübergangsrichtlinie einen Übergang der Arbeitsverhältnisse vorsahen,[75] war dieses Konzept dem britischen Recht fremd.[76] Die Uneinheitlichkeit war eine Gefahr für den freien Wettbewerb und die EU-Kommission fürchtete, dass sich bei multinationalen Transaktionen Handelshemmnisse aufbauen würden.[77] 43

---

73 Zwischen 1962 und 1970 stieg die jährliche Anzahl von Zusammenschlüssen in der Gemeinschaft von 173 auf 612, siehe zu dazu Statistik in der Begründung des Richtlinienentwurfs der Kommission (Amtsblatt EG 1974 C 104/1 vom 13.09.1974), RdA 1995, 124; *Grau/Hartmann*, in: *Preis/Sagan*, Europäisches Arbeitsrecht, Rz. 15.2.

74 *Hepple*, ILJ 1976, 197 (199); *Marginson*, BJIL 1992, 529 (531).

75 *Barnard*, EU Employment Law, S. 578; *Debong*, Die EG-Richtlinie über die Wahrung der Arbeitnehmeransprüche bei Betriebsübergang, S. 173.

76 Siehe Rn 39.

77 *Fuchs/Marhold/Friedrich*, Europäisches Arbeitsrecht, S. 404; *Riesenhuber*, Europäisches Arbeitsrecht, S. 692; kritisch, ob dies tatsächlich ein Grund für die Kommission war: *Hartmann*, EuZA 2012, 35 (39).

2. *Entwicklung der Entwürfe*

44 Zunächst hatte die Kommission geplant, Arbeitnehmer bei internationalen Verschmelzungen von Aktiengesellschaften zu schützen.[78] Der am 27.09.1972 vorgelegte Entwurf für ein Übereinkommen über die internationale Verschmelzung von Aktiengesellschaften sah in dessen Art. 30 einen Übergang der Arbeitsverhältnisse im Falle einer Verschmelzung vor.[79] Außerdem wurde darin anerkannt, dass die Dauer der Betriebszugehörigkeit nach dem Übergang angerechnet werden sollte. Eine umfassendere Arbeitsschutzregelung sollte später in das Übereinkommen übernommen werden. Der Entwurf scheiterte jedoch an Streitigkeiten über das Maß der Arbeitnehmermitbestimmung bei einer relevanten Transaktion.[80] Nachdem sich herausstellte, dass eine Einigung in diesem Punkt nicht zeitnah absehbar war und man zudem den Arbeitnehmerschutz nicht nur bei internationalen Verschmelzungen implementieren wollte, einigten sich Rat und Kommission 1974 schließlich auf ein sozialpolitisches Aktionsprogramm zur Rechtsangleichung.[81] Die erste Betriebsübergangsrichtlinie 77/187/EWG vom 14.02.1977 war Teil dieses sozialpolitischen Aktionsprogramms.[82]

II. Wesentliche Inhalte der Betriebsübergangsrichtlinie 1977

45 Der zentrale Punkt der Richtlinie war der automatische Übergang der vom Betriebsübergang betroffenen Arbeitsverhältnisse nach Art. 3 Abs. 1 RL 77/187/EWG. Ferner waren auch die in Kollektivverträgen festgelegten Rechte der Arbeitnehmer bei einem Übergang geschützt. Darüber hinaus regelte sie, dass ein Betriebsübergang kein Grund zur Kündigung sei. Allerdings konnten die Mitgliedstaaten nach Art. 4 Abs. 1 S. 2 RL 77/187/EWG die Vorschriften so ergänzen, dass Kündigungen aus wirtschaftlichen, technischen und organisatorischen Gründen im Zusammenhang mit dem Betriebsübergang möglich waren.[83] Sie enthielt darüber hinaus Vorschriften über den Erhalt der

---

78 *Debong*, Die EG-Richtlinie über die Wahrung der Arbeitnehmeransprüche bei Betriebsübergang, S. 4.

79 *Grau/Hartmann,* in: *Preis/Sagan*, Europäisches Arbeitsrecht, Rz. 15.2.

80 *Hartmann*, EuZA, 2012, 35 (39); *v. Alvensleben*, Die Rechte der Arbeitnehmer bei Betriebsübergang im Europäischen Gemeinschaftsrecht, S. 92 ff.

81 *v. Alvensleben,* Die Rechte der Arbeitnehmer bei Betriebsübergang im Europäischen Gemeinschaftsrecht, S. 94.

82 *Grau/Hartmann,* in: *Preis/Sagan,* Europäisches Arbeitsrecht, Rz. 15.2.

83 Siehe hierzu auch *Barnard*, EU Employment Law, S. 579.

Rechtsstellung von Arbeitnehmervertretungen und schließlich verfahrenstechnische Vorgaben (z.B. die Unterrichtungspflicht des Arbeitgebers).[84] Die Richtlinie war nach Art. 1 RL 77/187/EWG auf den Übergang von Unternehmen, Betrieben oder Betriebsteilen auf einen anderen Inhaber durch vertragliche Übertragung oder durch Verschmelzung anwendbar. Damit enthielt sie noch keine nähere Definition der Übertragung eines Unternehmens.

C. Erste TUPE Regulations 1981

Die ersten gesammelten Regelungen zur Wahrung der Rechte der Arbeitneh- 46
mer bei einem Unternehmensübergang beschloss das britische Parlament 1981 als Umsetzung der Richtlinie 77/187/EWG, wozu das Vereinigte Königreich aufgrund seines Beitritts zur europäischen Gemeinschaft im Jahr 1973 und des damit verbundenen European Communities Act 1972[85] verpflichtet war. Die Umsetzung der Richtlinie bereitete dem britischen Gesetzgeber einige Schwierigkeiten (I.) und führte sodann im Gesetz zu einigen Abweichungen von der Richtlinie (II.). Opposition und Literatur kritisierten daher einige Punkte (III.).

I. Umsetzungsschwierigkeiten

Die Frist zur Umsetzung der Richtlinie war bereits im Februar 1979 abgelaufen 47
und dem Vereinigten Königreich drohte zum ersten Mal seit dem EG-Beitritt ein Vertragsverletzungsverfahren.[86] Die Umsetzungsschwierigkeiten der britischen Regierung beruhten auf zwei wesentlichen Faktoren.[87] Erstens hatte kurz zuvor ein Wechsel von der zuvor regierenden Labour-Partei hin zur ab 1979 an der Spitze stehenden Conservative-Partei stattgefunden.[88] Die Conservative-Partei war nicht von der Richtlinie überzeugt. In einer Parlamentsdebatte im House of Commons hatte dabei der zuständige Staatssekretär *Waddington* darauf hingewiesen, dass er die Annahme der TUPE Regulations 1981 nur deshalb empfehle, weil die vorhergehende Regierung die Richtlinie 77/187/EWG unterschrieben hatte und daher das Vereinigte Königreich zu ihrer Umsetzung

---

84 *Debong*, Die EG-Richtlinie über die Wahrung der Arbeitnehmeransprüche beim Betriebsübergang, S. 6.

85 Genauer reg. 2(2) European Communities Act 1972; siehe hierzu auch *Hepple*, ILJ 1982, 29.

86 *Hepple*, ILJ 1982, 29; *Davies/Freedland*, Labour Law, S. 584.

87 *Davies/Freedland*, Transfer of Employment, General Note.

88 *McMullen*, Business Transfers and Employee Rights, 4-2.

verpflichtet war. Er täte dies aber ohne jeglichen Enthusiasmus: „*I am recommending them with a remarkable lack of enthusiasm*".[89]

48 Zweitens brachte die Richtlinie weitreichende Veränderungen für das britische Recht bei Unternehmensübergängen mit sich. Selbst die arbeitnehmernahe Labour-Partei hatte daher zunächst Vorbehalte gegen die Richtlinie.[90]

II. Wesentliche Inhalte

49 Die TUPE Regulations 1981 beinhalteten im Wesentlichen die Vorgaben der Richtlinie. Daraus resultierten einige Änderungen zu der Rechtslage, bestehend aus dem *Common Law* sowie den gesetzlichen Einzelregelungen. Wichtig waren zwei grundlegende Neuerungen: Erstens gingen danach Arbeitsverhältnisse bei einem Unternehmensübergang (*transfer of an undertaking*) ohne Unterbrechung auf den Erwerber über. Zweitens regelten sie, dass Kündigungen vor oder nach dem *transfer*, die mit diesem in Zusammenhang standen, *automatically unfair dismissal,* also automatisch ungerechtfertigte Kündigungen, wurden.[91] Der britische Gesetzgeber hat jedoch – im Gegensatz zu seinem deutschen Konterpart[92] – von der Möglichkeit Gebrauch gemacht, eine Ausnahme von dem Kündigungsverbot gesetzlich festzulegen. Eine Kündigung im Rahmen des Unternehmensübergangs ist nicht automatisch ungerechtfertigt, wenn dem Arbeitnehmer aus wirtschaftlichen, technischen oder organisatorischen Gründen gekündigt wurde, die im Zusammenhang mit Belegschaftsanpassungen im Rahmen des *transfer* standen.

50 Der Übergang selbst war, wie in der Richtlinie, nicht im Gesetz definiert. Der Anteilskauf wurde aber wie schon im *Common Law* als gesonderter Fall gewertet, da die Arbeitnehmer dort nicht der gleichen Gefahr ausgesetzt waren. Daher waren auch die TUPE Regulations 1981 nicht auf Anteilskäufe anwendbar.[93] Die TUPE Regulations 1981 wichen zudem insofern von der Richtlinie ab, als dass sie nach reg. 2(1) TUPE 1981 nur bei Übergängen von Unternehmen mit Gewinnerzielungsabsicht (*commercial venture*) anwendbar waren.

---

89 *Hansard* HCO Deb. on 7/12/1981 vol. 14 col. 680.

90 *Hardy*, Understanding TUPE, S. 9.

91 *Davies*, ILJ 1988, 249.

92 Siehe § 613a Abs. 4 S. BGB, Fassung vom 21.08.1990.

93 *Davies/Freedland*, Transfer of Employment, General Note.

III. Rezeption

Die Rezeption der neuen Regelungen im Schrifttum war unterschiedlich. 51
McMullen beklagte, dass die TUPE Regulations 1981 das fehlende Engagement der Regierung beim Arbeitnehmerschutz widerspiegelten. Zudem hätte es die Regierung verpasst, sie in den Employment Protection Consolidation Act zu integrieren bzw. gesetzgeberische Widersprüche zu diesem zu klären.[94] *Collins* kritisierte die daraus resultierende Rechtsunsicherheit, da unklar sei, wann der *transferee* die Arbeitnehmer übernehmen müsste. Dadurch laufe der Arbeitnehmerschutz ins Leere, da die Transaktionskosten des Übergangs der Arbeitsverhältnisse höher seien als die Kosten für eventuelle Entschädigungszahlungen bei einer Kündigung aus wirtschaftlichen Gründen. Aus ökonomischer Perspektive würden die Arbeitnehmer vom Veräußerer gekündigt werden.[95] Die Beschränkung des Anwendungsbereichs auf Unternehmen mit Gewinnerzielungsabsicht wurde ebenfalls kritisiert. Manche befürchteten einen Verstoß gegen die Vorgaben der Richtlinie.[96] Ferner bemängelte der Labour-Abgeordnete *Lord McCarthy*, dass der Begriff *commercial venture* nicht klar im britischen Recht definiert sei und daher dessen Verwendung im Gesetz zu Rechtsunsicherheit und damit vielen Rechtsstreitigkeiten führe.[97] Insgesamt war das *case law* bei Unternehmensübergängen in Großbritannien von 1981 bis 2006 von dem Versuch, die TUPE Regulations 1981 mit den Vorgaben der Richtlinie in Einklang zu bringen, geprägt. Hinsichtlich des Anwendungsbereichs der Regelungen wird dieser Versuch in § 6 dieser Arbeit aufgearbeitet.

IV. Zwischenergebnis

Die Umsetzung der Richtlinie war für das Vereinigte Königreich eine Heraus- 52
forderung. Die Einführung der TUPE Regulations 1981 erfolgte spät und mit einigen Abweichungen von der Richtlinie. Die wichtigste Änderung im Verhältnis zum vorher geltenden *Common Law* war der Übergang der Arbeitsverhältnisse auf den Erwerber.

---

94 *McMullen*, Business Transfers and Employee Rights, 2. Auflage 1992, S. 121.

95 *Collins*, ILJ 1986, 244 (255).

96 *Davies/Freedland*, Transfer of Employment, reg. 2(1) TUPE General Note befürchteten den Verstoß aufgrund des abweichenden Wortlauts; *Younson*, Employment Law and Business Transfer, S. 44, *Younson* die Ungleichbehandlung der Arbeitnehmer und damit einhergehende Schlechterstellung (vor TUPE 1981 waren die Arbeitnehmer bei *non-commercial ventures* gleichgestellt) verstoße gegen die Richtlinie.

97 *Hansard* on HL Deb. vol. 425 cols. 1486.

D. Rechtsvergleichender Ausblick

53 Deutschland hatte die erste Regelung zur Wahrung der Rechte der Arbeitnehmer mit dem § 613a BGB a.F. bereits 1972 eingeführt. Zuvor gab es jedoch kein gesetzlich statuiertes Konzept zum Schutz der Arbeitnehmer bei Betriebsübergängen. Zunächst untersucht dieser Abschnitt, wie Rechtsprechung und Literatur Arbeitnehmer schützten bzw. schützen wollten (I.). Zudem (II.) wird die Einführung der ersten Fassung des § 613a BGB und der Einfluss der Richtlinie erläutert.

I. Ausgangslage Deutschland

54 Vor Einführung des § 613a BGB war der Arbeitnehmerschutz beim Betriebsübergang in Deutschland nicht geregelt. Stattdessen wendete man allgemeine schuldrechtliche Regeln bei der Frage nach dem Übergang der Arbeitsverhältnisse im Rahmen von Betriebsveräußerungen an. Die Rechtsprechung und die herrschende Meinung rekurrierten auf die rechtsgeschäftliche Vertragsübernahme.[98] Dies bedeutete, dass die Arbeitsverhältnisse grundsätzlich einzeln und im Ganzen übertragen werden konnten.[99] Dabei bedurfte es eines dreiseitigen Vertrages, der die mindestens konkludente Zustimmung des Veräußerers, des Arbeitnehmers und des Betriebserwerbers erforderte. Diese Praxis führte aber dazu, dass der Erwerber nicht gezwungen war, die gesamte Belegschaft zu übernehmen, und deren Übernahme an verschiedene Bedingungen knüpfen konnte.[100] Zudem wurden Betriebe zum Teil zur Stilllegung erworben.[101]

55 Auch die zum Teil bereits 1951 geschaffenen Regeln zum Kündigungsschutz boten den Arbeitnehmern nicht den vollen Schutz. Der Arbeitnehmer hatte gegen den Betriebserwerber keinen Anspruch auf Weiterbeschäftigung. Auch wenn der Betriebserwerber dem Arbeitnehmer schlechtere Arbeitsbedingungen anbot, unterlag der Arbeitnehmer – anders als bei einer Änderungskündigung – nicht dem Schutz des § 1

---

98 Gesetzlich waren nur die Abtretung einzelner Ansprüche (§§ 398 ff. BGB) und die Übertragung einzelner Pflichten (§§ 414 ff. BGB) möglich; siehe auch *Seiter*, Betriebsinhaberwechsel, 23 f.

99 *Gussen*, in: BeckOKArbR, § 613a BGB, Rn. 1.

100 *Willemsen*, in: WHSS, Umstrukturierung und Übertragung von Unternehmen, G Rn. 2.

101 Siehe hierzu Gesetzesbegründung zur Fassung des § 613a BGB vom 19.01.1972, BT-Drucksache VI/1786, S. 59.

KSchG[102].[103] Schließlich hatte er zwar theoretisch einen Anspruch gegen den vormaligen Arbeitgeber, in der Praxis wurde dieser jedoch dadurch ausgehöhlt, dass eine betriebsbedingte Kündigung schon dann möglich war, wenn der Veräußerer sich um eine Übernahme des Arbeitnehmers durch den Betriebserwerber bemüht hatte.[104] Ein Teil der Literatur plädierte dafür, die Arbeitnehmer vor einer Kündigung bei einem Betriebsinhaberwechsel[105] zu schützen. Zum Teil begründeten die Autoren dies mit der Betriebsbezogenheit des Arbeitsverhältnisses. Danach sei das Arbeitsverhältnis nicht an den Unternehmer als Person gebunden, sondern an den Betrieb. Wenn dieser auf eine andere Person wechselt, müsse das Arbeitsverhältnis mit übergehen.[106] *Nikisch* sprach sich zudem für eine Analogie zu § 571 BGB aus, wonach ein Mietverhältnis nach einer Veräußerung des Mietobjekts mit dem Vermieter fortbesteht. Eine Analogie sei wegen der eindeutigen Gesetzeslücke im Kündigungsschutz angemessen.[107]

Zusammenfassend gab es in Deutschland vor der Einführung des § 613a BGB keine Vorschrift über den automatischen Übergang der Arbeitsverhältnisse. Zudem war das Kündigungsschutzregime damals nicht auf den Erhalt des Arbeitsplatzes bei einem Betriebsinhaberwechsel ausgelegt. Daher war der Schutz der Arbeitnehmer wie in Großbritannien vor der Einführung des § 613a BGB nur unzureichend geregelt. Ferner konnten die bestehenden Regelungen leicht umgangen werden. 56

II. Erste Regelung zum Betriebsübergang

Aufgrund der Gefahr für die Arbeitsverhältnisse bei Betriebsinhaberwechseln entschied sich der deutsche Gesetzgeber für eine Regelung im Rahmen der Novellierung des BetrVG.[108] Der Gesetzgeber verankerte die Neuerung 57

102 § 1 KSchG in der Fassung vom 10.08.1951 (Ursprungsfassung) regelte bereits, dass eine Kündigung sozial ungerechtfertigt ist, wenn sie nicht durch Gründe, die in der Person liegen oder durch dringende betriebliche Erfordernisse der Weiterbeschäftigung des Arbeitnehmers entgegenstehen. § 1 Abs. 2 S. 2 KSchG regelte die Beweislast des Arbeitgebers. In § 1 Abs. 3 KSchG war bereits die Pflicht zur Sozialauswahl bei betriebsbedingten Kündigungen geregelt; siehe BGBl. 1951 S. 499.

103 *Grell*, Der Betriebsinhaberwechsel, S. 142 f.

104 *Grell*, Der Betriebsinhaberwechsel, S. 144 f.

105 Das war die frühere Bezeichnung für einen Betriebsübergang, die später in die erste Fassung des § 613a BGB übernommen wurde; siehe nur: *Grell*, Der Betriebsinhaberwechsel, S. 14.

106 *Nikisch*, Arbeitsrecht, S. 193 f.; zustimmend *Hörnig*, ArbuR 1954, S. 272; zusammenfassend und m.w.N. *Grell*, Der Betriebsinhaberwechsel, S. 130.

107 *Nikisch*, Arbeitsrecht 1961, Band I, S. 660.

108 *Breinlinger*, in: NK-GA, § 613a BGB Rn. 1.

im BGB und führte die Ursprungsfassung des § 613a BGB im Jahr 1972 durch § 122 BetrVG ein.[109] Zuvor hatten die Abgeordneten eine Normierung der Rechte bei Betriebsübergang im BetrVG diskutiert. Den Betriebsräten sollte eine bessere Mitbestimmung bei Betriebsstilllegungen nach Betriebsübergängen ermöglicht werden.[110] Die Regierung lehnte diese Forderung nach der Mitbestimmung des Betriebsrats bei Betriebsinhaberwechseln jedoch ab und setzte auf eine individualvertraglich wirkende Regelung.[111] Die ursprüngliche Fassung enthielt den Übergang der Arbeitsverhältnisse (§ 613a Abs. 1 S. 1 BGB), die Haftungsverteilung (§ 613a Abs. 2 BGB) sowie die Ausnahme von Abs. 2 bei Umwandlungen (§ 613a Abs. 3 BGB).[112]

III. Änderungen durch die Richtlinie

58 Der Kündigungsschutz in § 613a Abs. 4 BGB wurde erst durch die Umsetzung der Richtlinie 77/187/EWG im EG-Anpassungsgesetz[113] vom 13.08.1980 eingeführt. Zudem hatte der Gesetzgeber in § 613a Abs. 1 S. 2–4 BGB auch die Regelungen über die Weitergeltung von Kollektivverträgen umgesetzt. In der weiteren Entwicklung führte der Gesetzgeber die Unterrichtungspflicht und das Widerspruchsrecht zur Umsetzung der Richtlinie 2001/23/EG in § 613a Abs. 5 und Abs. 6 BGB ein.[114]

E. Zusammenfassung

59 Mit Blick auf die rechtshistorische Entwicklung ist festzustellen, dass beide Länder bis in die 1970er-Jahre kein Gesetzesrecht zum Arbeitnehmerschutz bei Betriebsübergängen statuiert haben. Während man in Großbritannien auf vertragstheoretische Grundsätze des *Common Law* zurückgriff, bedienten sich die Gerichte in Deutschland den Prinzipien der rechtsgeschäftlichen Vertragsübernahme.

---

109 *Preis,* in: ErfK, § 613a BGB Rn. 1.

110 Siehe hierzu Gesetzesbegründung zur Fassung des § 613a BGB vom 19.01.1972, BT-Drucksache VI/1786, S. 59.

111 *Posth,* Arbeitsrechtliche Probleme beim Betriebsinhaberwechsel, S. 15; siehe auch Gesetzesbegründung zur Fassung des § 613a BGB vom 19.01.1972, BT-Drucksache VI/1786, S. 59.

112 *Breinlinger,* in: NK-GA, § 613a BGB Rn. 2.

113 Gesetz über die Gleichbehandlung von Männern und Frauen am Arbeitsplatz und über die Erhaltung von Ansprüchen bei Betriebsübergang (BGBl. I 1380).

114 *Breinlinger,* in: NK-GA, § 613a BGB Rn. 2 f.

Ein wesentlicher Unterschied zeigt sich darin, dass der deutsche Gesetzgeber vor Erlass der ersten Betriebsübergangsrichtlinie der EWG einen Reformbedarf gesehen hat. Ein Grund dafür waren die zahlreichen Forderungen von verschiedenen Seiten, den Betriebsrat mit in die Entscheidungen bei einem Betriebsübergang miteinzubeziehen. § 613a BGB sah einen automatischen Übergang der Arbeitsverhältnisse auf den Betriebserwerber vor. In Großbritannien dagegen gab es vor dem Erlass der Betriebsübergangsrichtlinie lediglich Regelungen, um den Erwerber zu einem Angebot an die Arbeitnehmer des Veräußerers zu motivieren, sowie Vorschriften über einen Anspruch auf Entschädigungszahlungen. Die Umsetzung der Richtlinie in Deutschland war daher nicht weiter problematisch, während in Großbritannien die Umsetzung der Richtlinie nicht zuletzt durch die Verschiebung der Machtverhältnisse innerhalb des Parlaments ein schwieriges Unterfangen war. Nach Ablauf der Umsetzungsfrist konnte sich Großbritannien vor einer Vertragsstrafe retten und sich auf einen Kompromiss einigen. 60

§ 3 Entwicklung unter den TUPE Regulations

Sowohl die Richtlinie als auch die TUPE Regulations 1981 wurden in den vergangenen 30 Jahren reformiert. Die Richtlinie erfuhr Ende der 1990er-Jahre zahlreiche Änderungen (A.). Der britische Gesetzgeber erließ im Jahr 2006 eine geänderte Fassung der TUPE Regulations. Deren Entwicklung und die wesentlichen Inhalte werden untenstehend (B.) erörtert. Sodann zeigt dieses Kapitel die Meilensteine in der jüngeren Entwicklung der TUPE Regulations auf (C.). Schließlich werden die Auswirkungen des EU-Austritts des Vereinigten Königreichs vom 31.01.2020 auf die TUPE Regulations untersucht (D.). 61

A. Weiterentwicklung der Betriebsübergangsrichtlinie

I. Entwicklung der Novellierung in den 1990er-Jahren

Zu Beginn der 1990er-Jahre gab es auf europäischer Ebene erste Novellierungsgedanken. Die Kommission hatte dabei insbesondere eine Flexibilisierung für in Schwierigkeiten befindliche und zahlungsunfähige Unternehmen im Blick. Zudem sollten aber auch die immer weiter fortschreitende Harmonisierung des Binnenmarktes, die EuGH-Rechtsprechung zum Betriebsübergang sowie die Richtlinie zu Massenentlassungen in einer Reform berücksichtigt werden.[115] Ein weiterer wichtiger Auslöser für die Neufassung der Richtlinie war die Unzufriedenheit einiger Mitgliedstaaten (unter anderem Deutschlands) über das „Christel-Schmidt-Urteil" des EuGH im Jahre 1994, in welchem dieser entschieden hatte, dass ein Betriebsübergang i.S.d. Richtlinie auch schon dann vorliege, wenn eine Dienstleistung fremdvergeben wurde, nur durch einen Arbeitnehmer ausgeführt wurde und keine materiellen Betriebsmittel übergegangen sind.[116] Die Neufassung bot den Mitgliedstaaten die Möglichkeit, Betriebe mit weniger als 20 Mitarbeitern von ihren Informations- und Konsultationspflichten zu befreien.[117] Neben Modifikationen der Anwendbarkeit in der Insolvenz[118] beinhaltete die Neufassung, dass den betroffenen Arbeitnehmern eines Betriebs(-teils), welcher seine Selbstständigkeit im Übergang nicht 62

115 *Franzen*, RdA 1999, 361 (361).

116 EuGH v. 19.04.1994 – Rs. C-392/92 – Christel Schmidt, NZA 1994, 545; siehe zur ausführlichen Fallbesprechung Rn. 280 ff.

117 *Derbyshire/Hardy*, TUPE: Law & Practice, S. 33.

118 *Grau/Hartmann*, in: Preis/Sagan, Europäisches Arbeitsrecht, Rz. 15.3.

behält, übergangsweise eine angemessene Vertretung zusteht.[119] Der europäische Gesetzgeber hatte die Richtlinie mit der RL 98/50/EG reformiert. Diese war bis 2001 umzusetzen.[120] Noch vor dem Ablauf der Umsetzungsfrist kodifizierte die EG die Richtlinie mit der Fassung RL 2001/23/EG neu, um mehr Klarheit zu schaffen.[121] Inhaltliche Änderungen enthielt diese Richtlinie jedoch nicht.[122]

II. Wesentliche Inhalt der Richtlinie 2001

63 Nach Art. 1 Abs. 1 lit. a) der aktuellen Fassung der Betriebsübergangsrichtlinie[123] erstreckt sich deren Anwendungsbereich auf den Übergang von Unternehmen, Betrieben oder Unternehmens- bzw. Betriebsteilen auf einen anderen Inhaber durch vertragliche Übertragung oder durch Verschmelzung. Ein Übergang im Sinne des Art. 1 Abs. 1 lit. a) RL 2001/23/EG ist nach Art. 1 Abs. 1 lit. b) der Richtlinie der Übergang einer ihre Identität bewahrenden wirtschaftlichen Einheit im Sinne einer organisierten Zusammenfassung von Ressourcen zur Verfolgung einer wirtschaftlichen Haupt- oder Nebentätigkeit. Die Richtlinie gilt für private und öffentliche Unternehmen, die eine wirtschaftliche Tätigkeit ausüben, unabhängig davon, ob diese Unternehmen Erwerbszwecke verfolgen.[124] Sie ist nicht anwendbar, wenn die Übertragung im Zuge der Umstrukturierung von Verwaltungsbehörden erfolgt. Überdies ist die Richtlinie nur anwendbar, wenn sich Unternehmen, Betriebe oder Unternehmens- bzw. Betriebsteile, innerhalb des räumlichen Geltungsbereichs des Vertrages befinden.[125] Der Übergang von Seeschiffen ist nicht von der Richtlinie erfasst, solange sie nicht Teil eines übergehenden Unternehmens sind. Der Anteilskauf (sog. *share deal*) ist nach dem Wortlaut der Richtlinie nicht von deren Anwendungsbereich erfasst. Die Mitgliedstaaten können diesen aber in den Anwendungsbereich der nationalen Regelungen aufnehmen, da sie

---

119 *Willemsen/Annuß*, NJW 1999, 2073 (2078).

120 *Fuchs/Marhold/Friedrich*, Europäisches Arbeitsrecht, S. 404.

121 *Barnard*, EU Employment Law, S. 578.

122 *Fuchs/Marhold/Friedrich*, Europäisches Arbeitsrecht, S. 404.

123 Richtlinie 2001/23/EG des Rates vom 12. März 2001 zur Angleichung der Rechtsvorschriften der Mitgliedstaaten über die Wahrung von Ansprüchen der Arbeitnehmer beim Übergang von Unternehmen, Betrieben oder Unternehmens- oder Betriebsteilen (Amtsblatt EG 2001 L 82/16).

124 Art. 1 Abs. 1 lit. c) RL 2001/23 EG.

125 Art. 1 Nr. 2 RL 2001/23/EG.

zugunsten der Arbeitnehmer umfassendere Schutznormen als die Richtlinie nach Art. 8 RL 2001/23/EG erlassen dürfen.[126]

III. Weitere Änderungen und Reformbemühungen

In den letzten Jahren nahm der europäische Gesetzgeber nur kleine Änderungen an der Betriebsübergangsrichtlinie vor. Die letzte Änderung erfolgte durch Art. 5 RL 2015/1794. Dadurch schwächte er die Bereichsausnahme für Seeschiffe ab. Weitere Reformen wurden immer wieder diskutiert. In den frühen 2000er-Jahren diskutierte man über die Aufnahme grenzüberschreitender Betriebsübergänge in die Richtlinie.[127] Ein weiterer Diskussionspunkt war die Ausdehnung des Anwendungsbereichs der Richtlinie auf den Anteilskauf. Dabei ging es um die Frage, ob dieser die gleichen Rechtsfolgen wie der Betriebsübergang auslösen sollte oder zumindest bestimmte Informationspflichten des Veräußerers eingeführt werden sollten.[128] Im Grunde erfuhr die Richtlinie aber seit 2001 keine wesentlichen Veränderungen mehr. 64

B. TUPE Regulations 2006

I. Reformen seit 1982

Wie einige britische Autoren bereits befürchtet hatten, führten die TUPE Regulations 1981 zu Rechtsunsicherheit und Rechtsstreitigkeiten.[129] Umstritten war unter anderem der Anwendungsbereich der Regelungen bei der Auftrags- und Funktionsnachfolge. Diesem widmet sich diese Arbeit ausführlich unter § 6. 65

Neben der Rechtsunsicherheit verdichteten sich die Hinweise, dass die britische Regierung in den TUPE Regulations die Vorgaben der Richtlinie nicht adäquat umgesetzt hatte. Daher hatte die Kommission im November 1993 ein Vertragsverletzungsverfahren (*infringement proceedings*) eingeleitet.[130] Fünf Verstöße wurden darin untersucht: Erstens die Beschränkung des Anwendungsbereichs auf Unternehmen mit Gewinnerzielungsabsicht. Zweitens wurden die Sanktionen gegen Arbeitgeber bei Verstößen gegen TUPE als zu niedrig erachtet. Drittens waren die Konsultationspflichten nicht auf eine Einigung mit den Arbeitnehmern ausgerichtet. Viertens war die Einbeziehung der 66

126 *Riesenhuber*, Europäisches Arbeitsrecht, S. 699.
127 *Riesenhuber*, Europäisches Arbeitsrecht, S. 693 f.
128 *McMullen*, IJCLLIR 2007, S. 335 (373).
129 Siehe Rn. 51.
130 *Hardy*, Understanding TUPE, S. 37.

Arbeitnehmervertretung wegen der steigenden Aberkennung von gewerkschaftlichen Rechten in Großbritannien nicht effektiv. Und fünftens kritisierte Kommission die Einschränkung des Anwendungsbereichs auf Fälle, in welchen der Veräußerer der Eigentümer des Unternehmens sei.[131]

67 Die britische Regierung reagierte und regelte im Trade Union Reform and Employment Rights Act 1993 (TURERA) die kritisierten Punkte neu.[132] So strich sie unter anderem die Einschränkung des Anwendungsbereichs auf Unternehmen mit Gewinnerzielungsabsicht durch s. 33 TURERA 1993 aus dem Wortlaut von reg. 2(1).[133]

II. Neufassung 2006

68 Trotz der Änderungen in TURERA 1993 waren einige Aspekte unklar. Das Ziel der britischen Regierung war es daher Rechtssicherheit in den TUPE Regulations 2006 zu schaffen. Sie sollten ferner mehr Flexibilität für die Unternehmen und eine faire Behandlung der Arbeitnehmer erreichen.[134]

1. Erweiterung des Anwendungsbereichs

69 Die wichtigste Neuerung war die Erweiterung des Anwendungsbereichs. So führte der britische Gesetzgeber neben dem Unternehmensübergang (*transfer of an undertaking*) in reg. 3(1)(a) TUPE[135] den *service provision change* in reg. 3(1)(b) TUPE ein. Dieser ermöglicht eine Anwendung der TUPE Regulations in den Fällen der Fremdvergabe von Tätigkeiten (sog. Outsourcing), der Auftragsnachfolge und der Wiederaufnahme von zuvor fremdvergebenen Tätigkeiten (sog. Backsourcing). Damit sind die TUPE Regulations nicht nur weiter gefasst als die Richtlinie, ihr Anwendungsbereich geht auch weiter als der des § 613a BGB in Deutschland. Die Voraussetzungen des *service provision change* werden ausführlich in § 7 dieser Arbeit erläutert. Hinsichtlich des Unternehmensübergangs in reg. 3(1)(a) TUPE übernahm der britische Gesetzgeber – im Gegensatz zum deutschen Gesetzgeber – den Wortlaut des Art. 1 Abs. 2 RL 2001/23/EG, wonach der Übergang einer identitätswahrenden, wirtschaftlichen Einheit (*transfer of an economic entity which retains is identity*) erforderlich ist.

---

131 EuGH v. 08.06.1994 – Rs. C-382/92 Rn. 6 – Kommission/Vereinigtes Königreich, BeckRS 2004, 76902.

132 *Hardy*, Understanding TUPE, S. 38.

133 *Hardy*, Understanding TUPE, S. 39.

134 *Wynn-Evans*, The Law of TUPE Transfer, 1.30 f.

135 Siehe hierzu ausführlich § 5.

2. *Weitere Neuerungen*

70 Die Regelungen enthielten drei weitere wesentliche Reformen.[136] Sie legten fest, dass eine einvernehmliche vertragliche Abweichung zum Nachteil des Arbeitnehmers nur möglich ist, wenn ein wirtschaftlicher, technischer oder organisatorischer Grund vorliegt.[137] Anders als Deutschland hat Großbritannien von Art. 3 Abs. 2 RL 2001/23/EG Gebrauch gemacht und mit reg. 11 TUPE 2006 eine Regelung geschaffen, die den Veräußerer dazu verpflichtet, relevante Informationen über die Arbeitnehmer (z.B. Namen, Alter etc.)[138] dem Erwerber mitzuteilen. Schließlich sehen die TUPE Regulations 2006[139] im Gegensatz zum deutschen § 613a BGB die Möglichkeit der Abweichung von Schutzregelungen bei Veräußerungen in der Insolvenz vor.[140]

C. Jüngere Entwicklung

71 In den letzten Jahren gab es immer wieder kleine Anpassungen der TUPE Regulations 2006. Diese waren vor allem der Rechtsprechung der britischen Gerichte geschuldet. Im Jahr 2012 hatte die Regierung eine Umfrage zur Reformbedürftigkeit der TUPE Regulations unter den Unternehmen und Sozialpartnern durchgeführt (dazu I.). Deren Ergebnisse spiegeln sich in den Ergänzungs- und Änderungsregelungen, den TUPE Amendment Regulations 2014 wider (dazu II.).

I. Umfrage der Regierung 2012

72 Im November 2011 führte das Ministerium für Unternehmen und Innovation (Department for Business Innovation and Skills [BIS])[141] eine Umfrage unter den relevanten Unternehmen und Sozialpartnern zur Zufriedenheit

---

136 So jedenfalls *McMullen*, ILJ 2006, 113 (114 f).; zustimmend *Upex/Ryley*, TUPE Law and Practice, S. 11.
137 Reg. 4(4) und reg. 4(5) TUPE 2006
138 *McMullen*, ILJ 2006, 113 (135).
139 In reg. 8 und reg. 9 TUPE 2006.
140 *McMullen*, ILJ 2006, 113 (132).
141 Das „BIS“ wurde am 14.07.2016 aufgelöst; seitdem existiert stattdessen das Ministerium für Unternehmen, Energie und Industrie (Department for Business, Energy and Industrial Strategy), siehe https://www.gov.uk/government/organisations/department-for-business-energy-and-industrial-strategy, zuletzt abgerufen am 07.02.2023.

und Praktikabilität der TUPE Regulations durch.[142] Einige Unternehmen bzw. Wirtschaftszweige hätten die TUPE Regulations als zu bürokratisch und ihren umfangreichen Anwendungsbereich als ausufernd (*gold-plated*) wahrgenommen. An der Umfrage beteiligten sich 175 Sozialpartner, Unternehmen und Juristen. Gefragt worden war, ob die TUPE Regulations 2006 mehr Transparenz und Klarheit geschaffen haben und so einen unkomplizierten Übergang (*smooth transfer*) ermöglichten. Hinsichtlich des *service provision change* fragte die Regierung, ob dieser den Bedarf rechtlicher Beratung bei einem *transfer* sowie damit einhergehende Rechtsstreitigkeiten reduziert hat.

73 Die Ergebnisse der Umfrage veröffentlichte die britische Regierung im September 2012.[143] Hinsichtlich des *service provision change* befürworteten 38 % der Befragten dessen Einführung. Die Ergebnisse zeigten aber, dass sich die Parteien mehr Klarheit zu dessen Anwendungsbereich insbesondere in Bezug auf *fragmentation*, also bei einer Aufteilung von Tätigkeiten wünschten. Dieses Phänomen untersucht die vorliegende Arbeit in § 8.

74 Die Teilnehmer der Umfrage kritisierten zudem die kurze Frist von 14 Tagen vor dem *transfer*, bis zu welcher, der *transferor* dem *transferee* Informationen über die Arbeitnehmer und die Pflichten aus den Arbeitsverhältnissen mitgeteilt haben muss (*employee liability information*). Weitere Kritikpunkte waren die Regelungen in der Insolvenz und beim Übergang der Betriebsrenten (*pension schemes*). Die Regelungen hätten jedoch zu mehr Klarheit und Transparenz geführt. Es seien aber weitere Verbesserungen möglich und notwendig. Bei nahezu allen vorgebrachten Problempunkten konnte die jeweils andere Seite eine entsprechende Gegenargumentation ins Feld führen. Darüber hinaus ergab die Umfrage, dass nicht alle Punkte durch eine Reform gelöst werden können, da sie entweder zu komplex, nicht lösbar oder durch die Bindung an die Richtlinie 2001/23/EG unumstößlich seien.

---

142 BIS Effectiveness of Transfer of Undertakings (Protection of Employment) Regulations 2006: Call for Evidence, abrufbar unter: https://webarchive.nationalarchives.gov.uk/ukgwa/20121111044642/http://www.dti.gov.uk/assets/biscore/employment-matters/docs/c/11-1376-call-for-evidence-effectiveness-of-tupe-regulations.pdf, zuletzt abgerufen am 02.12.2022.

143 BIS Effectiveness of Transfer of Undertakings (Protection of Employment) Regulations 2006: Government response to call for evidence, abrufbar unter: https://webarchive.nationalarchives.gov.uk/ukgwa/20121003053529/http://www.dti.gov.uk/assets/biscore/employment-matters/docs/e/12-1141-effectiveness-transfer-of-undertakings-response.pdf, zuletzt abgerufen am 02.12.2022.

II. TUPE Amendment Regulations 2014

Nachdem ein großer Teil der Befragten mit dem *service provision change* zufrieden war, ergänzte die Regierung lediglich, dass die übertragene Tätigkeit vor und nach dem Übergang im Wesentlichen gleich sein muss.[144] Dieses Kriterium war zuvor in der Rechtsprechung häufig umstritten.[145] Ferner änderte die Regierung die zeitlichen Vorgaben der Informationspflicht des *transferor* gegenüber dem *transferee*. Er musste nunmehr bis spätestens 28 Tage vor dem Übergang dem *transferee* die relevanten Informationen über die Arbeitnehmer und deren Arbeitsverhältnisse mitteilen.[146] Überdies beschränkte der Gesetzgeber die Wirkung der automatischen ungerechtfertigten Kündigung auf Fälle, in welchen der *transfer* der einzige oder der hauptsächliche Grund (*sole or principal reason*) für die Kündigung Änderung des Vertrags ist. 75

III. Würdigung der jüngeren Entwicklung

Die Umfrage und die Amendments 2014 zeigen, dass trotz der Verbesserungen in den TUPE Regulations 2006 eher Unzufriedenheit mit den TUPE Regulations vorherrschte. Dies spiegelt insbesondere den, zu Beginn dieser Arbeit angesprochenen, Konflikt zwischen dem Schutz der Arbeitnehmer und einem freien Wettbewerb wider. So erkennt man an der Einschränkung des Kündigungsschutzes in den Amendments Regulations 2014, dass die britische Regierung den Schutz der Arbeitnehmer wieder etwas zurückstufte. Das führte, wie sich in einem Gespräch mit der britischen Anwältin *Melanie Tethers*[147] herausstellte, allerdings wieder zu Rechtsunsicherheit, da unklar war, wann der *transfer* der einzige bzw. hauptsächliche Grund für die Änderung eines Arbeitsvertrages oder eine Kündigung ist.[148] Die Ergänzung des *service provision change* durch eine zusätzliche Voraussetzung ist dagegen eher auf ein Bedürfnis zur Klarstellung zurückzuführen. Ob dies erfüllt wurde, untersucht die Arbeit unter § 7. Ansonsten hatte der britische Gesetzgeber stetig versucht, die TUPE Regulations 1981 richtlinienkonform anzupassen. Welche Reformen in Zukunft von 76

---

144 *Wynn-Evans*, The Law of TUPE Transfers, 1.38.

145 Siehe Rn. 371 ff.

146 *Wynn-Evans*, The Law of TUPE Transfers, 1.39.

147 *Melanie Tethers* ist Anwältin (*Barrister*) und hat eine große Erfahrung bei der Beratung von Mandanten zu den TUPE Regulations. Sie ist außerdem Vizepräsidentin der *Industrial Law Society*, einer renommierten Vereinigung, die sich mit den aktuellen Fragen des britischen Arbeitsrechts beschäftigt.

148 Telefongespräch mit *Melanie Tethers* am 09.05.2022.

der Politik umgesetzt werden ist wesentlich von den Wirkungen des Austritts des Vereinigten Königreichs aus der EU auf die TUPE Regulations beeinflusst.

D. EU-Austritt

I. Brexit

77 Am 31.01.2020 ist das Vereinigte Königreich aus der Europäischen Union ausgetreten (sog. Brexit). Die Austrittsmodalitäten regelten die Parteien in einem Abkommen vom 24.01.2020. Ausgelöst wurde dieser Prozess durch das EU-Mitgliedschaftsreferendum vom 23.07.2016, in welchem 51,89 % der abstimmenden Wahlberechtigten des Vereinigten Königreichs für einen Austritt votiert hatten.[149] Am 27.03.2017 erklärte die Regierung des Vereinigten Königreichs ihren Austritt aus der europäischen Union auf der Grundlage von Art. 50 Abs. 2 EUV.

II. Konsequenzen

1. Abkommen

78 Zur Regelung der rechtlichen Konsequenzen hat die EU 2018 mit dem Vereinigten Königreich ein Austrittsabkommen geschlossen, welches dieses im European Union (Withdrawal) Act 2018 (EUWA 2018) umgesetzt und durch die Amendments 2020 (EUWA 2020) ergänzt hat. Dieses Abkommen hatte den Zweck, den European Community Act von 1972 rückgängig zu machen und stattdessen andere Regelungen über das Verhältnis zwischen der EU und dem Vereinigten Königreich zu treffen.[150] Ziel des Abkommens war es außerdem, eine funktionsfähige Rechtsordnung auch nach Geltungsablauf des EU-Rechts aufrechtzuerhalten und Rechtssicherheit für einzelne Personen, öffentliche Einrichtungen und Unternehmen zu ermöglichen. Das bedeutete, dass grundsätzlich am Tag nach dem Austritt das gleiche Recht wie zuvor in der EU weitergelten sollte.[151] Zwischen dem Referendum und dem Austritt am 31.01.2020 war das Unionsrecht unmittelbar anwendbar und die Gerichte an die Rechtsprechung des EuGH gebunden.[152]

---

149 Ergebnis abrufbar unter: https://www.bbc.com/news/politics/eu_referendum/results, zuletzt abgerufen am 15.05.2023.

150 *Duhs/Rao*, EU Retained Law, S. 3; *McMullen*, Business Transfers and Employee Rights, 17-4.

151 *Duhs/Rao*, EU Retained Law, S. 81.

152 *Wynn-Evans*, The Law of TUPE Transfers, 1.87.

2. *EU Retained Law*

a) *Richtlinie*

Nach dem Ablauf des Übergangszeitraums (*implementation period*)[153] regelt das Abkommen, dass das vor dem Austritt des Vereinigten Königreichs geltende EU-Recht zu *EU Retained Law* wird. Das bedeutete konkret, dass die britische Regierung die für sie gültigen Rechtsverordnungen der EU zum Austrittszeitpunkt „eingefroren" und als nationales Recht ausgewiesen hat.[154] Die Richtlinien selbst sind nicht davon umfasst. Ihr Zweck bestünde darin, den Mitgliedstaaten eine Anleitung zu geben, um deren nationale Gesetzgebung zu lenken.[155] Das heißt, dass die Betriebsübergangsrichtlinie selbst nicht nationales Recht des Vereinigten Königreichs geworden ist. 79

b) *TUPE Regulations*

Allerdings regelt s. 2(1) EUWA 2018, dass das in nationales Recht umgesetzte EU-Recht weiterhin gilt. Das betrifft daher auch die TUPE Regulations. Der Wortlaut des Gesetzes lautet: 80

> *2. (1) EU-derived domestic legislation, **as it has effect**[156] in domestic law immediately before completion day, continues to have effect in domestic law on and after Implementation period completion day.* 81

Die Formulierung *as it has effect,* was bedeutet „gilt wie", meint, dass auch wie zuvor bei der Auslegung des umgesetzten richtlinienbasierten Rechts, die Richtlinie selbst von den Gerichten zur Auslegung herangezogen wird.[157] Somit hat sich für die Geltung der TUPE Regulations 2006 nichts geändert. 82

c) *Rechtsprechung des EuGH*

Die Rechtsprechung des EuGH bis zum Ende des Übergangszeitraums gilt als *case law* und bleibt damit zur Auslegung der TUPE Regulations weiterhin bindend. Dies gilt allerdings nicht für die Entscheidungen des EuGH nach dem 83

---

153 Siehe Definition in Abkommen vom 19.02.2019 über den Austritt des Vereinigten Königreichs Großbritannien und Nordirland aus der Europäischen Union und der Europäischen Atomgemeinschaft (Amtsblatt EU 2019 C-66 I/1)

154 *Wynn-Evans* spricht von einem *snapshot* (also einem Schnappschuss) in *Wynn-Evans,* The Law of TUPE Transfers, 1.88.

155 *Duhs/Rao*, EU Retained Law, S. 83.

156 Hervorhebung durch die Verfasserin.

157 *Duhs/Rao*, EU Retained Law, S. 84.

Austrittsdatum. Jedoch ist es wahrscheinlich, dass die Gerichte weiterhin Leitlinien aus Entscheidungen des Gerichtshofs zur Auslegung von TUPE heranziehen werden.[158] Das sieht s. 6(1) EUWA 2018 sogar explizit vor.[159]

III. Auswirkungen für die britischen Gerichte

84 Die bisherigen Entscheidungen des EuGH zur Betriebsübergangsrichtlinie verlieren aber ihren Status als höherrangiges Recht. Das bedeutet, dass sowohl der Supreme Court als auch der Court of Appeal abweichend entscheidend dürfen.[160] Hierzu hat der britische Gesetzgeber Regelungen erlassen, die festlegen, dass der Supreme Court zur Abweichung von *Retained EU Case Law*, die gleiche Prüfung durchführen muss, wie wenn er seine eigene Rechtsprechung ändern möchte.[161] Das beinhaltet unter anderem das Gebot, zu berücksichtigen, dass Präzedenzfälle die unverzichtbare Grundlage für gerichtliche Entscheidungen bilden. Ferner könne im Gegensatz dazu ein zu starres Festhalten an den vorangegangenen Fällen in einer bestimmten Rechtssache zu ungerechten Entscheidungen führen. Daher können die Richter des Supreme Court und des Court of Appeal von den EuGH-Entscheidungen abweichen. Sie sollten jedoch

158 *McMullen*, Business Transfers and Employee Rights, 17.4; *Wynn-Evans*, The Law of TUPE Transfers, 1.95

159 Wortlaut des Gesetzes: S. 6(2) EUWA 2018: *Subject to this and subsections (3) to (6), a court or tribunal may have regard to anything done on or after IP completion day by the European Court, another EU entity or the EU so far as it is relevant to any matter before the court or tribunal.*

160 Ursprünglich sah EUWA 2018 vor, dass nur der Supreme Court abweichen darf. Die Regierung hatte geplant mit den Amendements 2020 einzuführen, dass alle Gerichte im Vereinigten Königreich abweichen dürfen. Hierzu hatte das Justizministerium eine Umfrage (Consultation) durchgeführt und am 02.07.2020 die Ergebnisse veröffentlicht. Auf die Frage, ob auch andere Gerichte über ein Abweichen von *retained EU case law* entscheiden dürfen, antworteten 27 % der Befragten für „Ja“ und 56 % der Befragten mit „Nein“. Daraufhin erweiterte die Regierung diese Befugnis in EUWA 2020 lediglich auf den Court of Appeal. Siehe Ministry of Justice: Government response to consultation, Response to the consultation on the departure from retained EU case law by UK courts and tribunals, Abrufbar unter: https://assets.publishing.service.gov.uk/government/uploads/system/uploads/attachment_data/file/926811/departure-eu-case-law-uk-courts-tribunals-consultation-response.pdf, zuletzt abgerufen am 02.12.2022.

161 Reg. 5 European Union (Withdrawal) Act 2018 (Relevant Court) (Retained EU Case Law) Regulations 2020; siehe auch *McMullen*, Business Transfer and Employee Rights, 17.6.

das Ausmaß der Entscheidung beachten und die Gefahr möglicher Rückwirkungen auf Verträge, Gesetze und für die Rechtssicherheit berücksichtigen.[162]

IV. TUPE-Reform nach dem Brexit

Eine zukünftige Änderung der TUPE Regulations ist nicht ausgeschlossen. Aus 85 Gesprächen mit britischen Juristen ergab sich der Eindruck, dass der Regierung drei Richtlinien und deren Umsetzung im britischen Recht ein besonderer Dorn im Auge sind: die Arbeitszeitrichtlinie, die Betriebsübergangsrichtlinie und die Leiharbeitnehmerrichtlinie. Insbesondere ist derzeit ein Gesetzesentwurf (EU Retained Law (Revocation and Reform) Bill 2022) zur Abstimmung im Parlament (derzeit House of Lords), welcher eine Aufhebung des verbleibenden *EU Retained Law* zum 31.12.2023 vorsieht, wenn dieses nicht vorher ausdrücklich beibehalten oder reformiert wird. Sollte dieses Gesetz verabschiedet werden, hätte es Auswirkungen auf die TUPE Regulations. Es erscheint allerdings noch unklar, ob, wann und wie das Gesetz erlassen wird. Die *Employment Lawyers Association* hat hierzu am 21.10.2022 ein Briefing Paper[163] veröffentlicht und von der Regierung Nachbesserung beim Entwurf gefordert. Es seien noch wesentliche Punkte unklar. In Bezug auf die TUPE Regulations ist fraglich, ob das Konzept des *service provision change* und die daran geknüpften Rechtsfolgen im Falle einer Aufhebung von TUPE am 31.12.2023 verbleiben, da dieses nicht auf EU-Recht basiert.

Ob die TUPE Regulations beibehalten oder reformiert werden, ist eben- 86 falls noch völlig unklar. In der Parlamentsdebatte vom 06.02.2023 im House of Lords zu diesem Thema, wollte sich die Regierung auf Nachfrage der Opposition[164] nicht äußern. *Wynn-Evans* hatte bei einem Vortrag am 25.01.2023 der *Industrial Law Society* noch darauf hingewiesen, dass das Vereinigte Königreich an das Handels- und Kooperationsabkommen mit der Europäischen Union

---

162 Auszug aus der House of Lords Practice Direction 1986 in *McMullen*, Business Transfer and Employee Rights, 17-6.

163 *Employment Lawyers Association:* A briefing of the effect of the Retained EU Law (Revocation and Reform) Bill upon Employment Law Rights and Obligations vom 19.10.2022; abrufbar unter https://www.elaweb.org.uk/sites/default/files/docs/ELA_REU_Bill_BriefingPaper_21Oct22_MPsFINAL.pdf; zuletzt abgerufen am 06.02.2023.

164 Nachfrage von *Lord Monks* (Labour Partei) in *Hansard* HL Deb. on 6/2/2023 vol. 827 col. 1015.

vom 31.12.2020[165] gebunden ist.[166] Darin hatten sich beide Seiten verständigt, ihr Arbeits- und Sozialschutzniveau nicht derart zu senken, dass es sich auf den Handel oder auf Investitionen zwischen den Vertragsparteien auswirkt.[167] Dies muss bei einer möglichen Reform der TUPE Regulations berücksichtigt werden. Es ergab sich jedoch der Eindruck bei verschiedenen Gesprächen mit britischen Wissenschaftlern und Praktikern und auch aus der Literatur[168], dass zwar teilweise Reformbedarf und der Wunsch nach mehr Flexibilität bestehen, die TUPE Regulations aber wegen der dadurch entstehenden Rechtssicherheit begrüßenswert sind.

E. Zusammenfassung

87 Sowohl die Richtlinie als auch die TUPE Regulations wurden zwischenzeitlich geändert und reformiert. Zu den Änderungen 1993 war die britische Regierung wegen des Vertragsverletzungsverfahrens gezwungen. In der Novellierung von 2006 dagegen setzte sie die Neuerungen der Richtlinie 2001/23/EG um und übernahm den Wortlaut der Richtlinie hinsichtlich des Anwendungsbereichs bei einem Unternehmensübergang. Sie erweiterte den Anwendungsbereich um den *service provision change* und wich dadurch entscheidend von der Richtlinie ab. Im Zeitpunkt der Einreichung dieser Abhandlung gelten die TUPE Regulations auch nach dem Brexit weiter. Ihre Zukunft ist angesichts des Gesetzentwurfs der EU Retained Law (Revocation and Reform) Bill noch völlig offen.

---

165 Handels- und Kooperationsabkommen zwischen der Europäischen Union und der Europäischen Atomgemeinschaft einerseits und dem Vereinigten Königreich, Großbritannien und Nordirland andererseits (Amtsblatt EU 2020 L 144/14).

166 Vortrag von Dr. *Charles Wynn-Evans* und *Kathleen Healy* unter dem Titel „TUPE continued“ in der Industrial Law Society in London am 25.01.2023.

167 Art. 6.2 Nr. 2 des Handels- und Kooperationsabkommen zwischen der Europäischen Union und der Europäischen Atomgemeinschaft einerseits und dem Vereinigten Königreich, Großbritannien und Nordirland andererseits (Amtsblatt EU 2020 L 144/14).

168 Siehe bspw. *McMullen*, NLJ 2016, 11 (12).

§ 4 Persönlicher Anwendungsbereich

Die heutige Arbeitswelt ist häufig geprägt von komplexen Unternehmensstrukturen und vielseitigen Arbeitsformen. Es ist daher nicht einfach zu erfassen, wer von den TUPE Regulations geschützt wird. Dem Wortlaut der TUPE Regulations sind fünf Voraussetzungen für den persönlichen Anwendungsbereich zu entnehmen. Erstens sind nach reg. 4(1) TUPE solche Personen geschützt, die *employees* nach reg. 2(1) TUPE sind. Zweitens sind sie nach reg. 4(3) TUPE auf *employees* anwendbar, die unmittelbar vor dem Übergang beim *transferor* beschäftigt waren.[169] Drittens müssen diese bei einem Unternehmensübergang (*transfer of an undertaking*) der übergehenden Zusammenfassung von Betriebsmitteln zugeordnet (*assigned*) sein (reg. 4(1) TUPE). Im Falle eines *service provision change* müssen sie der organisierten Zusammenfassung von Arbeitnehmern zugeordnet (*assigned*) sein. Viertens sind solche Arbeitnehmer geschützt, deren Arbeitsverhältnisse sonst durch den Übergang beendet werden würden (*which would otherwise be terminated*).[170] Fünftens hindert die Ausübung des Widerspruchsrechts des Arbeitnehmers nach reg. 4(1) TUPE (*except where objection is made*) die Anwendung der TUPE Regulations.[171] 88

Damit die britischen Besonderheiten im Fokus betrachtet werden können, beschränken sich die folgenden Ausführungen auf drei Problemkreise. Der erste Teil des Kapitels ist dem Begriff des *employee* in reg. 2(1) TUPE (A.) gewidmet. Der zweite Teil dieses Kapitels untersucht die Frage, ob der *employee* einen Arbeitsvertrag mit dem *transferor* haben muss. Dieses Problem stellt sich insbesondere in Konzernen, wenn der Arbeitnehmer in einem anderen Konzernunternehmen tätig ist als bei seinem Arbeitgeber (B.). Schließlich ergründet der dritte Teil dieses Kapitels das Merkmal der Zuordnung (*assignement*) zu der übergehenden Einheit und dessen Auslegung durch die Gerichte (C.). In diesem Kapitel ist „Arbeitnehmer" wie in der deutschen Rechtsordnung zu verstehen. Ein Arbeitnehmer i.S.d. § 611a Abs. 1 S. 1 BGB ist jeder, der auf der Grundlage eines privatrechtlichen Vertrags verpflichtet ist, im Dienste eines anderen weisungsgebundene und fremdbestimmte Arbeit in persönlicher Abhängigkeit zu 89

169 Siehe ausführlich *Wynn-Evans*, The Law of TUPE Transfers, 44–63 und Litster and ors v Forth Dry Dock & Engineering Co Ltd (in receivership) and anor [1990] ICR 341 scHL.

170 Siehe ausführlich *Wynn-Evans*, The Law of TUPE Transfers, 4–71 ff.

171 Siehe ausführlich *McMullen*, Business Transfer and Employee Rights, 6–48 ff.

leisten.[172] Dagegen stehen die Begriffe *employee* und *worker* für sich und werden erläutert.

A. Geschützte Arbeitnehmer

90 Reg. 2(1) TUPE nennt *employees* als die von den TUPE Regulations geschützten Personen. Diese Norm definiert den *employee* als Person, die für eine andere Person aufgrund eines *contract of service*, eines Ausbildungsverhältnisses oder „anderweitig" arbeitet. Allerdings erfasst der Begriff *employee* nicht solche Personen, die Leistungen im Rahmen eines *contract for services* anbieten. Ein *contract of service* wird in anderen Gesetzen häufig mit einem *contract of employment* also einem Arbeitsvertrag gleichgesetzt. In englischen Rechtswörterbüchern wird er als ein Vertrag, bei welchem sich ein *employee* verpflichtet, für einen Arbeitgeber gegen Bezahlung zu arbeiten, definiert.[173] Der Ausdruck wird im Folgenden aufgrund der Bedeutung des Wortlauts für die Auslegung (*contract **of** service* im Gegensatz zu *contract **for** services*) nicht übersetzt.[174] Aus dieser Definition geht nicht klar hervor, welche Personen von den TUPE Regulations als *employee* geschützt werden. Die Norm ist daher auslegungsbedürftig. Im ersten Teil dieses Abschnitts wird zunächst eine Abgrenzung von den *employees* und den Selbständigen (*self-employed*) vorgenommen und im zweiten Teil analysiert, welche Personen vom Begriff *employee* i.S.d. der TUPE Regulations umfasst sind.

I. Abgrenzung zu Selbständigen

91 Der Wortlaut der TUPE Regulations spricht grundsätzlich gegen eine Erfassung von Selbständigen. Fraglich ist aber, ob Selbständige von TUPE erfasst werden, wenn sie selbst Tätigkeiten im Unternehmen wahrgenommen haben.

92 Bisher erging nur ein berufungsgerichtliches Urteil, das sich mit der Abgrenzung von Selbständigen und *employees* nach reg. 2(1) TUPE befasste.[175] In *Cowell v Quilter Goodison Company Ltd*[176] war der Kläger des Ausgangsverfahrens Herr *Cowell* ein Partner mit Eigenkapitalanteil (*equity partner*)[177] der

---

172 *Junker*, Grundkurs Arbeitsrecht, Rn. 91.

173 So z.B. in Jowitt's Dictionary of English Law.

174 Hervorhebung in diesem Satz durch die Verfasserin.

175 *McMullen*, Business Transfer and Employee Rights, 6-4.

176 Cowell v Quilter Goodison Company Ltd [1989] WL 651208 CA.

177 Rechtsgrundlage der Gesellschaftsform Partnerschaft (*partnership*) ist der Partnership Act 1890.

Quilton Goodison Company. Als diese das Geschäft und ihre Produktionsmittel auf die *Quilton Goodison Company Ltd* übertrug, übernahm letztere Herrn *Cowell* und stellte ihn zunächst als Arbeitnehmer des Unternehmens ein, kündigte ihm aber kurz darauf. Der Kläger hatte auf Entschädigungszahlungen auf der Basis einer mehrjährigen Beschäftigung geklagt, da sein Arbeitsverhältnis im Rahmen von TUPE von der *Quilton Goodison Company* auf die *Quilton Goodison Company Ltd* übergegangen sei. Er sei *employee* nach reg. 2(1) TUPE gewesen. Er habe insbesondere wie alle anderen Arbeitnehmer des *transferor* gearbeitet: Er sei bspw. jeden Tag zur Arbeit erschienen und hätte dadurch feste Arbeitszeiten eingehalten. Zudem hätte er auch dem zuständigen geschäftsführenden Partner regelmäßig Bericht erstattet. Der Court of Appeal lehnte diese Argumentation ab. Zwar habe sich Herr *Cowell* wie ein Arbeitnehmer verhalten. Arbeitsverhältnisse seien aber schon historisch durch die Beziehung zwischen Dienstherrn (*master*) und Diener (*servant*) durch ein Subordinationsverhältnis gekennzeichnet. Dieses Merkmal finde sich in heutigen Arbeitsverhältnissen wieder. Ein Partner mit Eigenkapitalanteil an einer Partnerschaft erfülle diese Voraussetzung nicht. Es bestehe weder ein Arbeitsverhältnis zwischen ihm und den anderen Partnern noch zwischen ihm und der Gesellschaft, da diese keine eigene Rechtspersönlichkeit habe.[178]

Das Urteil bestätigt daher, dass Selbständige nicht vom Schutz der TUPE Regulations erfasst sind. Es stellt darüber hinaus klar, dass obwohl reg. 2(1) TUPE keinen Arbeitsvertrag verlangt, Selbständige nicht umfasst werden. Dies gilt auch dann, wenn sie selbst im Unternehmen an der Seite der *employees* gearbeitet haben und anderen Partnern Bericht über ihre Tätigkeit erstattet haben. Das Gericht deutet an, dass etwas anderes gelten könnte, wenn die veräußernde Gesellschaft eine eigene Rechtspersönlichkeit innehat und der Gesellschafter einen gesonderten Vertrag über seine Arbeitsleistung mit der Gesellschaft selbst hat.[179] Die weitere Rechtsprechung in Großbritannien bleibt abzuwarten. In Deutschland findet § 613a BGB grundsätzlich keine Anwendung auf Selbständige. Auch Organmitglieder von Gesellschaften sind vom Anwendungsbereich des § 613a BGB nicht umfasst.[180] 93

178 Cowell v Quilter Goodison Company Ltd [1989] WL 651208 S. 3 CA.

179 Cowell v Quilter Goodison Company Ltd [1989] WL 651208 S. 3 CA.

180 BAG v. 13.02.2003 – 8 AZR 59/02, NZA 2003, 854 (856); siehe auch m.w.N. *Kokott*, in: BeckOGK, § 613a BGB Rn. 72.1; *Willemsen/Müller-Bonanni*, in *WHSS*, Umstrukturierung und Übertragung von Unternehmen, G Rn. 128.

II. Arbeitnehmer unter TUPE

94 Das britische Recht kennt zwei verschiedene Arbeitnehmerkategorien: den *employee* und den *worker*. Diese sind in verschiedenen Gesetzen unterschiedlich definiert sind (1.). Daher muss der Begriff *employee* innerhalb der TUPE Regulations durch eine Auslegung des Wortlauts und des Sinn und Zwecks der TUPE Regulations ermittelt werden (2.).

1. Problemaufriss

95 In Großbritannien gibt es nicht nur einen Arbeitnehmerbegriff, sondern die Begriffe *worker* und *employee*. Für diese gibt es jeweils keine einheitliche Definition. Sie werden in den jeweiligen Gesetzen verschieden definiert.[181] Die Definition und damit auch die umfassten Personen richten sich regelmäßig nach der Schutzbedürftigkeit der Personen.[182] So ist etwa die Definition des *worker* beim Schutz vor Diskriminierungen weiter gefasst als die des *worker* bei Ansprüchen auf Entgeltfortzahlung im Urlaub.[183]

a) Employee

96 Reg. 2(1) der TUPE Regulations 2006 definiert den Begriff *employee*:

97 *"employee" means any individual who works for another person whether under a contract of service or apprenticeship or otherwise but does not include anyone who provides services under a contract for services* [...]

98 Danach meint *employee* eine Person, die für eine andere Person aufgrund eines *contract of service*, eines Ausbildungsverhältnisses oder auf andere Weise arbeitet. Allerdings sind keine Personen erfasst, die Leistungen im Rahmen eines *contract for services* anbieten.

99 Dagegen definiert s. 230(1) des Employment Rights Act 1996 (ERA) den *employee* enger. Er ist danach eine Person, die unter einem Arbeitsvertrag (*contract of employment*) arbeitet oder gearbeitet hat. Ein *contract of employment* meint nach s. 230(2) ERA einen schriftlich oder mündlich geschlossenen Vertrag über Arbeitsleistungen oder ein Ausbildungsverhältnis. Dieser kann ausdrücklich oder konkludent geschlossen worden sein. Im Gegensatz zu reg. 2(1) TUPE sieht die Norm keine anderweitigen Vertragsgestaltungen vor. Im Trade

---

181 Siehe die Beispiele in *Bowers*, A Practical Approach to Employment Law, 2.66; *Smith/Baker/Warnock*, Smith & Wood's Employment Law, S. 55.

182 *Collins/Ewing/McColgan*, Labour Law, S. 199.

183 *Emir*, Selwyn's Law of Employment, S. 39 f.

Union and Labour Relations (Consolidations) Act 1992[184] (TULR(C)A) wird eine ähnliche Definition verwendet.[185] Durch die engere Fassung des ERA und des TULR(C)A sind *employees* unter diesen beiden Schutzregimen eindeutig auch von TUPE umfasst.[186]

b) Worker

Die britische Rechtsordnung kennt jedoch noch eine weitere Arbeitnehmerkategorie: den *worker*. Dieser Begriff hat im ERA zwei Ausprägungen: Ein *worker* nach s. 230(3)(a) ERA ist eine Person, die aufgrund eines Arbeitsvertrages für eine andere Person arbeitet. Das zeigt, dass die Definition des *worker* nach s. 230(3)(a) ERA der des *employee* im Employment Rights Act entspricht. Andererseits ist ein *worker* nach s. 230(3)(b) ERA (sog. *limb(b)worker*)[187] jede Person, die persönlich Leistungen aufgrund eines Vertrages, egal ob schriftlich oder mündlich und egal ob ausdrücklich oder konkludent geschlossen, erbringt oder sich dazu verpflichtet. Die andere Vertragspartei darf dabei nach der Art des Vertrages keine Auftraggeberin oder Kundin der Person sein. In s. 230(3) (b) ERA wird wörtlich ausgeführt: 100

> *(3) In this Act "worker" (except in the phrases "shop worker" and "betting worker") means an individual who has entered into or works under (or, where the employment has ceased, worked under)—[...] (b) any other contract, whether express or implied and (if it is express) whether oral or in writing, whereby the individual undertakes to do or perform personally any work or services for another party to the contract whose status is not by virtue of the contract that of a client or customer of any profession or business undertaking carried on by the individual.* 101

Ein *worker* nach s. 230(3)(b) ERA fällt nicht eindeutig unter den Wortlaut der TUPE Regulations, da er im Gegensatz zum *employee* bzw. zum *worker* unter s. 230(3)(a) ERA keinen Arbeitsvertrag mit der anderen Vertragspartei hat. Problematisch ist, dass Personen, die Leistungen im Rahmen eines *contract for services* anbieten, nach reg. 2(1) TUPE nicht umfasst werden. Dagegen kann ein *worker* nach s. 230(3)(b) ERA jedwedes Vertragsverhältnis (*any contract*) 102

---

184 S. 295(1) TULR(C)A 1992 definiert den *employee* als eine Person, die einen *contract of employment* unterschrieben hat oder im Rahmen eines solchen arbeitet oder gearbeitet hat. Ein *contract of employment* meint dabei einen Vertrag über Arbeitsleistungen oder über ein Arbeitsverhältnis.

185 *Emir*, Selwyn's Law of Employment, S. 40.

186 *McMullen*, Business Transfers and Employee Rights, 6-3.

187 Wegen der Definition unter den Klammern (b) wird dieser häufig auch *limb(b) worker* bezeichnet.

eingehen. Unklar in diesem Zusammenhang die Passage „oder anderweitig" (*or otherwise*) in reg. 2(1) TUPE und ihr Verhältnis zu „jeder Vertrag" (*any contract*) in s. 230(1)(b) ERA.

2. *Auslegung des Begriffs employee in reg. 2(1) TUPE*

103 Ob auch *worker* i.S.d. s. 230(3)(b) ERA unter die TUPE Regulations fallen, ist durch Auslegung von reg. 2(1) TUPE zu beantworten.

a) Richtlinienkonforme Auslegung

104 Die TUPE Regulations sind am Wortlaut der Richtlinie auszulegen.[188] Der Wortlaut der Richtlinie hilft allerdings nur bedingt weiter. Auch wenn die RL 2001/23/EG in der englischen Version an einigen Stellen die Begriffe *contract of employment* und *employee* verwendet,[189] stellt sie in Art. 2 Abs. 2 lit. d) RL 2001/23/EG klar, dass Arbeitnehmer i.S.d. Richtlinie Personen sind, die aufgrund des einzelstaatlichen Rechts als solche geschützt sind.[190] Fraglich ist, ob damit *employees* i.S.v. reg. 2(1) TUPE oder Personen, die auch in anderen Regelungen als Arbeitnehmer geschützt sind, gemeint sind.

aa) Hinweise in der Rechtsprechung

105 In *Dewhurst v Revisecatch*[191] hatte ein Employment Appeal Tribunal zur Anwendung der TUPE Regulations auf *worker* im Rahmen der richtlinienkonformen Auslegung Stellung bezogen. Im Fall ging es um den Wechsel eines Auftragnehmers und damit um einen *service provision change* nach reg. 3(1)(b) TUPE. Drei Fahrradkuriere waren bei einem Dienstleister (*City Sprint*) angestellt, welcher im Auftrag einer Krankenhausgesellschaft Kurierdienste durchführte. Im Rahmen einer Neuausschreibung hatte *City Sprint* den Auftrag verloren und der Anbieter *Revisecatch* diesen übernommen. Die Fahrradkuriere hatten gegen *City Sprint* auf Entschädigung wegen Verletzung der Informations- und Konsultationspflichten aus TUPE geklagt. Der Richter nahm die Richtlinie und die EuGH-Rechtsprechung in der Rs. *Cátia Correira Moreira* als Ausgangspunkt und argumentierte mit dem Zweck der Richtlinie.[192] Dabei sei

---

188 Siehe hierzu Erläuterungen zum EU Retained Law unter Rn. 79 ff.

189 *McMullen*, Business Transfer and Employee Rights, 6-1.

190 *Pottschmidt*, Arbeitnehmerähnliche Personen in Europa, S. 318 m.w.N. und Hinweisen zur Entstehung der Norm aus der EuGH-Rechtsprechung heraus.

191 Dewhurst and ors v Revisecatch Limited t/a Ecourier, City Sprint (UK) Ltd [2019] WL 06348712 ET.

192 *Wynn-Evans*, The Law of TUPE Transfers, 4.26.

insbesondere der Erwägungsgrund Nr. 3 der Betriebsübergangsrichtlinie relevant. Nach letzterem seien Bestimmungen notwendig, die die Arbeitnehmer bei einem Inhaberwechsel schützen und die Wahrung der Ansprüche gewährleisten. Er prüfte, wen das nationale Arbeitsrecht als *employee* schützt. Dabei betrachtete er verschiedene nationale Arbeitnehmerschutzgesetze. Das britische Arbeitnehmerschutzrecht würde seit langer Zeit zwei verschiedene Typen von Arbeitnehmern schützen – einerseits den *employee* und andererseits den *worker*.[193] Diese seien beide gleichermaßen von anderem EU-Sekundärrecht, wie dem Recht auf gleiche Bezahlung oder dem Antidiskriminierungsrecht, geschützt. Daher sei nicht ersichtlich, weshalb sie nicht auch von den TUPE Regulations als Sekundärrecht geschützt werden sollten.[194]

bb) Eigene Ansicht

Für eine reine Betrachtung des Arbeitnehmerbegriffs der TUPE Regulations 106
sprechen der flexible Wortlaut der Richtlinie und der Gedanke, den mitgliedstaatlichen Besonderheiten beim Arbeitnehmerbegriff Rechnung zu tragen. Die Richtlinie soll die bestehenden Unterschiede beim Arbeitnehmerschutz angleichen, aber keine vollständige Harmonisierung bewirken.[195]

Der Zweck der Richtlinie, die Arbeitnehmer zu schützen, könnte für eine 107
Anwendung auf *limb(b)worker* sprechen. Der Arbeitnehmerschutz könnte von den einzelnen Mitgliedstaaten ausgehöhlt werden, wenn diese einen gesonderten, eingeschränkten Arbeitnehmerbegriff bei der Umsetzung der Richtlinie zugrunde legen. Weiterhin könnte auch die Entscheidung des EuGH in der Rs. *Cátia Correira Moreira*[196] für eine Anwendung der TUPE Regulations auf *worker* sprechen. In dem Fall ging es um die Anwendung der Richtlinie auf eine Arbeitnehmerin mit Vertrauensstellung. Ein Arbeitnehmer mit Vertrauensstellung ist im portugiesischen Recht in manchen Bereichen weniger als andere Arbeitnehmer geschützt. Der EuGH führte aus, dass es bei der Anwendung des Art. 2 Abs. 1 lit. d) RL 2001/23/EG nur darauf ankomme, dass der Arbeitnehmer unter den nationalen Regelungen als solcher geschützt ist und nicht, ob

193 Dewhurst and ors v Revisecatch Limited t/a Ecourier, City Sprint (UK) Ltd [2019] WL 06348712 Rn. 53 f. ET.

194 Dewhurst and ors v Revisecatch Limited t/a Ecourier, City Sprint (UK) Ltd [2019] WL 06348712 Rn. 55 ET.

195 *Winter*, in: *Franzen/Gallner/Oetker*, Kommentar zum europäischen Arbeitsrecht, RL 2001/23/EG Art 2 Rn. 9; das hat der EuGH bereits in EuGH v. 11.07.1985 – Rs. C-105/84 – Mikkelsen, BeckRS 2004, 70663 entschieden.

196 EuGH v. 13.06.2019 – Rs. C-317/18 – Cátia Correia Moreira, NZA 2019, 887.

sich dieser Schutz zu anderen Regelungen der jeweiligen Mitgliedstaaten unterscheidet.[197] Der Zweck der Richtlinie spricht daher dafür, dass die *worker* von reg. 2(1) TUPE umfasst sind.

cc) Zwischenergebnis

108 Eine richtlinienkonforme Auslegung führt daher zu einer Anwendung der TUPE Regulations auf *worker*.

b) Verhältnis des Merkmals „or otherwise" und „contract of service"

109 Es ist dennoch fraglich, wie die Kriterien „or *otherwise*" und *„provides services under a contract of service"* zu verstehen sind. Der Begriff *„or otherwise"* in reg. 2(1) ähnelt seinem Wortlaut nach dem Merkmal *„any contract"* in s. 230(1)(b) ERA. Diese Ähnlichkeit spricht für eine möglichst weite Erfassung von Vertragstypen. Das Merkmal *„provides services under a contract for services"* könnte diese weite Fassung jedoch wieder einschränken.

110 Bisher hatte noch kein Berufungsgericht über die Interpretation der beiden Begriffe zu befinden.[198] Daher gibt an dieser Stelle lediglich die erstinstanzliche Rechtsprechung Anhaltspunkte.[199] Rechtlich nicht bindend, aber relevant sind die Ausführungen des Employment Tribunal in der Voranhörung (*prehearing*) im Fall *McCririck v Channel 4 Television Corporation*[200], das sich mit der Anwendung der TUPE Regulations auf einen *contract worker* i.S.d. Equality Act 2010 (EqA)[201] befasst.[202] Im zu entscheidenden Fall hatte ein Fernsehkommentator für Pferderennen gegen seinen Arbeitgeber wegen Diskriminierung aufgrund des Alters geklagt. Als der Sender die Produktionsfirma für die Pferderennen gewechselt hatte, war der Kläger der Ansicht, sein Arbeitsverhältnis und sein Anspruch seien auf die neue Produktionsfirma übergegangen.

---

197 EuGH v. 13.06.2019 – Rs. C-317/18 Rn. 46 f. – Cátia Correia Moreira, NZA 2019, 887 (888).

198 *McMullen*, Business Transfer and Employee Rights, 6-4.

199 *Wynn-Evans*, The Law of TUPE Transfers, Rn. 4.18.

200 McCririck v Channel 4 Television Corporation (1) and IMG Media Ltd (2) [2013] WL 10924079 ET.

201 Dieser Begriff ist wieder eigens innerhalb s. 41(7) und s. 41(5)(b) des Equality Act 2010 definiert. Danach ist ein *contract worker* eine Person, die für einen Auftraggeber in Erfüllung eines Vertrags tätig wird. Dabei muss der Auftraggeber einer der Vertragsparteien seien. Der *contract worker* selbst kann, muss aber nicht die andere Partei des Vertrages sein. Die Definition ist weit gefasst.

202 *McMullen*, Business Transfer and Employee Rights, 6-4.

Diese lehnte einen *transfer* ab und weigerte sich ihn zu übernehmen. Der Arbeitnehmerstatus des Klägers war streitig. Sein früherer Vertrag mit der Produktionsfirma beinhaltete verschiedene Klauseln über Entgeltzahlungen, Reisekostenerstattungen und weitere Rechte und Pflichten. Die Form des Vertrages führte dazu, dass er steuerlich als selbständig (*self-employed*) galt.

Das Gericht stufte ihn arbeitsrechtlich als *contract worker* i.S.d. EqA ein, 111 wodurch ihm ein Schutz vor Altersdiskriminierung zustand. Im Rahmen der Abgrenzung zwischen einem *worker* und einem unabhängigen Dienstleister komme es auf das Niveau des Subordinationsverhältnisses an. Vorliegend beinhaltete der Vertrag eine Regelung, wonach der Fernsehkommentator bei Bedarf und auf Anfrage jederzeit eingesetzt werden konnte. Das Gericht bejahte auch die Frage nach dem Status als *employee* im Sinne reg. 2(1) TUPE. Der Wortlaut beziehe sich auf *contract of services,* Ausbildungsverhältnisse oder andere Verhältnisse (*or otherwise*). Entgegen der Auffassung des Rechtsbeistands der neuen Produktionsfirma, dass es sich bei den anderen Vertragsverhältnissen um solche eines *contracts of service* oder eines Ausbildungsverhältnis handeln muss, führte das Gericht aus, dass damit eine breite Masse an unterschiedlichen Verträgen gemeint ist. Entscheidendes Kriterium sei lediglich, dass das Verhältnis nicht nur aus einem Vertrag zwischen zwei unabhängigen Dienstleistern bestehe. Zu beachten ist in diesem Fall, dass *McCririck* seine Klage gegen die nachfolgende Produktionsfirma (also den TUPE-Teil) später zurückgenommen hat.

Auch in *Dewhurst v Revisecatch* hat das Employment Tribunal zur Ausle- 112 gung von reg. 2(1) TUPE Stellung genommen. Der Wortlaut „oder anderweitig" (*or otherwise*) sei sehr weit gefasst. In diesem Wortlaut spiegele sich der Ausdruck „Arbeitsverhältnis" (*employment relationship*) aus der Richtlinie wider,[203] welcher weit zu interpretieren sei. Daher müsse jedes arbeitsvertragsähnliche Verhältnis unter diese Norm fallen.[204] Die Passage *„providing services under a contract of service"* diene nur der Abgrenzung zu selbständigen Dienstleistern, die im Rahmen eigener Verträge für Auftraggeber tätig werden. Man könnte den Ausführungen eine strikte wortlautorientierte Auslegung entgegenhalten und damit *worker* aus dem Anwendungsbereich der TUPE Regulations

---

203 Die weite Auslegung des Merkmals „Arbeitsverhältnis" hat der EuGH unter anderem in der Rs. *Albron* entschieden (EuGH v. 21.10.2010 – Rs. C-242/09 – Albron Catering, EuZW 2011, 72); siehe ausführlich Rn. 128 ff.

204 Dewhurst and ors v Revisecatch Limited t/a Ecourier, City Sprint (UK) Ltd [2019] WL 06348712 Rn. 58 ET.

ausschließen. Man müsse reg. 2(1) TUPE allerdings richtlinienkonform und zweckgerichtet ausgelegen.[205]

113 Bemerkenswert ist, dass der Rs. *Dewhurst v Revisecatch* ein Verfahren des Employment Tribunals vorausging, in welchem Frau *Dewhurst* ihren Status als *worker* im Gegensatz zum Selbständigen erfolgreich eingeklagt hatte.[206] Da sie bei *City Sprint* im Rahmen einer Plattform gearbeitet hatte, war dies zuvor strittig. Daraus ergibt sich, dass die TUPE Regulations auch auf Arbeiter in der Plattformökonomie Anwendung finden können, solange sie *employee* i.S.d. reg. 2(1) TUPE sind. Dafür könnte schon der Status als *worke*r i.S.d. s. 230(2) (b) ERA ausreichen.

c) Diskussion

114 Im britischen Schrifttum besteht Uneinigkeit darüber, wie die Entscheidung des Employment Tribunal in *Dewhurst* zu interpretieren ist.

115 Laut *McMullen* ist es eindeutig, dass der Wortlaut der reg. 2(1) TUPE „oder anderweitig" (*or otherwise*) eine größere Bandbreite an Arbeitnehmertypen umfassen soll.[207] Er mahnt jedoch abzuwarten bis der Status des *worker* als *employee* unter TUPE von einem Berufungsgericht entschieden wurde. Problematisch sei, dass man sich vorstellen könne welche Ansprüche der *worker* im Falle eines Übergangs wechseln würden. Es müsse weiter bedacht werden, dass der *transferor* verpflichtet ist, die Vertreter der *employee* zu informieren und zu konsultieren.[208]

116 *Wynn-Evans* begrüßt das Urteil *Dewhurst* grundsätzlich. Er kritisiert aber die enge Auslegung des Merkmals *„provding services under a contract of service*".[209] Ferner zieht er eine Parallele der Rechtsprechung des Court of Appeal zum Arbeitnehmerstatus des Plattformarbeiters.[210] In *Uber v Aslam*[211] habe der Court of Appeal diesen als *limb(b)worker* kategorisiert. Das Gericht hätte in diesem Fall die Schutzbedürftigkeit der Plattformarbeiter gesehen. Ihr Vertrag mit der Plattform gefährde einen *worker* ebenso wie einen Arbeitnehmer in einem Arbeitsverhältnis, zu viele Stunden arbeiten zu müssen oder einen, zu

205 Dewhurst and ors v Revisecatch Limited t/a Ecourier, City Sprint (UK) Ltd [2019] WL 06348712 Rn. 63 ET.

206 Dewhurst v CitySprint UK Ltd [2016] ET/2202512/2016, nicht veröffentlicht.

207 *McMullen*, Business Transfer and Employee Rights, 6-5.

208 *McMullen*, Business Transfer and Employee Rights, 6-5.

209 *Wynn-Evans*, The Law of TUPE Transfer, 4–33 f.

210 *Wynn-Evans*, The Law of TUPE Transfer, 4–35.

211 Uber BV v Aslam [2021] ICR 657; zusammengefasst von *Junker*, EuZA 2021, 378.

geringen Lohn zu erhalten. Diese Gefahr werde durch das Subordinationsverhältnis zwischen ihnen und der Plattform begründet. *Wynn-Evans* überträgt diese Argumentation auf TUPE und stellt fest, dass auch im Falle eines *transfer worker* und *employee* gleichsam gefährdet sind, ihren Arbeitsplatz zu verlieren oder schlechteren Arbeitsbedingungen ausgesetzt zu sein. Zudem führe eine Anwendung der TUPE Regulations auf *worker* auch zu mehr Klarheit für alle involvierten Parteien eines *transfer*.[212]

Dem ist insgesamt zuzustimmen. Wie bereits oben erwähnt, ist der Zweck 117
der Richtlinie die Wahrung der Rechte der Arbeitnehmer. Daher ist es überzeugend, im Rahmen der TUPE Regulations zu prüfen, wer bei einem *transfer* schutzbedürftig ist. Für einen *worker* besteht dabei die Gefahr, dass seine Ansprüche gegen den *transferor* ohne die Anwendung der TUPE Regulations nicht auf den *transferee* übergehen. Weiterhin ist auch das Argument der miteinhergehenden Rechtssicherheit überzeugend. Da die Abgrenzung zwischen *worker* und *employee* oftmals nicht einfach ist, müssten sonst im Rahmen eines Übergangs die Parteien prüfen, welche Arbeitnehmer in der übergehenden Einheit *employee* oder *worker* sind. Überdies wäre fraglich, ob der jeweilige Status der Person zu den mitteilungspflichtigen Informationen des *transferor* zählt. Dass würde wiederum weitere Haftungsfragen nach sich ziehen. Die Interpretation des Merkmals *provding services under a contract of service* ist entgegen der Auffassung *Wynn-Evans* keine rechtswidrige Interpretation des Wortlauts, sondern eine restriktive Wortlautauslegung, um dem Zweck der TUPE Regulations Raum zu geben. Somit fällt der *worker* nach den obenstehenden Ausführungen in den Anwendungsbereich der TUPE Regulations.

3. *Zwischenergebnis*

Der Begriff des *employee* in den reg. 2(1) TUPE ist weit auszulegen. Er bezieht 118
sich daher sowohl auf *employees* als auch auf *limb(b)worker* i.S.d. Employment Rights Act. Das ergibt sich erstens aus dem Zweck der Richtlinie 2001/23/EG, die Arbeitnehmer zu schützen. Zweitens wäre es widersprüchlich, wenn in anderen auf EU-Recht basierenden Regelungen die *limb(b)worker* geschützt wären, diese aber die daraus resultierenden Rechte bei einem *transfer* verlieren würden. Drittens spiegelt sich der Wortlaut des Art. 3 der Richtlinie 2001/23/EG mit „Arbeitsverträge und Arbeitsverhältnisse“ (*employment contract and employment relationships*) in reg. 2(1) TUPE mit „oder anderweitig“ (or otherwise) wider. Viertens dient es der Rechtssicherheit und -klarheit des

212 *Wynn-Evans*, The Law of TUPE Transfers, 4.36.

Anwendungsbereichs von TUPE, wenn *worker* ebenfalls geschützt werden. Fünftens schließt zwar reg. 2(1) TUPE solche Personen aus, die Leistungen im Rahmen eines Dienstleistungsvertrags bereitstellen, jedoch ist diese Passage richtlinienkonform und restriktiv auszulegen. Daraus ergibt sich, dass sie nur der Abgrenzung zu Selbständigen gilt. Es bleibt abzuwarten, wie die Berufungsgerichte über das Schicksal der *limb(b)worker* im Rahmen der TUPE Regulations entscheiden.

B. Vertragsverhältnis mit dem transferor

119 Eine weitere Voraussetzung des *employee* nach reg. 2(1) TUPE könnte ein Vertragsverhältnis mit dem *transferor* sein. Dafür spricht, dass der *employee* nach reg. 2(1) TUPE einen *contract of service*, ein Ausbildungsverhältnis oder ein anderes Vertragsverhältnis haben muss. Gegen ein solches Erfordernis könnte aber der Wortlaut der reg. 2(1) TUPE an anderer Stelle sprechen. Dieser definiert den *employee* auch als jemanden, der für eine andere Person arbeitet. Ein Arbeitnehmer könnte auch dann für eine andere Person arbeiten, wenn er damit seine vertraglichen Verpflichtungen gegenüber seinem eigentlichen Arbeitgeber erfüllt. In der Praxis gibt es viele Fälle, in welchem der Arbeitnehmer in einem Unternehmen arbeitet, mit welchem er keinen Arbeitsvertrag geschlossen hat. Dies betrifft beispielsweise Fälle der Leiharbeit (1.) und die Arbeit in Konzernstrukturen (2.). Ob die Arbeitsverhältnisse der Arbeitnehmer auf den *transferee* in diesen Fällen übergehen, ist fraglich.

I. Leiharbeitnehmer

120 Es ist unklar, ob der Wortlaut von reg. 2(1) TUPE grundsätzlich ein Vertragsverhältnis zwischen dem *transferor* und dem Arbeitnehmer voraussetzt. Dies wird im Rahmen der Leiharbeit relevant. Bei Übergang des entleihenden Unternehmens liegt nämlich keine Vertragsbeziehung zwischen den Leiharbeitnehmern (*agency workers*) und dem *transferor* vor. Sie werden von ihrem eigentlichen Arbeitgeber an das Unternehmen des jeweiligen Kunden verliehen und dort eingesetzt.[213] Daher ist fraglich, ob die TUPE Regulations in diesem Fall Anwendung finden können.

121 Der Court of Appeal hatte diesen Fall in *Clifton Middle School v Askew*[214] zu entscheiden. Im Fall hatte ein Lehrer einen Arbeitsvertrag mit einer

213 *IDS*, Transfer of Undertakings, Employment Law Handbook, Rn. 2.32.
214 Clifton Middle School v Askew [2000] ICR 286 CA.

kommunalen Schulbehörde. Er war jedoch dauerhaft an einer eigenständigen, weiterführenden Schule tätig. Als die weiterführende Schule beschloss, den Schulbetrieb einzustellen und stattdessen eine Grundschule zu errichten, kündigte sie dem Lehrer aus wirtschaftlichen Gründen. Er machte daraufhin geltend, dass sein Arbeitsverhältnis aufgrund der Anwendung der TUPE Regulations auf die Grundschule übergegangen sei.

Der Court of Appeal entschied, dass die TUPE Regulations in diesem Fall 122 nicht anwendbar sind. Es müsse ein Vertragsverhältnis zwischen dem Arbeitnehmer und dem *transferor* vorliegen. Die Entscheidung des zuständigen Richters *Gibson* basierte auf einer systematischen Auslegung der reg. 2(1) der TUPE Regulations 1981[215]. Danach muss ein Arbeitnehmer unter einem *contract of service* oder einem Ausbildungsverhältnis arbeiten oder anderweitig angestellt sein. Nach dem Prinzip *esjusdem generis* sei eine Aufzählung von Beispielen in einem Gesetz in die gleiche Kategorie einzuordnen. Daher sei auch bei einer anderweitigen Anstellung ein Vertrag zwischen einem Arbeitgeber und einem Arbeitnehmer notwendig. Reg. 5(1)[216] der TUPE Regulations 1981 knüpfte zudem die Rechtsfolgen eines Unternehmensübergangs an das Arbeitsverhältnis mit dem *transferor*. Diese Regelung müsse in reg. 2(1) TUPE hineingelesen werden. Der Wortlaut der reg. 2(1) TUPE sei daher eindeutig formuliert.[217] Zwar eröffne er dadurch eine Schutzlücke, die der Gesetzgeber möglicherweise nicht beabsichtigt hatte, das Gericht könne diese aber auch nicht durch eine Umgehung des Wortlauts füllen.[218]

Leiharbeitnehmer sind daher bei einem Übergang des Entleihers nicht vom 123 Anwendungsbereich der TUPE Regulations erfasst. Auch in Deutschland sind Leiharbeitnehmer nach der herrschenden Meinung im Schrifttum[219] nicht vom

215 Reg. 2(1) der TUPE Regulations 1981 hatte den gleichen Wortlaut wie die Regelung in den TUPE Regulations 2006.

216 Der Wortlaut der Vorschrift lautet: Reg. 5(1) *A relevant transfer shall not operate so as to terminate the contract of employment of any person employed by the transferor in the undertaking or part transferred but any such contract which would otherwise have been terminated by the transfer shall have effect after the transfer as if originally made between the person so employed and the transferee.* Diese Vorschrift wurde nur zum Teil in reg. 4(1) der TUPE Regulations übernommen. Der relevante Wortlaut für die obenstehende Entscheidung stimmt aber überein.

217 Clifton Middle School v Askew [2000] ICR 286, 298 CA.

218 Clifton Middle School v Askew [2000] ICR 286, 299 CA.

219 *Kokott*, in: BeckOGK § 613a BGB Rn. 77, m.w.N.; zum Teil aber umstritten nach der EuGH-Entscheidung in der Rs. *Albron*, siehe Diskussion unter Rn. 134.

Anwendungsbereich des § 613a BGB umfasst, wenn der Betrieb des Entleihers übergeht.

II. Arbeitnehmer in Konzernstrukturen

124 Der Wortlaut und die Systematik der TUPE Regulations verlangen einen Vertrag zwischen dem *employee* und dem *transferor*. In Konzernen oder größeren Unternehmen ist ein *employee* häufig in einem Unternehmen eingesetzt, mit welchem es keinen Arbeitsvertrag hat.[220] Das betrifft insbesondere übergeordnete Managementpositionen oder allgemeine Aufgaben wie Gebäudeinstandhaltung. Daher ist fraglich, ob auch diese Arbeitnehmer vom persönlichen Anwendungsbereich der TUPE Regulations ausgeschlossen sind, wenn das Unternehmen, in welchem sie eingesetzt sind, übergeht.

1. Britische Rechtsprechung vor Albron

125 Mitte der 1990er-Jahre hatten sich die Berufungsgerichte mehrmals mit dieser Frage beschäftigt. In *Michael Peters Ltd v Farnfield*[221] hatte der ehemalige geschäftsführende Manager Herr *Farnfield* auf den Übergang seines Arbeitsverhältnisses geklagt. Es waren vier Unternehmen des Kerngeschäfts des Konzerns übergegangen. Er selbst war bei der Konzernmutter angestellt, war jedoch für das Finanzmanagement und die laufenden Angelegenheiten aller Tochterunternehmen zuständig. Das Employment Tribunal hatte entschieden, dass bei der Veräußerung der vier Tochterunternehmen auch ein Unternehmensteil der Konzernmutter und damit auch das Arbeitsverhältnis von Herrn *Farnfield* im Rahmen der TUPE Regulations übergegangen ist. Das Employment Appeal Tribunal hatte dem widersprochen und entschieden, dass er mangels eines Arbeitsverhältnisses mit den übergehenden Einheiten nicht in den Anwendungsbereich der TUPE Regulations 1981 gefallen war. Mit seiner Entscheidung hätte das erstinstanzliche Gericht gegen haftungsrechtliche Prinzipien[222] verstoßen. Grundsätzlich könne nur die juristische oder natürliche Person für Verbindlichkeiten aus dem Arbeitsverhältnis haften, mit der der Arbeitnehmer seinen Arbeitsvertrag geschlossen hat[223]

220 Siehe auch *Collins*, ILJ 1996, 55 (56 f).

221 Michael Peters Ltd v Farnfield [1995] IRLR, 190 EAT.

222 Es nutzte den Ausdruck: „*to pierce the corporate veil*".

223 Michael Peters Ltd v Farnfield [1995] IRLR 190 (191 f.) EAT.

In *Sunley Turff Holdings Ltd v Thomson and Ors*[224] dagegen bestätigte das schottische Employment Appeal Tribunal die Anwendung der TUPE Regulations 1981 auf einen *employee* in einem ähnlich gelagerten Fall. Ein Chefbuchhalter war bei der Konzernmutter angestellt und als solcher auch bei dem übergegangenen Tochterunternehmen tätig. Anders jedoch als im Fall *Michael Peters Ltd v Farnfield* hatte das fragliche Tochterunternehmen keine eigenen Arbeitnehmer und kaum eigenes Kapital. Das Berufungsgericht entschied, dass sein Arbeitsverhältnis übergegangen war. Zwar sei der Wortlaut von reg. 2(1) TUPE in Verbindung mit den anderen Regelungen eindeutig und verlange einen Vertrag zwischen dem Arbeitnehmer und dem *transferor*. Jedoch sei zu berücksichtigen, dass dieses Kriterium auch schon dann erfüllt sein könne, wenn innerhalb eines Konzerns die Tochtergesellschaft mit einem Teil der Muttergesellschaft veräußert wird, der Arbeitnehmer bei der Konzernmutter angestellt ist und für die Tochtergesellschaft gearbeitet hat. Es folgte dem Ansatz des EuGH in der Rechtssache *Botzen*[225]. Danach wird das Arbeitsverhältnis inhaltlich durch die Verbindung zwischen dem Arbeitnehmer und dem Betrieb bzw. Betriebsteil, welchem der Arbeitnehmer zur Erfüllung seiner vertraglichen Verpflichtung angehört, definiert.[226] 126

Collins begrüßte diesen Ansatz. Die häufig komplizierten Konzernstrukturen seien das Resultat von Steuersparmaßnahmen und dem Schutz von wichtigen Vermögenswerten. Diese Intentionen dürften nicht dazu führen, dass der Arbeitnehmerschutz unterlaufen werde.[227] Daher setzte die britische Rechtsprechung einen Vertrag zwischen dem Arbeitnehmer und dem *transferor* vor der Rs. *Albron* auch bei Arbeitnehmern in Konzernstrukturen voraus. Sie behalf sich bei einer möglichen Umgehungsgefahr der TUPE Regulations mit einer Konstruktion über einen Unternehmensteilübergang. 127

2. *EuGH-Entscheidung in der Rechtssache Albron*

Der EuGH hatte in der Rs. *Albron* über die Anwendung der Betriebsübergangsrichtlinie auf Arbeitnehmer, die bei einem Konzernunternehmen beschäftigt, aber in einem anderen Unternehmen des Konzerns tätig sind, zu entscheiden. 128

---

224 Sunley Turff Holdings Ltd v Thomson and ors [1995] IRLR 184 EAT.

225 EuGH v. 07.02.1985 – Rs. C-186/83– Botzen, ZIP 1985, 828; siehe ausführlich Rn. 143 ff.

226 EuGH v. 07.02.1985 – Rs. C-186/83 Rn. 15 – Botzen, ZIP 1985, 828 (829).

227 Auch *Collins*, ILJ 1996, 55 (59).

a) *Sachverhalt*

129 In der Rechtsache *Albron*[228] waren Arbeitnehmer bei der Konzernmutter des *Heineken-Konzerns*, einem Zusammenschluss mehrerer großer Bierbrauereien, beschäftigt. Sie waren jedoch dauerhaft als Caterer bei einer Tochtergesellschaft in den Niederlanden tätig. Der *Heineken-Konzern* entschied sich für die Auslagerung der Versorgung der niederländischen Firmenkantinen an eine Gesellschaft außerhalb des Konzerns, die *Albron*. Herr *Roest*, vormaliger Arbeitnehmer der Konzernmutter und eingesetzt im Cateringbereich wurde von der *Albron* übernommen. Diese bezahlten ihn aber nicht nach dem für ihn vormals geltenden Tarifvertrag. So klagten er und seine Gewerkschaft auf Bezahlung nach den zuvor geltenden Tarifbedingungen, da sein Arbeitsverhältnis im Rahmen eines Betriebsübergangs auf die *Albron* übergegangen sei. Das Berufungsgericht in Amsterdam hatte daraufhin dem EuGH zwei Fragen zur Vorabentscheidung vorgelegt:

130 1. Ist die Richtlinie 2001/23/EG in dem Sinne auszulegen, dass es sich nach Art. 3 Abs. 1 S. 1 nur dann um einen Übergang von Rechten und Pflichten auf den Erwerber handelt, wenn der Veräußerer des zu übertragenden Unternehmens auch formell der Arbeitgeber der betroffenen Arbeitnehmer ist, oder bringt der mit der Richtlinie 2001/23/EG beabsichtigte Schutz der Arbeitnehmer mit sich, dass beim Übergang eines Unternehmens einer zu einem Konzern gehörenden Betriebsgesellschaft die Rechte und Pflichten in Bezug auf die für dieses Unternehmen tätigen Arbeitnehmer auf den Erwerber übergehen, wenn das gesamte innerhalb des Konzerns tätige Personal bei einer (ebenfalls zu diesem Konzern gehörenden) Personalgesellschaft beschäftigt ist, die als zentraler Arbeitgeber fungiert?

131 2. Wie lautet die Antwort auf den zweiten Teil der ersten Frage, wenn die dort genannten Arbeitnehmer, die für ein zu einem Konzern gehörendes Unternehmen arbeiten, bei einer anderen, ebenfalls zu diesem Konzern gehörenden Gesellschaft beschäftigt sind, die keine Personalgesellschaft, wie in der ersten Frage beschrieben, ist?[229]

b) *Entscheidung*

132 Der EuGH argumentierte in seiner Entscheidung, dass aus der Betriebsübergangsrichtlinie nicht hervorgehe, dass zwischen dem Arbeitsvertrag und dem

228 EuGH v. 21.10.2010 – Rs. C-242/09 – Albron, NJW 2011, 439.

229 EuGH v. 21.10.2010 – Rs. C-242/09 Rn. 19 – Albron, NJW 2011, 439.

Arbeitsverhältnis ein Subsidiaritätsverhältnis bestünde. Daher könne auch ein nichtvertraglicher Arbeitgeber im Rahmen der Richtlinie als Veräußerer auftreten.[230] Der Übergang eines Unternehmens setze den Wechsel einer juristischen oder natürlichen Person voraus, welche Verantwortung für die wirtschaftliche Tätigkeit der betrieblichen Einheit innehat und dadurch auch die Arbeitsverhältnisse mit den Arbeitnehmern dieser Einheit als Arbeitgeberin begründet.[231] Ebenso spreche der dritte Erwägungsgrund[232] der Richtlinie für deren Anwendung. Dieser verwende das Wort „Inhaberwechsel" womit sowohl ein vertraglicher als auch ein nichtvertraglicher Arbeitgeber vom Wortlaut umfasst seien.[233] Daher sei auf die vorgelegten Fragen zu antworten, dass bei dem Übergang eines Konzernunternehmens auch das Unternehmen, bei welchem die Arbeitnehmer zwar ständig abgestellt, aber nicht durch einen Arbeitsvertrag verbunden waren, als Veräußerer im Sinne der Richtlinie fungieren kann.[234]

c) Rezeption Deutschland

Das deutsche Schrifttum stimmte dem EuGH im Ergebnis überwiegend zu.[235] 133
Hinsichtlich der Begründung kritisierten einige Autoren jedoch, dass der EuGH mit der Bezeichnung vertraglicher und nicht vertraglicher Arbeitgeber zwei Begriffe geschaffen habe, die in der Betriebsübergangsrichtlinie nicht vorgesehen seien und auch nicht mit der grundsätzlichen Struktur des Arbeitsrechts einiger Mitgliedstaaten vereinbar seien.[236] Weiterhin kritisierten die Autoren, dass der EuGH in diesem Fall nicht mit der Möglichkeit zum Rechtsmissbrauch argumentiert hatte. So hätte bereits der Generalanwalt *Bot* in seinen Schlussanträgen[237] auf die Gefahr des Rechtsmissbrauchs hingewiesen.[238] So könnten bei

---

230 EuGH v. 21.10.2010 – Rs. C-242/09 Rn. 25 f. – Albron, NJW 2011, 439 (440).

231 EuGH v. 21.10.2010 – Rs. C-242/09 Rn. 28 – Albron, NJW 2011, 439 (440).

232 Dritter Erwägungsgrund der Richtlinie 2001/23/EG: Es sind Bestimmungen notwendig, die die Arbeitnehmer bei einem Inhaberwechsel schützen und insbesondere die Wahrung ihrer Ansprüche gewährleisten.

233 EuGH v. 21.10.2010 – Rs. C-242/09 Rn. 30 – Albron, NJW 2011, 439 (440).

234 EuGH v. 21.10.2010 – Rs. C-242/09 Rn. 32 – Albron, NJW 2011, 439 (440).

235 *Franzen*, EuZA 2012, 295 (321); eher kritisch aber im Ergebnis zustimmend: *Bauer/v. Medem*, NZA 2011, 20 (21 f.); *Forst*, RdA 2011, 228 (230); *Willemsen*, NJW 2011, 1546 (1547).

236 *Grau/Hartmann*, in: *Preis/Sagan*, Europäisches Arbeitsrecht, Rz. 15.63; *Forst*, RdA 2014, 157 (163).

237 Generalanwalt *Bot*, Schlussantrag EuGH v. 03.06.2010 – Rs. C-242/09 – Albron.

238 *Bauer/v. Medem*, NZA 2011, 20, 21.

einer Nichtanwendung der Richtlinie Konzerne die Organisation der Arbeitsverhältnisse jeweils so vornehmen, dass im Falle eines Betriebsübergangs der Arbeitnehmerschutz unterlaufen werde.[239]

134 Viel diskutiert wurde auch die Frage, ob sich die *Albron*-Entscheidung auf gewöhnliche Leiharbeitsverhältnisse übertragen lasse. Die Literatur lehnte dies überwiegend ab.[240] Bereits der Generalanwalt *Bot* habe in seiner Argumentation betont, dass in der Rs. *Albron* eine besondere Konzernsituation gegeben war und dass man dieser Rechnung tragen müsse.[241] Auch der EuGH spreche in seiner Entscheidung von dem „Kontext des Ausgangsverfahrens". Damit meine er die Entsendung von Arbeitnehmern innerhalb eines Konzerns.[242] Dem ist zuzustimmen. Der EuGH hatte gesehen, dass Arbeitnehmer in komplexen Konzernstrukturen besonders gefährdet sind, aus dem Anwendungsbereich der Richtlinie zu fallen.

d) Rezeption Großbritannien

135 In Großbritannien begrüßte man den zweckgerichteten Ansatz von *Albron*.[243] Es sei damit erlaubt, TUPE auch in dem Fall, dass die *employees* nicht beim *transferor* vertraglich beschäftigt waren, aber innerhalb eines Konzerns beim *transferor* eingesetzt waren, anzuwenden.[244] Damit erspare man sich zum einen, betroffene Arbeitnehmer vor einem möglichen Übergang gesondert um deren Einverständnis zur Übertragung ihres Arbeitsverhältnisses zu bitten. Zum anderen müssten die Parteien den direkten Übergang der Arbeitsverhältnisse der Arbeitnehmer, die ihren Vertrag nicht mit dem übergehenden

239 Generalanwalt *Bot*, Schlussantrag EuGH v. 03.06.2010 – Rs. C-242/09 – Rn. 49 f. – Albron.

240 *Bauer/v. Medem*, NZA 2011, 20 (22); *Grau/Hartmann*, in: *Preis/Sagan*, Europäisches Arbeitsrecht, Rz. 15.64; *Junker*, NZA 2011, 950 (952); *Willemsen*, NJW 2011, 1546 (1549 f.); a.A. *Forst*, EWiR 2010, 737 (738); eine Ausnahme erscheint nach *Albron* allerdings möglich bei Bestehen eines Arbeitsverhältnisses mit dem entleihenden Unternehmen aufgrund der gesetzlichen Fiktion nach § 10 Abs. 1 AÜG, siehe hierzu *Müller-Bonanni*, in HWK, § 613a BGB Rn. 225.

241 *Grau/Hartmann*, in: *Preis/Sagan*, Europäisches Arbeitsrecht, Rz. 15.64; *Greiner*, NZA 2014, 284 (289); *Müller-Bonanni*, in: HWK, § 613a BGB Rn. 225; *Willemsen*, NJW 2011, 1546 (1550).

242 *Willemsen*, NJW 2011, 1546 (1549).

243 *McMullen*, Business Transfer and Employee Rights, 6–15; *Prassl*, The concept of the employer, S. 100 f.

244 *IDS*, Transfer of Undertakings, Employment Law Handbook, Rn. 2.93.

Unternehmen haben, nicht mehr über einen Unternehmensteilübergang oder durch andere Konstruktionen, begründen.[245]

136 Es sei aber unklar, wie die britischen Gerichte auf die Rechtssache *Albron* reagieren.[246] In *Hyde Housing Association Ltd v Layton*[247] hat das Employment Appeal Tribunal die Rechtssache in einem anderen Zusammenhang geprüft. Im Fall war ein Innenausstattungsunternehmen auf einen Konzern übergegangen, in welchem das Unternehmen selbst eingegliedert wurde. Es war strittig, ob die Arbeitnehmer auf eine andere Person übergegangen waren, da sie nach dem Übergang einen Arbeitsvertrag mit dem Konzern als Ganzes hatten. Mit dem Blick auf *Albron* stellte das Gericht fest, dass der Arbeitsvertrag nicht alleinigen Aufschluss über ein mögliches Arbeitsverhältnis geben könne. Es wies aber darauf hin, dass die Entscheidung des EuGH in *Albron* in manchen Punkten nur schwer mit dem britischen Arbeitsrecht vereinbar sei.[248]

137 Es bleibt abzuwarten, wie die britischen Gerichte die Rechtssache *Albron* interpretieren. Die größte Schwierigkeit erscheint in diesem Fall nicht die Erweiterung der TUPE Regulations auch auf Arbeitsverhältnisse, sondern die Entscheidung des EuGH, wonach nicht die vertraglich gebundene Gesellschaft für den Arbeitnehmer haftet, sondern die, in der er gearbeitet hat. Diese Umgehung der vertraglich gebundenen Rechtsperson, sog. *piercing the corporate veil* ist nur in Ausnahmefällen zulässig.

3. *Zwischenergebnis*

138 Der Wortlaut der Definition des *employee* in reg. 2(1) TUPE ist so auszulegen, dass grundsätzlich ein Vertragsverhältnis zwischen dem Arbeitnehmer und dem *transferor* erforderlich ist. Wenn das entleihende Unternehmen übergeht, sind Leiharbeitnehmer grundsätzlich vom Anwendungsbereich der TUPE Regulations ausgeschlossen. Nach der EuGH-Rechtsprechung in *Albron* ist aber dann kein Arbeitsvertrag erforderlich, wenn der Arbeitnehmer mit einem nichtvertraglichen Arbeitgeber im Rahmen einer Konzernstruktur ein Arbeitsverhältnis hatte. Wie die britischen Gerichte die Rs. *Albron* interpretieren, ist noch unklar. Schwierigkeiten könnten ihnen aber insbesondere die Kollision mit dem haftungsrechtlichen Prinzip des *corporate veil* bereiten.

---

245 *Wynn-Evans*, The Law of TUPE Transfers, 4–62.
246 *Prassl*, The concept of the employer, S 103.
247 Hyde Housing Association Ltd v Layton [2016] ICR 261 EAT.
248 Hyde Housing Association Ltd v Layton [2016] ICR 261 (272) EAT.

C. Zuordnung (assignement)

139 Laut reg. 4(1) TUPE müssen die Arbeitnehmer dem Unternehmen zugeordnet sein. Dieses Merkmal ist zwar gesetzlich definiert, seine genaue Bedeutung war aber Gegenstand zahlreicher Entscheidungen. In den nachstehenden Ausführungen werden die grundlegenden Ausprägungen dieses Merkmals herausgearbeitet.

I. Begriffsbezeichnung innerhalb des Gesetzes

140 Die TUPE Regulations 1981 enthielten noch keine Definition des Merkmals *assigned.* In reg. 4(1) TUPE 2006 ist geregelt, dass die Arbeitsverhältnisse der Arbeitnehmer, die nicht widersprochen haben und unmittelbar vor dem Übergang *assigned,* d. h. der übergehenden Einheit zugeordnet waren, übergehen. Die TUPE Regulations 2006 enthalten darüber hinaus eine Definition des Merkmals *assigned* in reg. 2(1). Danach gilt ein Arbeitnehmer der Einheit zugeordnet, wenn er nicht nur vorübergehend in der Einheit tätig ist. Der Wortlaut der Vorschrift lautet:

141 *"assigned" means assigned other than on a temporary basis*

142 Dieses Merkmal ist insbesondere in den Fällen der Zersplitterung von Einheiten im Rahmen eines Übergangs problematisch. Diesem Problem widmet sich die vorliegende Abhandlung aufgrund der Komplexität in einem eigenen Kapitel (§ 8).[249]

II. Auslegung

1. EuGH-Entscheidung in Botzen

143 In der Rs. *Botzen*[250] hat der EuGH zum Merkmal der Zugehörigkeit zur übergehenden Einheit Stellung genommen.

a) Sachverhalt und Vorlagefrage

144 Die Kläger des Ausgangsverfahrens waren bei der *Rotterdamsche Maatschappij Heijplaat BV* (RDM) beschäftigt. Als über diese das Insolvenzverfahren eröffnet wurde, entschied sich die Gesellschaft ein neues Unternehmen zu gründen, um möglichst viele Arbeitsplätze zu erhalten und um eine vollständige Liquidation

---

249 Siehe Rn 415.

250 EuGH v. 07.02.1985 – Rs. C-186/83 – Botzen, BeckRS 2004, 72088.

der RDM zu verhindern. Daraufhin übertrug die RDM einzelne Abteilungen auf die neue Gesellschaft. Letztere übernahm zum Teil auch Arbeitnehmer, die in übergeordneten Abteilungen tätig waren (beispielsweise Verwaltungsmitarbeiter). Die Kläger waren selbst in solchen allgemeinen Abteilungen tätig, wurden aber nicht übernommen. Der Insolvenzverwalter der RDM kündigte ihnen kurz darauf. Mit ihrer Klage im Ausgangsverfahren begehrten sie die Zahlung des Gehalts von der neuen Gesellschaft, da ihre Arbeitsverhältnisse im Rahmen der niederländischen Vorschriften zum Betriebsübergang übergegangen seien. Das niederländische Gericht wiederum legte dem EuGH die Frage vor, ob die Richtlinie auf Arbeitnehmer Anwendung finde, die im Zeitpunkt des Übergangs in einer Verwaltungsabteilung des Unternehmens beschäftigt sind und daher in dem übertragenen Teil tätig waren, wenn die Verwaltungsabteilung selbst beim Veräußerer verbleibt.

b) Entscheidung

Der EuGH führte aus, dass das Arbeitsverhältnis inhaltlich durch die Verbindung zwischen dem Arbeitnehmer und dem Unternehmensteil gekennzeichnet ist, welchem er zur Erfüllung seiner Aufgaben angehört. Die Kommission hatte zuvor dafür plädiert, dass entscheidend sei, ob die Abteilung, welcher der Arbeitnehmer angehört und welche den organisatorischen Rahmen (samt der sich daraus ergebenden Rechte und Pflichten) bilde, übergeht. Der Gerichtshof hatte sich dem angeschlossen. Es komme also darauf an, dass der Arbeitnehmer der übergehenden Einheit angehört. Er verneinte daher die Vorlagefrage.[251] 145

Sowohl in Deutschland[252] als auch in Großbritannien haben sich die Gerichte der Rs. *Botzen* angeschlossen. In Großbritannien haben die Gerichte aber noch weitere Voraussetzungen und Auslegungsmethoden diskutiert. Diese werden im Folgenden aufgezeigt. 146

2. Zeitlich begrenzter Einsatz in der Einheit

Im Gegensatz zur deutschen Regelung in § 613a BGB verlangt reg. 2(1) TUPE eine nicht nur vorübergehende Tätigkeit in der übergehenden Einheit. Wie sich dieses Merkmal im Verhältnis zur *Botzen*-Rechtsprechung auswirkt, ist 147

---

251 EuGH v. 07.02.1985 – Rs. C-186/83 Rn. 14 ff. – Botzen, BeckRS 2004, 72088.

252 Grundsatzurteil und Übernahme *Botzen* in BAG v. 11.09.1997 – 8 AZR 555-95; NJW 1998, 1253; seitdem in ständiger Rechtsprechung, siehe beispielsweise: BAG v. 18.10.2012 – 6 AZR 41/11, NZI 2013, 151.

fraglich. In *Securiplan v Bademosi*[253] hat sich das Employment Appeal Tribunal teilweise zu dieser Frage geäußert. Zu beachten ist, dass dieser Fall das Zuordnungshindernis der nur vorübergehenden Tätigkeit aufgeworfen hat. In den TUPE Regulations 1981 war dieses noch nicht im Wortlaut erwähnt.

a) Britische Rechtsprechung

148 In *Securiplan v Bademosi* war Herr *Bademosi* bei einem Sicherheitsdienstleister beschäftigt. Er war die meiste Zeit seiner Tätigkeit mit der Bewachung eines Firmengebäudes betraut. Nach einem Arbeitsunfall war er aber für die Dauer eines Jahres für Sicherheitsleistungen in einem Gericht eingesetzt. Kurz vor Beendigung dieses vorübergehenden Einsatzes verlor sein Arbeitgeber den Auftrag der Gerichtsüberwachung an einen anderen Sicherheitsdienstleister.[254] Es war daher fraglich, ob das Arbeitsverhältnis von Herrn *Bademosi* im Rahmen von TUPE auf das nachfolgende Überwachungsunternehmen übergegangen war. Das Employment Appeal Tribunal lehnte dies ab. Bei Anwendung der *Botzen*-Rechtsprechung würde man in diesem Fall bei Betrachtung des Jahres vor der Auftragsnachfolge feststellen, dass Herr *Bademosi* in Erfüllung seiner arbeitsvertraglichen Pflichten bei dem Überwachungsauftrag des Gerichts eingesetzt war. Daher wäre er bei dieser Betrachtung dem Bewachungsauftrag am Gericht zugeordnet gewesen. Das Merkmal „Zuordnung" müsse aber so ausgelegt werden, dass der nur vorübergehende Einsatz in einer Einheit nicht erfasst wird. Dafür sei eine Gesamtbetrachtung notwendig. Bei dieser hätte das Employment Tribunal richtigerweise festgestellt, dass der Einsatz am Gericht nur von vorübergehender Dauer war. Die *Botzen*-Rechtsprechung könne daher bei einem zeitlich begrenzten, nur vorübergehenden Einsatz nicht angewendet werden.[255]

149 Somit ist es nach diesem Urteil und nunmehr auch nach dem Wortlaut von reg. 2(1) TUPE die Aufgabe der Employment Tribunals zu prüfen, ob der Arbeitnehmer nur vorübergehend in der Einheit eingesetzt ist. Dies ist im Einzelfall zu beurteilen und erscheint häufig kompliziert.[256] Die britische Regierung hat in den Erläuterungen der TUPE Amendment Regulations 2014 einige Auslegungshinweise gegeben. Danach hänge der nur vorübergehende Einsatz

---

253 Securiplan v Bademosi [2003] WL 22358408 EAT.

254 Nach der heutigen britischen Rechtsauffassung wäre dieser Fall ein *service provision change.*

255 Securiplan v Bademosi [2003] WL 22358408 Rn. 13 EAT.

256 *Wynn-Evans*, The Law of TUPE Transfers, 4.123.

eines Arbeitnehmers von mehreren Faktoren ab. So müsse unter anderem die Dauer des Einsatzes bis zum Übergang der Einheit berücksichtigt werden. Außerdem müsse geprüft werden, ob bereits ein Zeitpunkt für die Rückkehr des Arbeitnehmers in die vorherige oder die Versetzung in eine andere Einheit festgelegt wurde.[257]

b) Deutsche Rechtsprechung

Im Gegensatz dazu gibt es in dem deutschen § 613a BGB keine Hinweise auf 150
ein Zuordnungshindernis bei einem nur vorübergehenden Einsatz in der übergehenden Einheit. Es kommt nach ständiger Rechtsprechung des BAG und im Einklang mit der Rs. *Botzen* auf die strukturelle Einbindung des Arbeitsplatzes in den Betrieb des Veräußerers an.[258] Bei einer befristeten Versetzung hatte das LAG Köln 2018 entschieden, dass von einer grundsätzlichen Eingliederung in den Betrieb auszugehen ist.[259] Bei einem vorübergehenden Einsatz von mehr als sechs Monaten sei jedenfalls eine klare strukturelle Einbindung in den Betrieb erkennbar. *Preis* geht daher davon aus, dass es bei einem vorübergehenden Einsatz in der übergehenden Einheit, darauf ankomme, ob der Arbeitnehmer dort schwerpunktmäßig gearbeitet hat. Die sei bei bereits bei einer mehr als sechsmonatigen Tätigkeit anzunehmen.[260] Dagegen lehnen *Willemsen* und *Müller-Bonanni* diese Rechtsprechung ab, da gerade die befristete Versetzung zeige, dass der Arbeitnehmer der übergehenden Einheit nicht zugeordnet ist.[261] Kritikwürdig erscheint auch eine starre Grenze von sechs Monaten. Eine zeitweise Versetzung kann auch der Erfüllung einer bestimmten zeitlich begrenzten Aufgabe dienen. Dabei wäre eine Zuordnung wohl fraglich. Eine flexible Handhabung und Betrachtung im Einzelfall wären wünschenswert.

257 A guide to the 2006 TUPE Regulations (as amended by the Collective Redundancies and Transfer of Undertakings (Protection of Employment) (Amendment) Regulations 2014) for employees, employers and representative, S. 14, abrufbar unter: https://assets.publishing.service.gov.uk/government/uploads/system/uploads/attachment_data/file/275252/bis-14-502-employment-rights-on-the-transfer-of-an-undertaking.pdf, zuletzt abgerufen am 14.02.2023.

258 Grundsatzurteil und Übernahme *Botzen* in BAG v. 11.09.1997 – 8 AZR 555-95; NJW 1998, 1253; seitdem in ständiger Rechtsprechung, siehe beispielsweise: BAG v. 18.10.2012 – 6 AZR 41/11, NZI 2013, 151.

259 LAG Köln v. 04.12.2018 – 4 Sa 962/17, NZA-RR 2019, 286.

260 *Preis*, in: ErfK, § 613a BGB Rn. 72.

261 *Willemsen/Müller-Bonanni*, in: *WHSS*, Umstrukturierung und Übertragung von Unternehmen, G Rn. 136.

Die zukünftige Rechtsprechung zur befristeten Versetzung bleibt abzuwarten. Aktuell erscheint es aber, als müssten die Gerichte, die nur vorübergehende Tätigkeit in der übergehenden Einheit bei der Prüfung der strukturellen Eingliederung des Arbeitsplatzes in den Betrieb berücksichtigen.

c) Zwischenergebnis

151 Somit unterscheidet sich bei zeitlich begrenzten Einsätzen die britische von der deutschen Herangehensweise. Während in Großbritannien ein nur vorübergehender Einsatz die Zuordnung zu dieser Einheit verhindert, ist in Deutschland diese Tatsache bei der strukturellen Eingliederung des Arbeitsplatzes in den Betrieb zu prüfen. Während also die britischen Gerichte die *Botzen*-Rechtsprechung im Falle der vorübergehenden Versetzung nicht anwenden, prüfte das LAG Köln den befristeten Einsatz im Rahmen der *Botzen*-Rechtsprechung.

3. Weitere Hinweise in der britischen Rechtsprechung

152 Abgesehen von dem Zuordnungshindernis der nur vorübergehenden Tätigkeit, hat die britische Rechtsprechung die Kriterien für eine Zuordnung erweitert und konkretisiert.

a) Prozentuale Anteile

153 In *Anderson v Kluwer Publishing Ltd*[262] hatte ein Employment Tribunal die Zuordnung der Arbeitnehmer anhand des prozentualen Anteils ihrer Tätigkeit an der übergehenden Einheit geprüft.

154 Herr *Anderson* war 80 % seiner gesamten Arbeitszeit bei der übergehenden Einheit tätig. Das Employment Tribunal hatte ihn daher der übergehenden Einheit zugeordnet. *McMullen* kritisierte, dass durch die Entscheidung in der britischen Literatur der Mythos (*mythology*) entstanden sei, dass es einen Prozenttest (*percentage test*) geben würde.[263] Die einzige Entscheidung hierzu sei jedoch dieses erstinstanzliche Urteil, welches im Wesentlichen die Aussage enthält, dass Herr *Anderson* einen Großteil seiner Arbeitszeit in der übergehenden Einheit verbracht hatte, aber keinerlei Aussagen über einen Mindestprozentsatz in der übergehenden Einheit trifft.[264] Auch *Wynn-Evans* sieht den Test als Gefahr, da eine zu starre Anwendung, die übrigen Kriterien außer Acht lässt.[265]

---

262 Anderson v Kluwer Publishing Ltd [1985] COIT 15068/85, nicht veröffentlicht.
263 *McMullen*, IJ 2001, 83 (112).
264 *McMullen*, Business Transfer and Employee Rights, 6.22.
265 *Wynn-Evans*, The Law of TUPE Transfers, 4.98.

In *Costain Ltd v Armitage*[266] entschied Judge *Eady*, dass der Prozenttest allein nicht weiterhilft. Er könne ein Indiz sein, es müsse aber eine Gesamtbetrachtung vorgenommen werden.[267] Die Betrachtung der prozentualen Verteilung der Arbeitszeit wurde daher – jedenfalls als alleiniges Kriterium – wieder verworfen. Im Rahmen einer Gesamtbetrachtung könne die prozentuale Verteilung der Tätigkeiten aber ein Kriterium sein.[268]

b) Ergänzungen zu Botzen

In mehreren Urteilen haben die britischen Gerichte, den Test aus *Botzen* weiterentwickelt. Meistens waren die Fälle jedoch besonders gelagert und daher Einzelfallentscheidungen. 155

Allgemeine Hinweise zum Merkmal der Zuordnung hat das Employment Appeal Tribunal aber in *Duncan Web Offset (Maidstone) Ltd v Cooper*[269] gegeben. Im Fall hatte die *Passmore International Ltd* mehrere Tochterunternehmen, darunter die *Passmore Web Offset (Maidstone)*. Letztere hatte sie an die *Duncan Web Offset* veräußert. Drei Arbeitnehmer der *Maidstone* wurden aber nicht von der *Duncan* übernommen. Es stellte sich im Verfahren die Frage, ob sie der *Maidstone* zugeordnet waren. Alle drei Arbeitnehmer hatten zum Zeitpunkt des Übergangs ihre gesamte Arbeitszeit bzw. bis auf einen Tag pro Woche bei der *Maidstone* gearbeitet. Das Employment Appeal Tribunal bestätigte die Entscheidung der ersten Instanz, dass die drei Arbeitnehmer zu der Firma *Maidstone* zugeordnet waren. 156

Das Employment Appeal Tribunal prüfte anstatt der Frage, ob die Arbeitnehmer zu *Maidstone* zugeordnet waren, die Frage, ob sie nicht zugeordnet waren. Damit stellte es eine Vermutungsregel zugunsten der Arbeitnehmer (sofern diese übergehen möchten) auf.[270] Weiterhin führte es in den *obiter dicta* Prüfkriterien für die erstinstanzlichen Gerichte ins Feld. So sei die verbrachte Zeit in der übergehenden Einheit im Verhältnis zur restlichen Arbeitszeit zu betrachten. Ferner seien die Vertragsbedingungen, konkret welche Pflichten der Arbeitnehmer hatte, relevant. Schließlich könne für die Betrachtung auch die Verteilung der Kosten des Arbeitgebers für die Leistungen des Arbeitnehmers auf die verschiedenen Teile eines Unternehmens hilfreich sein. Diese 157

---

266 Costain Ltd v Armitage and anor [2014] WL 4355128 EAT.

267 Costain Ltd v Armitage and anor [2014] WL 4355128 Rn. 65 EAT.

268 *Chamberlain/Fraser*, Managing TUPE, S. 19.

269 Duncan Web Offset (Maidstone) Ltd v Cooper [1995] IRLR 632.

270 *McMullen*, Business Transfer and Employee Rights, 6–29 f.

Kriterien seien jedoch in keiner Weise abschließend. Die erstinstanzlichen Gerichte könnten auch weitere Aspekte prüfen.[271]

158 Diese Entscheidung und die *obiter dicta* zeigen, dass die britische Rechtsprechung zu einer Gesamtbetrachtung der Umstände tendiert, um so möglichst allen Aspekten des Einzelfalls bei der Frage der Zuordnung gerecht zu werden.

4. *Rechtsvergleichende Gegenüberstellung*

159 In Deutschland kommt es grundsätzlich auf die Eingliederung des Arbeitsplatzes in den Betrieb an. Zunächst wird dafür auf den Willen der Vertragsparteien abgestellt.[272] Ist dieser nicht ermittelbar, hat der Arbeitgeber in Ausübung seines Direktionsrechts und sofern keine arbeitsrechtlichen Vorgaben entgegenstehen, die Möglichkeit, den Arbeitnehmer zu einer Einheit des Betriebs zuzuordnen.[273] Unterlässt er dies, wird auf den Schwerpunkt der Tätigkeit abgestellt.[274] Damit ähnelt die deutsche Weiterentwicklung der *Botzen*-Rechtsprechung den britischen Kriterien. Insbesondere mit der Auslegung des Willens der Vertragsparteien, sowie der anteiligen verbrachten Zeit in der betreffenden Einheit stimmen die Merkmale überein. Ein Unterschied ergibt sich vorwiegend im Aufbau der Prüfung: Während in Großbritannien eine Gesamtbetrachtung vorgenommen wird, folgen die deutschen Gerichte einer Prüfreihenfolge. Zudem divergieren die Rechtsordnungen bei einer nur vorübergehenden Versetzung in die betreffende Einheit: Während in Großbritannien, dann eine Zuordnung grundsätzlich ausgeschlossen ist und auch die *Botzen*-Rechtsprechung nicht zur Anwendung kommt, hat das LAG Köln dieses Merkmal im Rahmen der *Botzen*-Rechtsprechung geprüft.[275]

---

271 Duncan Web Offset (Maidstone) Ltd v Cooper [1995] IRLR 632, 635.

272 Siehe beispielhaft: BAG v. 21.06.2012 – 8 AZR 181/11, NZA-RR 2013, 6 (14); BAG v. 20.04.2016 – 10 AZR 111/15, NJW 2016, 2830 (2832); siehe zur Prüfreihenfolge auch *Preis*, in: ErfK, § 613a BGB Rn. 72.

273 LAG Köln v. 04.12.2018 – 4 Sa 962/17, BeckRs 2018, 38284; siehe hierzu *Fuhlrott*, NZA-RR 2019, 286; siehe auch *Willemsen/Müller-Bonanni*, in: *WHSS*, Umstrukturierung und Übertragung von Unternehmen, G 136.

274 BAG v. 17.10.2013 – 8 AZR 763/12, NZA-RR 2014, 175 (176).

275 Siehe Rn. 150.

§ 5 Transfer of an undertaking

Dieses Kapitel untersucht den sachlichen Anwendungsbereich der TUPE Regulations 2006 und damit die Umsetzung des Art. 1 Abs. 1 der Richtlinie 2001/23/EG im britischen Recht. Die TUPE Regulations 2006 enthalten zwei Hauptanwendungsfälle: Zum einen den *transfer of an undertaking* (§ 5) und zum anderen den *service provision change* (§ 6 bis § 8).[276] Zunächst wirft die Abhandlung einen Blick auf die Grundsatzentscheidung des EuGH – die Rs. *Spijkers* (A.). Darin hat der EuGH das Merkmal „Übergang eines Betriebs" i.S.d. der RL 77/187/EWG[277] als den Übergang einer identitätswahrenden, wirtschaftlichen Einheit definiert. Sodann untersucht die Arbeit die Voraussetzungen eines Unternehmensübergangs (*transfer of an undertaking*) (B.). Weiterhin behandelt sie die Anwendbarkeit der TUPE Regulations auf den Übergang eines Unternehmensteils, also den *transfer of part of an undertaking* (C.). Anschließend untersucht die Arbeit die Anwendung der TUPE Regulations auf Anteilskäufe (D.). Am Ende dieses Abschnitts steht die Abgrenzung zwischen betriebsmittel- und dienstleistungsgeprägten Übergängen (E.). 160

In diesem Kapitel wird der Begriff *transfer of an undertaking* mit dem Begriff Unternehmensübergang übersetzt. Auch wenn der Gesetzeswortlaut von Reg. 3(1)(a) TUPE dem des deutschen Betriebsübergangs gem. § 613a BGB ähnelt, gibt es Unterschiede.[278] Abgesehen davon, muss dem *case law* Rechnung getragen werden. Aufgrund der Vielzahl von unterschiedlichen Entscheidungen der britischen Gerichte zum sachlichen Anwendungsbereich wäre die Übersetzung Betriebsübergang nicht treffend. 161

Die Anwendung der TUPE Regulations 2006 auf grenzüberschreitende *transfer* wird in der Arbeit nicht behandelt, um einen Fokus auf die Voraussetzungen des Unternehmensübergangs und ausgewählte Abgrenzungsfälle zu legen.[279] Nicht behandelt werden außerdem Übergänge in der öffentlichen 162

---

276 *IDS*, Employment Handbook, Transfer of Undertakings, 1.1 f.

277 Bei der Reform hat die EU das Merkmal mit in die Richtlinie 2001/23/EG aufgenommen.

278 Siehe bspw. Rn. 241.

279 Die Anwendung der TUPE Regulations ist in diesem Fall strittig. Es gibt bisher nur wenige Präzedenzfälle. Das Employment Appeal Tribunal hat die Anwendung allerdings in Holis Metal Industries Ltd v GMB, Newell Ltd [2008] ICR 464 bejaht und in Xerox Business Services Philippines INC Ltd v Zeb [2017] WL 03912509

Verwaltung und Übergänge im Rahmen der Insolvenz. Außerdem wird nicht auf den Übergang von Seeschiffen eingegangen.[280]

A. Grundlage: Spijkers-Entscheidung

163 Ebenso wie in Deutschland ist auch für die britischen Gerichte die Entwicklung der Auslegungskriterien des EuGH zum sachlichen Anwendungsbereich der Richtlinie aus der Rs. *Spijkers* und seiner Folgerechtsprechung maßgeblich.

I. Sachverhalt

164 Der Kläger war Assistent des Betriebsleiters eines Schlachthofs des Unternehmens *Colaris*. Als dieses wegen Insolvenz seinen Geschäftsbetrieb einstellte, erwarb die *Gebroders Benedik Abattoir* die Anlage. Nach einer ca. einmonatigen Unterbrechung setzte sie die Geschäftstätigkeit des Schlachthofs mit überwiegend denselben Betriebsmitteln fort. Jedoch wechselten die Kunden der *Colaris* nicht zu der Erwerberin. *Gebroders Benedik Abattoir* übernahm mit Ausnahme des Klägers und eines weiteren Angestellten alle Arbeitnehmer der *Colaris*. Der Kläger begehrte von der Betriebserwerberin die Zahlung des Gehalts vor einem niederländischen Gericht. Dieses hatte dem EuGH den Fall zur Vorabentscheidung vorgelegt und gefragt, ob die oben geschilderten Vorgänge in den Anwendungsbereich der Richtlinie fallen.

II. Entscheidung

165 Im Rahmen des Verfahrens vor dem EuGH hatten die EU-Kommission, die niederländische Regierung und die Regierung des Vereinigten Königreichs Stellung genommen. Alle drei waren sich einig, dass es bei einem Übergang im Sinne der Richtlinie auf die Berücksichtigung sämtlicher den betreffenden Vorgang kennzeichnenden Tatsachen ankomme. Dazu gehöre bspw. der Übergang bzw. Nichtübergang der materiellen und immateriellen Aktiva. Es komme in diesem Zusammenhang darauf an, ob der Erwerber die Geschäftstätigkeit gleichermaßen oder auf eine ähnliche Art und Weise fortführen konnte. Die tatsächliche Fortführung des Unternehmens als wesentliches Kriterium sei nach Ansicht

---

EAT bestätigt. Für weitere Ausführungen wird auf *McMullen*, Business Transfers and Employee Rights, 5–28 ff. verwiesen.

280 Für Ausführungen hierzu siehe *Wynn-Evans*, The Law of TUPE Transfers, 2.213 ff.

der niederländischen Regierung durch den sozialen Normzweck der RL 77/187/ EWG geboten.[281]

Der EuGH entschied, dass der vorgelegte Fall in den Anwendungsbereich der Richtlinie fällt. Der Aufbau der Richtlinie 77/187/EWG und der Art. 1 Abs. 1 bezweckten, dass Arbeitsverhältnisse innerhalb einer wirtschaftlichen Einheit auch bei einem Wechsel des Inhabers fortbestehen. Daher komme es entscheidend darauf an, ob die Einheit ihre Identität bewahrt. Die Einheit verliere ihre Identität, wenn lediglich einige ihrer Aktiva auf den Erwerber übergehen, sondern erst wenn der Erwerber die wirtschaftliche Einheit, gekennzeichnet durch ihre Geschäftstätigkeit, weiterführt.[282] Es seien alle den betreffenden Vorgang kennzeichnenden Tatsachen zu berücksichtigen. Dabei seien insbesondere sieben Kriterien relevant: die Art des betreffenden Unternehmens, der Übergang oder Nichtübergang der materiellen Aktiva zum Zeitpunkt des Übergangs, die Übernahme oder Nichtübernahme der Hauptbelegschaft durch den neuen Inhaber, der Übergang oder Nichtübergang der Kundschaft, der Grad der Ähnlichkeit zwischen der vor und nach dem Übergang verrichteten Tätigkeit sowie die Dauer einer eventuellen Unterbrechung der Tätigkeit.[283] 166

III. Auswirkungen in Großbritannien

Aus persönlichen Gesprächen mit britischen Wissenschaftlern und mit Juristen aus der Praxis ergab sich, dass die Entscheidung des EuGH für die britischen Gerichte als zentraler Prüfkatalog fungiert.[284] Auch in der Literatur findet sich dieses Bild wieder. Unter dem Stichwort des ganzheitlichen Ansatzes (*holistic approach*) beschreibt bspw. *McMullen* die Entscheidung als Schlüsselfall bei Übergängen und konstatiert, dass sie bei der Prüfung eines Unternehmensübergangs immer zuerst herangezogen werden sollte.[285] Im Hinblick auf die Entscheidungen der Employment Appeal Tribunals sowie der arbeitsrechtlichen Entscheidungen des Court of Appeal ist die Zitationsdichte der Rs. *Spijkers* bemerkenswert.[286] Die Relevanz der Rs. *Spijkers* spiegelt, sich auch in den 167

281 EuGH v. 18.03.1986 – Rs. C-24/85 Rn. 9 f. – Spijkers, BeckEuRS 1986, 126816.

282 EuGH v. 18.03.1986 – Rs. C-24/85 Rn. 11 f. – Spijkers, BeckEuRS 1986, 126816.

283 EuGH v. 18.03.1986 – Rs. C-24/85 Rn. 13 – Spijkers, BeckEuRS 1986, 126816.

284 Die Verfasserin sprach unter anderem mit Prof. *John McMullen* im November 2021 und mit *David Reade*, *Melanie Tethers* und Dr. *Charles Wynn-Evans* im Mai 2022.

285 *McMullen*, Business Transfers and Employee Rights, 5–13.

286 Siehe nur beispielhaft: ECM (Vehicle Delivery Service) Ltd v Cox and ors [1999] ICR 1162 CA; Argyll Training Ltd v Mrs Margaret Sinclair, Argyll & The Islands Enterprise Ltd [2000] WL 1084347 EAT; Fairhurst Ward Abbotts Ltd v Botes

Kriterien zur Prüfung der reg. 3(1)(a) TUPE wider, da diese an die Entscheidung angelehnt sind. Die Gerichte verweisen insbesondere auf die in *Spijkers* vorgenommene Gesamtbetrachtung. Diese prüfen weniger die Kriterien hintereinander, sondern versuchen vielmehr mithilfe einer abwägenden Gesamtschau alle Umstände des Einzelfalles einzubeziehen. Daraus resultiert die großzügige Anwendung der TUPE Regulations.

IV. Auswirkungen in Deutschland

168 In Deutschland ist die Zitationsdichte geringer. Da der achte Senat des BAG jedoch die *Spijkers*-Kriterien in ständiger Rechtsprechung prüft, verweist er häufig auch nur auf seine vorherige Rechtsprechung.[287] Außerdem hatte der EuGH in der Folgeentscheidung *Süzen* den Prüfkatalog erweitert, indem er zwischen betriebsmittelgeprägten und dienstleistungsgeprägten Tätigkeiten differenzierte. Diese Entscheidung kann als die deutsche Schlüsselentscheidung bezeichnet werden.[288] Im Gegensatz zu den britischen Gerichten prüfen die deutschen Gerichte die Kriterien jedoch einzeln statt in einer Gesamtbetrachtung. Zur Bestimmung der Art des betreffenden Unternehmens wird zunächst ein Prüfungsmaßstab festgelegt.[289] So ist bei einem dienstleistungsgeprägten Betrieb der Nichtübergang materieller Betriebsmittel weniger entscheidend als der Nichtübergang der Belegschaft. Diese Art der Prüfung berücksichtigt zwar gleichfalls den Einzelfall, sie ist jedoch weniger flexibel als die britische Gesamtbetrachtung. Dies zeigt sich auch im weiteren Verlauf des Kapitels bei der Abgrenzung des Anwendungsbereichs sowie in § 6 bei der Anwendung der *Spijkers*-Kriterien auf die Fremd- und Neuvergabe von Aufträgen (siehe Rn. 263 ff.). Insgesamt ergibt sich dadurch ein größerer Anwendungsbereich der TUPE Regulations als in Deutschland

---

Building Ltd [2003] WL 1822912 EAT; Wain and ors v Guernsey Ship Management Ltd [2007] ICR 1350 (1351) EAT; Transport and General Workers Union v Swissport (UK) Ltd and anor [2007] ICR 1593, 1604 EAT; Derrick Cyffin Jones T/A the Barley Mow Public House v Beardmore [2010] WL 889306 Rn. 19 EAT; Jackson Lloyd Ltd and Mears Group PLC v Smith and ors, Ucatt, Williams and ors [2014] WL 1219555 Rn. 25 EAT.

287 Siehe nur beispielhaft: BAG v. 11.12.1997 – 8 AZR 426/94, NZA 1998, 532; BAG v. 22.01.1998 – 8 AZR 243/95, NZA 1998, 536 (537); BAG v. 16.02.2006 – 8 AZR 211/05 NZA 2006, 592 (595).

288 Siehe hierzu Rn. 299 ff.

289 *Klappstein*, in: *Dauner-Lieb/Langen*, § 613a BGB Rn. 16 f.; *Kokott*, in: BeckOGK, § 613a BGB Rn. 125;

B. Voraussetzungen

Der Unternehmensübergang nach reg. 3(1)(a) TUPE hat folgende Voraussetzungen: Es muss ein Unternehmen, ein Geschäft oder ein Teil hiervon mit Sitz in Großbritannien unmittelbar vor dem Übergang vorgelegen haben. Der Übergang muss auf einen anderen Arbeitgeber erfolgt sein. Übergegangen sein muss eine wirtschaftliche Einheit, die ihre Identität gewahrt hat.[290] Die Vorschrift hat folgenden Wortlaut: *3. (1) These Regulations apply to: (a) a transfer of an undertaking, business or part of an undertaking or business situated immediately before the transfer in the United Kingdom* ***to another person*** *where there is* ***a transfer*** *of* ***an economic entity*** *which* ***retains its identity****; […]* 169

Der Wortlaut orientiert sich an der RL 2001/23/EG.[291] Die Basis für einen Unternehmensübergang i.S.d. TUPE Regulations 2006 bilden eine wirtschaftliche Einheit (dazu I.), die auf eine andere Person übergeht (dazu II.) und dabei ihre Identität wahrt (dazu III.).[292] Diese Grundvoraussetzungen hat der EuGH in seiner Rechtsprechung entwickelt und die nationale Rechtsprechung erweitert. 170

I. Wirtschaftliche Einheit

Die wirtschaftliche Einheit ist durch das Gesetz definiert (dazu 1a)). Sowohl die europäische Rechtsprechung als auch die britischen Gerichte haben diese Definition weiterentwickelt. So muss die wirtschaftliche Einheit eigenständig und von gewisser Stabilität sein. Fraglich ist, wie sich dieses konkrete Merkmal im Einzelfall auswirkt (siehe dazu 2.). Außerdem gibt es einige Sonderfälle, in denen eine Anwendung strittig ist (siehe dazu 3.) 171

1. Definition

a) Gesetz

Im Gegensatz zu § 613a Abs. 1 S. 1 BGB definieren die TUPE Regulations 2006 in reg. 3(2) TUPE die wirtschaftliche Einheit (*economic entity*). Sie ist danach eine organisierte Zusammenfassung von Ressourcen, um einer wirtschaftlichen Aktivität nachzugehen. Dabei ist es unerheblich, ob es sich bei der Tätigkeit um 172

---

290 *IDS*, IDS Emp. L. 2018, 1099, 12; *Wynn-Evans*, The Law of TUPE Transfers, Rn. 2.06.

291 *Arthur*, TUPE 2014, S. 10.

292 *Emir*, Selwyn's Law of Employment, S. 248 f.; *Smith/Baker/Warnock*, Employment Law, S. 623.

den wesentlichen Geschäftszweig der Einheit oder um eine Hilfs- bzw. Nebentätigkeit handelt. Die Vorschrift hat folgenden Wortlaut:

173 Reg. 3(2): *In this regulation "**economic entity**[293]" means an organised grouping of resources which has the objective of pursuing an economic activity, whether or not that activity is central or ancillary.*

b) Cheesman-Grundsatz

174 In *Cheesman v Brewer Contracts Ltd*[294] hat das Employment Appeal Tribunal die wesentlichen Voraussetzungen für die wirtschaftliche Einheit festgelegt.[295] Im Fall war der Arbeitnehmer bei dem Gebäudeinstandhaltungsunternehmen *Onyx* angestellt. Dieses führte im Auftrag einer kommunalen Behörde verschiedene Hausmeistertätigkeiten durch. Nachdem der Auftrag geendet hatte, vergab die Behörde die Dienstleistung an ein anderes Unternehmen. Dieses übernahm keine Arbeitnehmer. Die *Onyx* entließ die Mitarbeiter.

175 Das Employment Appeal Tribunal prüfte, ob vor dem Wechsel eine wirtschaftliche Einheit vorlag. Es identifizierte fünf Gesichtspunkte aus der nationalen und europäischen Rechtsprechung. Erstens müsse eine dauerhafte wirtschaftliche Einheit vorliegen, die nicht einen spezifischen einmaligen Auftrag im Baugewerbe durchführt. Diese Einheit müsse aus einer organisierten Zusammenfassung von Arbeitnehmern und Betriebsmitteln bestehen, die eine wirtschaftliche Tätigkeit zur Verfolgung eines bestimmten Zwecks ermöglicht. Zweitens müsse die Einheit eigenständig und hinreichend organisiert sein. Allerdings sei nicht zwingend, dass ihr wesentliche bewegliche oder unbewegliche Betriebsmittel zugeordnet sind. Drittens seien in bestimmten Wirtschaftszweigen, wie bspw. dem Reinigungs- und dem Überwachungsgewerbe, die Betriebsmittel häufig auf ein Minimum reduziert und die Tätigkeit oft von der Belegschaft abhängig. Viertens könne eine organisierte Zusammenstellung von Arbeitnehmern, welche dauerhaft einer bestimmten Tätigkeit nachgeht, trotz fehlender weiterer Produktionsfaktoren eine wirtschaftliche Einheit bilden. Fünftens sei eine Tätigkeit selbst noch keine wirtschaftliche Einheit, sie könne aber durch das Hinzutreten weiterer Faktoren, wie bspw. einer Gesamtheit von Arbeitnehmern und einer Managementstruktur, eine solche bilden.[296]

---

293 Hervorhebung durch die Verfasserin.
294 Cheesman v R Brewer Contracts Ltd [2000] WL 1918515 EAT; siehe zur ausführlichen Fallbesprechung Rn. 325.
295 *Bowers*, Transfer of Undertakings, A2/50 f.
296 Cheesman v R Brewer Contracts Ltd [2000] WL 1918515 Rn. 10 EAT.

Im Anschluss an diese Ausführungen hatte das Gericht den Fall zurück an das Employment Tribunal verwiesen, da weitere Umstände des Sachverhalts geklärt werden mussten.

Die Entscheidung und die Erläuterungen zur Prüfung eines *transfer* gelten als Ausgangspunkt für jedes Employment Tribunal bei der Prüfung von reg. 3(1) (a) TUPE.[297] Sie zeigt die Vielzahl an Faktoren, die die britischen Gerichte bei der Gesamtbetrachtung zu berücksichtigen haben. 176

2. *Eigenständige und stabile Einheit*

Die wirtschaftliche Einheit muss eine eigenständige und stabile Einheit sein.[298] Dies erscheint einleuchtend. Jedoch bedürfen diese allgemein formulierten Kriterien einer weiteren Konkretisierung und Auslegung durch die Gerichte. Die nachstehenden Ausführungen untersuchen daher, wie diese beiden Kriterien im Einzelfall abgegrenzt werden können. 177

a) Arbeitnehmer mit übereinstimmenden Arbeitsverträgen

Für eine eigenständige Einheit könnte eine Verbindung der Arbeitnehmer untereinander und der Betriebsmittel erforderlich sein. In *Wynnwith Engineering Co Ltd v Bennett*[299] entschied das Employment Appeal Tribunal, dass es nicht genügt, wenn die Arbeitnehmer eine bestimmte Art von Arbeitsvertrag haben und dadurch einer bestimmten Mitarbeitergruppe (in diesem Fall befristete Kurzzeitarbeitnehmer) zugehörig sind. Ein Flugzeughersteller in wirtschaftlichen Schwierigkeiten hatte Arbeitnehmern älter als 50 Jahre zunächst einen vorzeitigen Ruhestand im Rahmen des Betriebsrentensystems angeboten. Als die Auftragslage sich gebessert hatte, stellte er sie in befristeten Kurzzeitverträgen (*short-term contracts*) wieder ein. Die betroffenen Arbeitnehmer arbeiteten jedoch in unterschiedlichen Bereichen des Unternehmens und nicht dauerhaft zusammen. Der Flugzeughersteller hatte schließlich die Aufgaben der betroffenen Mitarbeiter an einen Dienstleister übertragen und die Arbeitnehmer gekündigt. 178

Das Gericht bezog sich auf die Rechtsprechung des EuGH in *Hidalgo*.[300] Eine Einheit müsse danach zwar hinreichend strukturiert und selbständig sein, aber 179

---

297 *Bowers*, Transfer of Undertakings, A2/50; *McMullen*, Business Transfers and Employee Rights, 5-100.

298 *Wynn-Evans*, The Law of TUPE Transfers, 2.38.

299 Wynnwith Engineering Co Ltd v Bennett and ors [2001] WL 1612541 EAT.

300 EuGH v. 10.12.1998 – Rs. C-173/96 – Hidalgo, NJW 1999, 1697.

nicht notwendigerweise bedeutsame materielle oder immaterielle Betriebsmittel umfassen.[301] In bestimmten Wirtschaftszweigen komme es im Wesentlichen auf die menschliche Arbeitskraft an. Daher könne eine organisierte Gesamtheit von Arbeitnehmern, denen eine gemeinsame Aufgabe eigens auf Dauer zugewiesen ist, eine wirtschaftliche Einheit sein. Vorliegend waren nach Ansicht des Employment Appeal Tribunal die übereinstimmenden Verträge aber noch nicht ausreichend für eine gemeinsame Organisation von Arbeitnehmern. Daher fehle es an der Eigenständigkeit. Den betroffenen Angestellten war auch nicht dauerhaft eine gemeinsame Aufgabe zugewiesen, sodass keine wirtschaftliche Einheit vorlag.[302]

180 In *Wain and ors v Guernsey Ship Management Ltd*[303] bestätigte das Employment Appeal Tribunal diese Rechtsprechung.[304] Auch in diesem Fall arbeiteten Arbeitnehmer auf der Basis von befristeten Kurzzeitverträgen. Sie waren bei einem Unternehmen beschäftigt, welches Personal für die Fährschifffahrt bereitstellte. Sie arbeiteten jedoch alle auf unterschiedlichen Schiffen und hatten verschiedene Aufgaben. Daher fehlte es an einer organisierten, eigenständigen Einheit und an einer ihnen gemeinsam dauerhaft zugewiesenen Aufgabe.[305]

181 Diese Entscheidungen zeigen, dass eine Einheit strukturiert sein muss. Hierfür genügt eine hinreichende Verbindung zwischen den Arbeitnehmern.[306] Eine hinreichende Verbindung ist dann gegeben, wenn den Arbeitnehmern dauerhaft eine bestimmte Tätigkeit zugewiesen ist.

b) Einzelne Aufträge

182 Fraglich ist außerdem, ob eine wirtschaftliche Einheit besteht, wenn die Arbeitnehmer für einzelne Aufträge mithilfe der Betriebsmittel zusammenarbeiten. Während für den *service Provision change* in reg. 3(1)(b) der TUPE Regulations 2006 geregelt ist, dass dieser keine Anwendung bei einmaligen Aufträgen oder bei kurzzeitigen Aktivitäten findet,[307] gibt es bei dem *transfer* gem. reg. 3(1)(a) TUPE keine vergleichbare Regelung.[308] Ausgehend von

---

301 EuGH v. 10.12.1998 – Rs. C-173/96 Rn. 26 – Hidalgo, NJW 1999, 1697 (1698).

302 Wynnwith Engineering Co Ltd v Bennett and ors [2001] WL 1612541 Rn. 14 EAT.

303 Wain and ors v Guernsey Ship Management Ltd [2007] ICR 1350 EAT.

304 *Wynn-Evans*, The Law of TUPE Transfers, 2.45.

305 Wain and ors v Guernsey Ship Management Ltd [2007] ICR 1350 (1357 f.) EAT.

306 *Bowers*, Transfer of Undertakings, A2/54.

307 Siehe Rn. 340.

308 *Wynn-Evans*, The Law of TUPE Transfers, 2.54.

der *Rygaard*-Rechtsprechung des EuGH haben die britischen Gerichte hierzu jedoch einige Fälle entschieden.

aa) Rygaard-Rechtsprechung[309]

183 In diesem dänischen Fall war Herr *Rygaard* bei einem Tischlerunternehmen angestellt. Dieses war im Auftrag des Unternehmens *SAS* mit dem Umbau einer Kantine betraut. Nachdem das Tischlerunternehmen bereits einen Teil der Arbeiten fertiggestellt hatte, teilte die *SAS* mit, dass sie für die Decken- und Schreinerarbeiten das Unternehmen *Stro Molle* beauftragt habe. Das Tischlerunternehmen kündigte Herrn *Rygaard* und teilte ihm mit, dass er von der *Stro Molle* übernommen werde. Er arbeitete für diese vier Monate lang, bis sie ihm ebenfalls kündigte.

184 Fraglich war, ob die Übernahme Herrn *Rygaards* durch die *Stro Molle* ein Übergang i.S.d. Art. 1 Abs. 1 der Richtlinie war. Der EuGH argumentierte dagegen: Eine wirtschaftliche Einheit setze voraus, dass die Tätigkeit nicht auf die Ausführung eines bestimmten Vorhabens beschränkt sei. Ein Unternehmen, das eine Baustelle zur Fertigstellung an ein anderes Unternehmen übertrage und damit einhergehend lediglich Material und Arbeitnehmer für diesen einen Auftrag überlässt, erfülle die Voraussetzung nicht. Es fehle an einer eigenständigen und stabilen wirtschaftlichen Einheit.[310]

bb) Auswirkung für die britischen Gerichte

185 Die Interpretation der *Rygaard*-Entscheidung durch die britischen Gerichte war unterschiedlich. Die Urteile reichten von der Auslegung, dass durch *Rygaard* eine Anwendung der reg. 3(1)(a) TUPE auf einmalige Aufträge nicht möglich sei, hin zu der Aussage, dass *Rygaard* nur bei einmaligen Aufträgen im Baugewerbe anwendbar ist.

186 In *Argyll Training Ltd v Sinclair*[311] hat das Gericht die *Rygaard*-Entscheidung als kompliziert bezeichnet. Es sei kaum auszumachen, ob der EuGH damit alle Einzelaufträge vom Anwendungsbereich der Richtlinie ausschließen wollte oder ob dies eine Einzelfallentscheidung für die Arbeit auf Baustellen war. Das Gericht entschied sich für die Beschränkung auf Aufträge im Baugewerbe.[312]

---

309 EuGH v. 19.09.1995 – Rs. C-48/94 – Rygaard, NZA 1995, 1031.

310 EuGH v. 19.09.1995 – Rs. C-48/94 Rn. 21 ff. – Rygaard, NZA 1995, 1031 (1032).

311 Argyll Training Ltd v Sinclair, Argyll & The Islands Enterprise Ltd [2000] WL 1084347 EAT.

312 *Bowers*, Transfer of Undertakings, A2/57.

Man müsse daher eher auf die Kriterien aus *Christel Schmidt*[313], *Spijkers* und *Süzen*[314] abstellen und eine Gesamtbetrachtung vornehmen.[315]

187 Das schottische Employment Appeal Tribunal folgte einer anderen Interpretation der *Rygaard*-Entscheidung[316] und verneinte einen *transfer* in *Mackie v Aberdeen City Council*[317]. Die Arbeitnehmerin hatte für einen Kunden ihres Arbeitgebers ein elektronisches Bezahlsystem eingerichtet und dieser wollte sie gerne übernehmen. Da der Vertrag zwischen ihrem bisherigen Arbeitgeber und dem Kunden jedoch ausdrücklich auf einen Auftrag zu einem bestimmten Preis beschränkt war, sah das Employment Appeal Tribunal mit Blick auf die *Rygaard*-Entscheidung keine wirtschaftliche Einheit.[318]

188 Auch in *Perth & Kinross Council v Donaldson*[319] lehnte das Employment Appeal Tribunal die Anwendung der TUPE Regulations 1981 ab. Es fehlte an einer wirtschaftlichen Einheit, da die infrage stehenden Instandhaltungsarbeiten immer nur auf Anfrage durchgeführt wurden. Der vormalige Arbeitgeber der Kläger hatte keine vertragliche Verpflichtung, Aufträge durchzuführen. Die Zusammenarbeit konnte jederzeit beendet werden.

189 Anhand dieser Rechtsprechung ist erkennbar, dass es einzelfallabhängig ist, ob Aufträge unter die TUPE Regulations fallen. Eine generelle Regel aus *Rygaard*, dass kein Übergang bei einmaligen oder kurzzeitigen Tätigkeiten vorliegt, konnte sich in der britischen Rechtsprechung nicht etablieren. Es zeigte sich, dass die britischen Gerichte bei der Prüfung im Einzelfall häufig eine Gesamtbetrachtung nach der *Spijkers*-Rechtsprechung vornehmen.

3. Besondere Fälle

a) Rechtswidrige Tätigkeit

190 Ob eine wirtschaftliche Einheit auch vorliegen kann, wenn der *transferor* gegen rechtliche Vorschriften verstoßen hat, hatte das Employment Appeal Tribunal in *Ejiofor T/A Mitchell & Co Solicitors v Sullivan*[320] zu entscheiden. In diesem

---

313 EuGH v. 14.04.1994 – Rs. C-392/92 – Christel Schmidt, NZA 1994, 545, siehe Rn. 280 ff.

314 EuGH v. 11.03.1997 – Rs. C-13/95 – Süzen, NZA 1997, 433, siehe Rn. 298 ff.

315 Argyll Training Ltd v Sinclair, Argyll & The Islands Enterprise Ltd [2000] WL 1084347 Rn. 14 ff. EAT.

316 *McMullen*, Business Transfers and Employee Rights, 5–32 f.

317 Mackie v Aberdeen City Council [2005] WL 2999756 EATsc.

318 Mackie v Aberdeen City Council [2005] WL 2999756 Rn. 29 EATsc.

319 Perth & Kinross Council v Donaldson and ors [2004] ICR 667 EAT.

320 Ejiofor T/A Mitchell & Co Solicitors v Sullivan and ors [2014] WL 4423166 EAT.

Fall hatte der *transferor*, eine Kanzlei, Vorschriften über das Verfahren zur Zulassung als Anwalt missachtet. Das Gericht entschied, dass der Verstoß gegen derartige Regularien selbst noch nicht zur Nichtanwendung der TUPE Regulations führe. Wenn das Unternehmen jedoch einer illegalen Aktivität nachginge, z.B. der Geldwäsche, seien die TUPE Regulations nicht anwendbar.[321]

b) Ein-Personen-Einheiten

Bereits in der Rs. *Christel Schmidt*[322] hat der EuGH entschieden, dass auch eine einzige Person eine wirtschaftliche Einheit konstituieren kann.[323] Die britischen Gerichte waren sich jedoch in der Folge unsicher, ob der EuGH in seiner Folgerechtsprechung diese Auslegung wieder eingeschränkt hatte. 191

aa) Grundsatzentscheidung

Mit dieser Frage hatte sich das Employment Appeal Tribunal in *Dudley Bower Building Services Ltd v Lowe*[324] beschäftigt. In dem Fall war ein Elektriker auf einem Militärflughafen angestellt. Als die Instandhaltung der Elektronik auf ein Unternehmen ausgelagert wurde, wurde er nicht übernommen. Das Gericht diskutierte die EuGH-Entscheidung in der Rs. *Christel Schmidt* und resümierte, dass diese mit Vorsicht zu genießen sei:[325] Zwar habe der EuGH keine gegenteiligen Aussagen zu dieser Rechtsprechung getätigt, jedoch habe er im Fall *Süzen*[326] darauffolgend entschieden, dass eine Gesamtheit von Arbeitnehmern für eine wirtschaftliche Einheit erforderlich sei. Eine einzelne Person könne dieses Kriterium nicht erfüllen.[327] Das Employment Appeal Tribunal schloss aus den Rs. *Süzen* und *Christel Schmidt* dennoch, dass eine Anwendung der Richtlinie und damit auch der TUPE Regulations nicht von vornherein ausgeschlossen ist, wenn die wirtschaftliche Einheit aus einer Person besteht. Diese müsse allerdings einer klar abgrenzbaren und eigenen Aufgabe nachgehen, die in irgendeiner Weise qualifiziert sei. Im Fall sei dies durch die 192

---

321 *Wynn-Evans*, The Law of TUPE Transfers, 2.46.

322 EuGH v. 14.04.1994 – Rs. C-392/92 – Christel Schmidt, NZA 1994, 545.

323 *Wynn-Evans*, The Law of TUPE Transfers, 2.49 ff.

324 Dudley Bower Building Services Ltd v Lowe [2003] ICR 844 EAT.

325 Anmerkung der Verfasserin: Die Entscheidung des EAT erging knapp 10 Jahre nach *Christel Schmidt*.

326 EuGH v. 11.03.1997 – Rs. C-13/95 – Süzen, NZA 1997, 433, siehe ausführlich Rn. 298 ff.

327 Dudley Bower Building Services Ltd v Lowe [2003] ICR 844 (848) EAT.

technischen Fähigkeiten des Arbeitnehmers und die Besonderheiten der Arbeit auf einem Militärflughafen (Sicherheitsüberprüfungen, besondere Zugangserfordernisse etc.) gekennzeichnet.[328]

bb) Analyse

193 Das Employment Appeal Tribunal weicht damit insofern von *Christel Schmidt* ab, als es in seiner Begründung anmerkt, dass die Tätigkeit des Arbeitnehmers so qualifiziert sein müsse, dass eine Reinigungskraft und ihr Reinigungszubehör nicht für die Annahme einer wirtschaftlichen Einheit ausreichen dürften.[329] Da es in *Christel Schmidt* gerade um die Fremdvergabe von Reinigungstätigkeiten ging, die zuvor eine einzige Reinigungskraft durchführte, ist mit dieser Beschränkung sogar eine Abkehr von der Rs. *Christel Schmidt*[330] zu beobachten. Daher müssen Gerichte prüfen, ob die Tätigkeit des einzelnen Arbeitnehmers hinreichend qualifiziert ist, um eine wirtschaftliche Einheit zu begründen. Das Employment Appeal Tribunal bestätigte in *Dudley* allerdings den EuGH insoweit, dass der Tätigkeitsbereich des Arbeitnehmers klar abgrenzbar sein muss und der *transferee* die Tätigkeit im Wesentlichen weitergeführt haben muss.[331]

cc) Zwischenergebnis

194 Ein einzelner Arbeitnehmer kann daher eine wirtschaftliche Einheit bilden. Dafür muss sein Tätigkeitsbereich allerdings so klar abgrenzbar sein, dass er beim *transferee* weitergeführt werden kann. Zudem stellt das Employment Appeal Tribunal klar, dass die Tätigkeit der in Frage stehenden wirtschaftlichen Einheit hinreichend qualifiziert sein muss. Sie sei nicht schon dann ausreichend qualifiziert, wenn es sich um Reinigungstätigkeiten handelt und die Einheit daher aus einer Reinigungskraft und etwas Reinigungszubehör bestehe. Insoweit weicht das Employment Appeal Tribunal von der Rechtssache *Christel Schmidt* ab.

II. Übergang

195 Es gibt verschiedene Arten von Übergängen im Anwendungsbereich der reg. 3(1)(a) TUPE. Durch die eher weitgefasste gesetzliche Definition ist die

---

328 Dudley Bower Building Services Ltd v Lowe [2003] ICR 844 (853 ff.) EAT.

329 Dudley Bower Building Services Ltd v Lowe [2003] ICR 844 (855) EAT.

330 EuGH v. 14.04.1994 – Rs. C-392/92 – Christel Schmidt, NZA 1994, 545.

331 *Bowers*, Transfer of Undertakings, A2/53; siehe dazu auch Derrick Cyffin Jones T/A the Barley Mow Public House v Miss D Beardmore [2010] WL 889306 EAT.

Regelung auf eine Vielzahl von Transaktionen, wie bspw. die Veräußerung eines Geschäfts an einen neuen Eigentümer, die Fusion zweier Geschäftsbereiche unterschiedlicher Unternehmen oder den Wechsel eines Franchisenehmers anwendbar.[332] Nachfolgend werden die allgemeinen Voraussetzungen eines Übergangs, sowie der Sonderfall eines Übergangs innerhalb eines Konzerns untersucht.

1. *Keine vertragliche Übertragung*

Ein *transfer* i.S.d. der reg. 3(1)(a) TUPE liegt vor, wenn die Verantwortung für ein Unternehmen oder dessen Management wechselt.[333] Damit unterscheidet sich bereits der Wortlaut in einem entscheidenden Punkt von der Richtlinie[334] und auch von der deutschen Regelung: Während die Richtlinie in Art. 1 Abs. 1 lit. a) eine „vertragliche Übertragung oder Verschmelzung" und § 613a Abs. 1 S. 1 BGB einen Übergang durch Rechtsgeschäft verlangen[335], setzt reg. 3(1)(a) TUPE lediglich einen Übergang voraus. Die Vorschrift lautet: *3.(1) These Regulations apply to (a)* ***a transfer***[336] *of an undertaking, business or part of an undertaking or business situated immediately before the transfer in the United Kingdom to another person where there is a transfer of an economic entity* 196

Fraglich ist, ob der Anwendungsbereich der TUPE Regulations dadurch an dieser Stelle materiell weiter gefasst ist als der in der Richtlinie und in § 613a Abs. 1 S. 1 BGB. Dies wird in den folgenden Gliederungspunkten untersucht. 197

a) *Keine Beziehung zwischen transferor und transferee*

Im Rahmen der Neuvergabe von Aufträgen bestehen in der Praxis häufig keinerlei Beziehungen dem *transferor* und dem *transferee*. Der Auftraggeber beendet einen Vertrag mit dem *transferor* und schließt einen neuen Vertrag mit dem *transferee*. Unter reg. 3(1)(b) TUPE ist ausdrücklich ein *service provision change* für derartige Fälle vorgesehen. Der Wechsel eines Auftragnehmers könnte aber auch unter reg. 3(1)(a) TUPE fallen und ein Unternehmensübergang sein. 198

---

332 *Chamberlain/Fraser*, Managing TUPE, S. 6.

333 *Chamberlain/Fraser*, Managing TUPE, S. 5.

334 Siehe auch *Wynn-Evans*, The Law of TUPE Transfers, 2.12.

335 In der englischen Fassung der Richtlinie 2001/23/EG ist an dieser Stelle die Rede von einem „*legal transfer or merger*".

336 Hervorhebung durch die Verfasserin.

aa) Rechtslage in Großbritannien

199 Nach dem Wortlaut der reg. 3(1)(a) TUPE ist lediglich der identitätswahrende Übergang einer wirtschaftlichen Einheit und keine vertragliche Übertragung erforderlich. Bei der Auftragsnachfolge geht der Auftrag auf eine andere Person über. Daher liegt in derartigen Fällen nach dem Wortlaut ein Übergang vor. In *Dines v Initial Healthcare Services Ltd*[337] hatte der Court of Appeal bei dem Wechsel eines Reinigungsdienstleisters entschieden, dass eine solche Konstellation unter die TUPE Regulations 1981 falle. Man könne dabei zwei Übergänge identifizieren: Der vormalige Auftragnehmer übertrage die Tätigkeit an den Auftraggeber und der Auftraggeber die Tätigkeit an den nachfolgenden Auftragnehmer.[338]

200 Das Employment Appeal Tribunal hatte diese Auffassung in *Kelman v Care Services Ltd* geteilt und erweitert.[339] In diesem Fall ging es um den Wechsel eines Auftragnehmers von Reinigungsdienstleistungen. In der Entscheidung führte das Gericht aus, dass es auf den Wechsel der Verantwortung für die Tätigkeit ankomme.[340] Es hatte argumentiert, dass man eine arbeitsrechtliche Perspektive einnehmen müsste, um dem Zweck der TUPE Regulations 1981, die Arbeitnehmer zu schützen gerecht zu werden. Es komme darauf an, ob im Falle der Anwendung der TUPE Regulations ein Wechsel des Arbeitgebers stattgefunden hat. Aus der Sicht eines Gesellschaftsjuristen mag im Fall *Kelman* keine Übertragung einer wirtschaftlichen Einheit vorgelegen haben, da keine Gesellschaft veräußert wurde.[341] Dies sei jedoch für die Anwendung der TUPE Regulations 1981 nicht relevant. Insgesamt sei daher auch ein pragmatischer Ansatz bei der Betrachtung wichtig.[342] Nach der heutigen Rechtslage wären die beiden genannten Fälle jeweils als *service provision change* zu bewerten, aber ihre Präzedenzwirkung auf reg. 3(1)(a) TUPE ist unverändert.

201 Daher entspricht der durch die Gerichte festgelegte Anwendungsbereich der TUPE Regulations der weiten Fassung des Wortlauts. Auch der Wechsel des Auftragnehmers kann damit einen Unternehmensübergang nach reg. 3(1)(a) TUPE auslösen.

---

337 Dines v Initial Health Care Services Ltd [1995] ICR 11; siehe zur ausführlichen Fallbesprechung Rn. 289 ff.

338 Dines v Initial Health Care Services Ltd [1995] ICR 11 (23 f).

339 Kelman v Care Services Ltd [1995] ICR 260 EAT.

340 Kelman v Care Services Ltd [1995] ICR 260 EAT.

341 Kelman v Care Services Ltd [1995] ICR 260 (268) EAT.

342 Kelman v Care Services Ltd [1995] ICR 260 (268) EAT; siehe auch *Bowers*, Transfer of Undertakings, A2.5.

bb) *Rechtsauffassung des EuGH*

Der EuGH hat in zahlreichen Entscheidungen den Wortlaut der Richtlinie hinsichtlich der Übertragung interpretiert. Er hat sich entschieden das Merkmal am Zweck der Richtlinie auszulegen.[343] Ausschlaggebend sei, ob die Arbeitnehmer Gefahr laufen, ihren Arbeitsplatz zu verlieren oder schlechteren Arbeitsbedingungen beim neuen Unternehmensinhaber ausgesetzt zu sein. Diese Gefahr ergebe sich schon dann, wenn die Verantwortung für das Unternehmen wechselt.[344] Hieraus ist ersichtlich, dass der EuGH den Wortlaut der Richtlinie weitestgehend ignoriert, um deren Ziel, die Arbeitnehmer zu schützen, Vorrang zu gewähren.[345] In verschiedenen Entscheidungen stellte er daher auf den Wechsel der Verantwortung für die wirtschaftliche Einheit im Rahmen vertraglicher Beziehungen ab.[346] Daher ist es nach der Rechtsauffassung des EuGH ausreichend, wenn der Veräußerer und der Erwerber nur mit zwischengeschalteten Personen (z.B. Auftraggeber) Vereinbarungen geschlossen haben und keine unmittelbare vertragliche Beziehung zwischen Veräußerer und Erwerber vorliegt. Das BAG vertritt in ständiger Rechtsprechung die gleiche Auffassung mit Blick auf den Wortlaut des § 613a BGB „durch Rechtsgeschäft".[347] 202

cc) *Zwischenergebnis*

Mit Blick auf das vermeintliche Erfordernis eines Rechtsgeschäfts oder einer vertraglichen geregelten Übertragung ergeben sich daher im Ergebnis grundsätzlich keine Unterschiede hinsichtlich der Rechtsaufassung in Großbritannien und Deutschland. Sowohl die britischen Gerichte als auch der EuGH stellen aufgrund des Zwecks der TUPE Regulations bzw. der Richtlinie auf einen Wechsel der Verantwortung für die Arbeitsverhältnisse im Rahmen vertraglicher Beziehungen ab. 203

---

343 EuGH v. 17.12.1987 – Rs. C-287/86 Rn. 11 – Ny Mølle Kro, BeckRS 2004, 72938.

344 EuGH v. 17.12.1987 – Rs. C-287/86 Rn. 12 – Ny Mølle Kro, BeckRS 2004, 72938.

345 *Grau/Hartmann*, in: *Preis/Sagan*, Europäisches Arbeitsrecht, Rz. 15.26; *Willemsen*, in: WHSS, Umstrukturierung und Übertragung von Unternehmen, G Rn. 41.

346 EuGH v. 17.12.1987 – Rs. C-287/86 Rn. 12 – Ny Mølle Kro, BeckRS 2004, 72938; EuGH v. 05.05.1988 – Rs. C-144/87 und C-145/87 Rn. 17 – Berg und Busschers, NZA 1990, 885 (886).

347 Siehe Grundsatzentscheidung BAG v. 22.05.1985 – 5 AZR 173/84, NZA 1985, 773; und beispielhaft BAG v. 21.06.2012 – 8 AZR 181/11 Rn. 26, NZA-RR 2013, 6, 8.

b) Keine formelle Übertragung

204 Der Wortlaut der TUPE Regulations bestimmt keine zwingende Form des *transfer.* Dem Employment Appeal Tribunal stellte sich in *Charlton v Charlton Thermosystems (Romesy) Ltd*[348] die Frage, ob dennoch eine formelle Übertragung der wirtschaftlichen Einheit für die Anwendung der TUPE Regulations notwendig ist. Die Arbeitnehmer waren bei einem Unternehmen für Heizungs- und Klimaanlageninstallation tätig.

205 Die Gesellschafter hatten aber ihre Jahresabschlüsse nicht ordnungsgemäß dokumentiert. In der Folge wurde das Unternehmen deshalb aus dem Gesellschaftsregister gestrichen und aufgelöst. Die beiden früheren Gesellschafter führten fortan das Unternehmen als Privatpersonen weiter. Die Arbeitnehmer waren überzeugt, ihre Arbeitsverhältnisse wären im Rahmen von TUPE übergegangen.[349]

206 Das Employment Appeal Tribunal argumentierte in diesem Fall, dass weder die Richtlinie noch die TUPE Regulations 1981 einen formellen Wechsel des Unternehmens verlangen. So habe sich hier der Arbeitgeber geändert, da das Unternehmen selbst als juristische Person nicht mehr existierte. Zwar sähe die rechtliche Beurteilung bei der Frage nach Schadensersatz im Deliktsrecht (*tort law*) möglicherweise anders aus – dies sei für die TUPE Regulations aber nicht von Bedeutung.[350] Auch sei das Verfahren nicht vergleichbar mit einer Insolvenz. So habe der EuGH zwar in der Rs. *Abels*[351] entschieden, dass bei einer staatlichen Zwangsveräußerung von Betriebsmitteln die Betriebsübergangsrichtlinie keine Anwendung findet. Dies gelte jedoch nicht, wenn das Unternehmen aus dem Gesellschaftsregister gestrichen werde.[352] Daher seien die TUPE Regulations 1981 anwendbar.

---

348 Charlton and anor v Charlton Thermosystems (Romesy) Ltd and ors [1995] ICR 56 EAT.

349 Charlton and anor v Charlton Thermosystems (Romesy) Ltd and ors [1995] ICR 56 (61) EAT.

350 Charlton and anor v Charlton Thermosystems (Romesy) Ltd and ors [1995] ICR 56 (63) EAT.

351 EuGH v. 07.02.1985 – Rs. C-135/83 – Abels, BeckRS 2004, 71563.

352 Charlton and anor v Charlton Thermosystems (Romesy) Ltd and ors [1995] ICR 56 (64) EAT.

2. *Übertragung ohne ordnungsgemäße Unterrichtung*

In *P14 Medical Ltd v Mahon*[353] war fraglich, ob die Tatsache, dass der *transferor* die Arbeitnehmer nicht ordnungsgemäß vor dem Übergang unterrichtet hatte, die Anwendung der TUPE Regulations verhindert. Der Richter *Cavanagh* stellte klar, dass für einen *transfer* keine vorherige schriftliche Unterrichtung und Konsultation der Arbeitnehmer notwendig sei. Das Gericht müsse die tatsächlichen Umstände und nicht die rechtlichen Vereinbarungen betrachten. Im Verfahren hatte der *transferee* argumentiert, dass weder er noch der *transferor* die Arbeitnehmer zuvor ordnungsgemäß unterrichtet haben und daher ein *transfer* wegen Verletzung der Formalia nicht in Betracht komme. Dieses Argument führe jedoch völlig an der Sache vorbei (*completely beside the point*): Arbeitgeber könnten einen *transfer* nicht durch eine Verletzung ihrer sich aus einem *transfer* ergebenden Unterrichtungspflichten vermeiden. Ferner stehe es einem Unternehmensübergang auch nicht entgegen, wenn der *transferee* mit den Arbeitnehmern neue, aber ansonsten inhaltsgleiche Arbeitsverträge schließt. Dies sei zwar wegen des automatischen Übergangs nach TUPE überflüssig, könne aber auch nicht zu Lasten der Arbeitnehmer wirken.[354] 207

Dieses Ergebnis vermag kaum zu überraschen: Wenn ein Arbeitgeber die Anwendung der TUPE Regulations durch eine Missachtung der Rechtsfolgen vermeiden könnte, wären diese wirkungslos. Überdies würden dann Tatbestand und Rechtsfolge vermischt werden, was dogmatischen Grundsätzen widerspricht. 208

3. *Übergang innerhalb eines Konzerns*

Nach ständiger Rechtsprechung erfordert ein Unternehmensübergang einen Wechsel der Verantwortung.[355] Fraglich ist, ob dieser schon dann vorliegt, wenn innerhalb eines Konzerns ein Tochterunternehmen auf ein anderes Unternehmen übergeht. Dabei unterliegt die wirtschaftliche Einheit vor und nach dem Übergang dem gleichen Management bzw. der Kontrolle durch die Konzernmutter. 209

In *Allen v Amalgamated Construction Ltd*[356] hatte das Industrial Tribunal dem EuGH daher die Frage vorgelegt, ob die Richtlinie 77/187/EWG auch dann 210

---

353 P14 Medical Limited v Edward Mahon [2021] IRLR 39 QB.

354 P14 Medical Ltd v Edward Mahon [2021] IRLR 39 (46) QB; siehe weitere Rechtsprechung zu diesem Thema: *Wynn-Evans*, The Law of TUPE Transfer, 2–19 und 2.30.

355 *Bowers*, Transfer of Undertakings, A2/12 ff.

356 EuGH v. 02.12.1999 – Rs. C-234/98 – Amalgamated Construction, NZA 2000, 587.

Anwendung findet, wenn *transferor* und *transferee* zwar getrennte rechtliche Einheiten sind, aber zum gleichen Konzern gehören.[357]

211 Die *Amalgamated Construction* (*ACC*) führte Bohr- und Instandhaltungsarbeiten für die Kohlebergwerksgesellschaft durch. Sie hatte einen Teil ihres Aufgabenbereichs aus dem Auftrag auf die *AM Mining Services Ltd* (*AMS*) übertragen. Diese gehörte zum gleichen Konzern wie die *ACC*, nämlich zur *AMCO Corporation*. Infolge der Verlagerung des Aufgabenbereichs entließ die *ACC* einige Arbeitnehmer aus wirtschaftlichen Gründen, wobei sie ihnen zugleich mitteilte, dass sie von der *AMS* zu schlechteren Arbeitsbedingungen übernommen würden. Die betroffenen Arbeitnehmer arbeiteten in der Folgezeit für die *AMS*. Nach einiger Zeit übernahm die *ACC* die Tätigkeiten wieder selbst. Sie stellte die entlassenen Arbeitnehmer wieder ein – allerdings zu schlechteren Konditionen als zuvor. Die Arbeitnehmer waren der Auffassung ihre Arbeitsverhältnisse seien im Rahmen von zwei TUPE-*Transfers* übergegangen.

212 Der EuGH bejahte in diesem Fall eine Anwendung der Richtlinie. Die Richtlinie regele eine rechtliche Änderung in der Person des Arbeitgebers. Wenn daher ein Übergang zwischen zwei juristisch eigenständigen Tochtergesellschaften stattfindet, die wiederum bestimmte Arbeitsverhältnisse mit bestimmten Personen eingegangen sind, sei die Richtlinie anwendbar.[358] Außerdem sei Ziel der Richtlinie, die Rechte der Arbeitnehmer bei einem Wechsel des Unternehmensinhabers zu schützen. Würde man daher die Richtlinie bei Unternehmen desselben Konzerns nicht anwenden, könnten diese durch Umstrukturierungen für Arbeitnehmer schlechtere Arbeitsbedingungen durchsetzen.[359]

213 Zwingend erforderlich für einen relevanten *transfer* ist jedoch der Wechsel des Arbeitgebers.[360] Das entschied das Employment Appeal Tribunal in *McChrystal v Wimpey Homes Holdings Ltd*[361]. In diesem Fall hatte der Arbeitgeber das Unternehmen intern umstrukturiert und danach die Arbeitnehmer aus wirtschaftlichen Gründen entlassen. Die Vorgänge betrafen verschiedene Abteilungen in dem Unternehmen. Die Arbeitnehmer waren festen Einheiten zugeordnet. Diese Zuordnung hatte sich nach der Umstrukturierung geändert. Das Berufungsgericht entschied, dass eine bloße Änderung der wirtschaftlichen

---

357 *McMullen*, Business Transfers and Employee Rights, 5–34 f.

358 EuGH. v. 02.12.1999 – Rs. C-234/98 Rn. 14 – Amalgamated Construction, NZA 2000, 587 (588).

359 EuGHv. 02.12.1999 – Rs. C-234/98 Rn. 20 – Amalgamated Construction, NZA 2000, 587 (588); siehe auch *Bowers*, Transfer of Undertakings, A2/12-0-2.

360 *McMullen*, Business Transfers and Employee Rights, 5–7.

361 McChrystal and ors v Wimpey Homes Holdings Ltd [2003] WL 23014743 EAT.

Einheit innerhalb des Unternehmens nicht genüge – ein *transfer* könne nur bei einem Wechsel des Arbeitgebers erfolgen.[362]

4. *Zwischenergebnis*

Ein *transfer* nach reg. 3(1)(a) TUPE ist gekennzeichnet durch den Wechsel des Arbeitgebers. Es kommt sowohl in Großbritannien als auch in Deutschland auf den Wechsel der Verantwortung für die übergehende Einheit an. Dafür spricht schon der Zweck der TUPE Regulations und der Richtlinie. Eine vertragliche Beziehung zwischen *transferor* und *transferee* ist nicht notwendig. Das Gleiche gilt für eine schriftliche Vereinbarung. Eine Verletzung der Unterrichtungspflichten vor dem Übergang hindert nicht die Anwendung der TUPE Regulations, da deren Anwendung keinen Formvorschriften unterliegt und der *transferee* sie sonst bewusst umgehen könnte. Ein relevanter Übergang liegt auch dann vor, wenn eine wirtschaftliche Einheit innerhalb eines Konzerns von einem Tochterunternehmen zum anderen übertragen wird. Insgesamt müsse aus einer arbeitsrechtlichen Perspektive beurteilt werden, ob ein Übergang vorlag. 214

III. Wahrung der Identität

Die wirtschaftliche Einheit muss nach dem Wortlaut reg. 3(1)(a) TUPE identitätswahrend übergegangen sein. Wie diese Passage zu interpretieren ist, ist fraglich. In diesem Abschnitt werden verschiedene Szenarien untersucht, in welchen eine wirtschaftliche Einheit möglicherweise ihre Identität verliert. Die Wahrung der Identität ist fraglich, wenn der *transferee* die Geschäftstätigkeit ändert (dazu 1.).[363] Außerdem gefährdet es die Identitätswahrung, wenn der *transferee* eine andere Hauptgeschäftstätigkeit als die übergehende Einheit innehat (dazu 2.) oder wenn der *transferee* die wirtschaftliche Einheit in seine Betriebsstruktur integriert (dazu 3.). Schließlich könnte auch die vorübergehende Unterbrechung der Geschäftstätigkeit der Identitätswahrung entgegenstehen (dazu 4.). 215

---

362 McChrystal and ors v Wimpey Homes Holdings Ltd [2003] WL 23014743 EAT.

363 *McMullen*, Business Transfers and Employee Rights, 5.16.

1. *Wesentliche Veränderungen*

216 Fraglich ist, inwiefern eine wesentliche Veränderung der Geschäftstätigkeit in der Art der Durchführung oder einem Ortswechsel der Identitätswahrung der wirtschaftlichen Einheit entgegensteht.

a) *Art der Durchführung*

217 Das Employment Appeal Tribunal hatte in *Camden Primary Care Trust and University College London v Skittral* zu prüfen, inwiefern die Änderung der Tätigkeit beim *transferee* der Anwendung der TUPE Regulations entgegensteht.[364] Die Entscheidung dieses Falls stammt aus dem Jahr 2005 – also noch vor den TUPE Regulations 2006 und wäre nach heutigem Verständnis sowohl ein *service provision change* als auch ein Unternehmensübergang nach reg. 3(1)(a) TUPE. Das Gericht hatte einen Unternehmensübergang nach reg. 3(1)(a) TUPE Regulations 1981 bejaht. Daher besteht nach wie vor Präzedenzwirkung.[365]

218 Im Fall wechselte der Anbieter eines staatlich geförderten Studiums für Podologie. Der Wechsel erfolgte von zwei Anbietern des Programms hin zu der *University of East London*. Der Aufbau des Studiums und das Programm wichen von dem vorherigen Modell ab. Das Gericht entschied, dass unter der Anwendung der *Spijkers*-Faktoren alle Kriterien einbezogen werden müssten. Hier hatte die *University of East London* die Arbeitnehmer mit Ausnahme der Klägerin übernommen und die Studierenden aus dem Programm hatten ebenfalls gewechselt. Die *University of East London* erhielt fortan die staatliche Finanzierung. Daher sei eine kleine Änderung in der Art der Durchführung des Podologie-Programms kein Hindernis für die Anwendung der TUPE Regulations 1981 gewesen.[366]

219 In *Mathieson v United News Shops Ltd*[367] dagegen befand das Employment Appeal Tribunal die Erweiterung des Sortiments eines Krankenhausladens nach dem Erwerb durch einen Kettenbetreiber für so fundamental, dass es die TUPE Regulations 1981 nicht anwendete.[368]

---

364 Camden Primary Care Trust and University College London v Skittral and ors, [2005] WL 1801244 EAT.

365 *McMullen*, Business Transfers and Employee Rights, 5-20.

366 Camden Primary Care Trust and University College London v Skittral and ors, [2005] WL 1801244 Rn. 23 EAT.

367 Mathieson v United News Shops Ltd, UKEAT/554/95, nicht veröffentlicht.

368 *McMullen*, Business Transfers and Employee Rights, 5-16.

Die Identität der wirtschaftlichen Einheit ist gewahrt, wenn die Tätigkeit bzw. Struktur beim *transferee* gleichgeblieben ist oder nur kleine Änderungen vorgenommen wurden.[369] 220

b) Ortswechsel

Wenn der *transferee* die Tätigkeit des Unternehmens an einem anderen Ort weiterführt, stellt sich die Frage, ob der Ortswechsel der Identitätswahrung der wirtschaftlichen Einheit entgegensteht. Dafür könnte sprechen, dass sich damit der arbeitsvertraglich vereinbarte Einsatzort ändert. Die Arbeitsverhältnisse sollen bei einem *transfer* geschützt werden. Ob die Arbeitnehmer noch geschützt werden, wenn sich dadurch ihr Arbeitsort maßgeblich verändert und sie dadurch Nachteile erleiden, ist fraglich. Für eine Identitätswahrung im Falle des Ortswechsels spricht jedoch, dass den Arbeitnehmern das Recht zum Widerspruch zusteht und sie durch dessen Ausübung den Ortswechsel verhindern können. Weiterhin ist die Nichtanwendung der TUPE Regulations womöglich nachteiliger für die Arbeitnehmer als ein Ortswechsel. Ferner kann der Ortswechsel im Rahmen des *Spijkers*-Tests berücksichtigt werden. Eine interessensgerechte Gesamtbetrachtung kann daher auch bei einem Ortswechsel vorgenommen werden.[370] 221

Der EuGH hat in der Rs. *Merckx*[371] entschieden, dass ein Ortswechsel der Tätigkeit der Anwendung der Richtlinie grundsätzlich nicht entgegensteht. Es komme auch auf die übrigen Umstände im Rahmen des *Spijkers*-Tests an.[372] In *Porter and Nanayakkara v Queen's Medical Centre*[373] folgte das Employment Appeal Tribunal diesem Ansatz und wendete die TUPE Regulations 1981 auf den Übergang eines kinderärztlichen Bereitschaftsdienstes mit einhergehendem Ortswechsel an. Daher hindert ein Ortswechsel die Identitätswahrung nicht. Er muss aber in der Prüfung der *Spijkers*-Kriterien berücksichtigt werden. 222

369 *Arthur*, TUPE 2014, S. 16.

370 So auch im Ansatz *Kokott*, in: BeckOGK § 613a BGB Rn. 179.

371 EuGH v. 07.03.1996 – verb. Rs. C-171/94 u. C-172/94 – Merckx, NZA 1996, 413.

372 EuGH v. 07.03.1996 – verb. Rs. C-171/94 u. C-172/94 Rn. 21 – Merckx, NZA 1996, 413 (414).

373 Siehe zur ausführlichen Fallbesprechung Rn. 273.

2. *Transferee mit anderem Hauptgeschäft*

223 Fraglich ist, ob ein anderer Geschäftsschwerpunkt im Unternehmen des *transferee* einer Identitätswahrung entgegensteht. In *Palyle v Churchill Insurance Ltd, CGA Group Ltd and CGA Direct (Insurance Brokers) Ltd*[374] hatte eine Versicherung ein anderes Unternehmen erworben. Der *transferor* war im Grunde genommen ein Aktienmakler und verband den Erwerb von Aktien für Kunden mit Versicherungen. Das Employment Tribunal hatte entschieden, dass die Geschäftsbereiche des *transferor* und des *transferee* zu verschieden waren, um einen relevanten *transfer* auszulösen. Das Employment Appeal Tribunal widersprach dem und wandte die TUPE Regulations in diesem Fall an. Das Employment Tribunal habe fälschlicherweise das Hauptgeschäft des *transferor* und des *transferee* verglichen. Es könne nur darauf ankommen, ob sich die Tätigkeit der wirtschaftlichen Einheit selbst geändert habe.[375] Dies sei bei einem anderen Geschäftszweig des *transferee* noch nicht automatisch der Fall. Dem ist zuzustimmen. Würde man die TUPE Regulations in einem solchen Fall nicht anwenden, könnte der *transferee* deren Rechtsfolgen umgehen. Überdies knüpft das Gesetz in reg. 3(1)(a) TUPE an die Identitätswahrung der wirtschaftlichen Einheit und nicht an das Geschäft des *transferee* an.

3. *Integration der wirtschaftlichen Einheit*

a) *Britische Rechtsprechung*

224 Ferner ist fraglich, ob die Eingliederung der wirtschaftlichen Einheit in das laufende Geschäft und die Gesellschaftsstrukturen des *transferee* der Anwendung der TUPE Regulations entgegenstehen.[376]

225 Das Employment Appeal Tribunal beschäftigte sich mit dieser Frage in *Farmer v Danzas (UK) Ltd*[377] Ein Spediteur war Inhaber eines Logistikunternehmen (*Farmer*). Das Unternehmen hatte Lastwagen geleast, versichert und instandgehalten. Der Hauptkunde *Danzas* hatte kurz darauf das Unternehmen, samt der Leasingverträge, Fahrzeuge und weiteren Betriebsmittel übernommen. Die übergegangenen Fahrer hatten weiterhin Transporte gefahren, jedoch vom Logistikzentrum der *Danzas* aus. Das Logo der *Farmer* war von

374 Palyle v Churchill Insurance Ltd, CGA Group Ltd and CGA Direct (Insurance Brokers) Ltd, UKEAT/570/98, nicht veröffentlicht.

375 *McMullen*, Business Transfer and Employee Rights, 5.21.

376 *Wynn-Evans*, The Law of TUPE Transfers, 2.84.

377 Farmer v Danzas (UK) Ltd [1995] IRS ER 14 EAT.

den Lastwagenplanen entfernt worden. Das erstinstanzliche Gericht hatte entschieden, dass kein *transfer* vorgelegen hatte, da *Danzas* beabsichtigt hatte, die *Farmer* in das eigene Unternehmen zu integrieren.

Das Employment Appeal Tribunal stellte fest, dass es keine Rechtsprechung 226
des EuGH zu dieser Frage gab. Die damit befasste Rs. *Klarenberg*[378] entschied dieser erst im Jahr 2009. Das Gericht legte daher die TUPE Regulations 1981 anhand des Wortlauts und der übrigen Rechtsprechung des EuGH aus und betonte, dass das Ziel der Richtlinie der Schutz der Arbeitnehmer sei. Dieser Schutz könne nicht dadurch ausgehebelt werden, dass der *transferee* durch eine Umstrukturierung seiner Unternehmensorganisation die Regelungen umgehen kann. Im konkreten Fall führten die Fahrer bei *Danzas* die gleichen Transportaufträge in denselben Fahrzeugen wie zuvor für *Farmer* aus. Daher könne eine Integration der Einheit in das eigene Unternehmen einem relevanten *transfer* nicht entgegenstehen.[379]

Mit Blick auf die Entwicklung der britischen Rechtsprechung zeigt dieses 227
Urteil die Bedeutung des Arbeitnehmerschutzes in den TUPE Regulations. Während vor der Einführung der TUPE Regulations 1981 dieser Fall mangels übergehender Einheit als reiner *asset transfer* eingeordnet worden wäre (siehe *Woodhouse v Peter Brotherhood Ltd*)[380], sehen die Gerichte nun die Gefahr der Aushöhlung des Arbeitnehmerschutzes und wenden daher die TUPE Regulations an.

b) Klarenberg-Entscheidung

Der EuGH selbst folgte einem ähnlichen Ansatz in der Rs. *Klarenberg.*[381] Im 228
Ausgangsverfahren vor dem LAG Düsseldorf stritt der Kläger Herr *Klarenberg* mit dem Betriebserwerber *Ferrotron.* Herr *Klarenberg* war zuvor Abteilungsleiter bei der *ET Electrotechnology GmbH* (ET). Das Unternehmen war auf die Entwicklung und Fertigung von Mess- und Regeltechnik in der Stahlindustrie spezialisiert. Die *Ferrotron* hatte diese Sparte erworben. Sämtliche Rechte an der Software, den Patenten, den Produktnamen und sonstiges technisches Know-how waren übergegangen. Weiterhin hatten sie auch Entwicklungshardware und Kundenlisten sowie drei Arbeitnehmer (unter anderem einen Abteilungsleiter) übernommen. Diese Mitarbeiter hatte *Ferrotron* in die eigene

---

378 EuGH v. 12.02.2009 – Rs. C-466/07 – Klarenberg, NZA 2009, 251.
379 Farmer v Danzas (UK) Ltd [1995] IRS ER 14 EAT.
380 Siehe Rn. 33 ff.
381 EuGH v. 12.02.2009 – Rs. C-466/07 Rn. 43 – Klarenberg, NZA 2009, 251.

Organisationsstruktur eingegliedert. Sie arbeiteten teils an den gleichen Produkten wie zuvor, jedoch auch an anderen nicht von ET übernommenen Produkten. Das LAG Düsseldorf legte dem EuGH die Frage vor, ob die Richtlinie auch anwendbar ist, wenn der neue Inhaber die übertragene Selbständigkeit des Unternehmens nicht bewahrt.

229 Der EuGH entschied, dass der Zweck der Richtlinie, die Arbeitnehmer zu schützen, beachtet werden müsse. Daher könne die Anwendung der Richtlinie 2001/23/EG nicht allein davon abhängig gemacht werden, ob die übertragene Einheit ihre organisatorische Selbständigkeit behalte. So könnte der Erwerber nämlich durch eine Eingliederung in das Unternehmen die Anwendung der Regelungen umgehen.[382] Ferner definiere Art. 1 Abs. 1 lit. b der Richtlinie 2001/23/EG die identitätswahrende wirtschaftliche Einheit als organisierte Zusammenfassung von Ressourcen zur Verfolgung einer wirtschaftlichen Haupt- oder Nebentätigkeit, weshalb nicht nur das Element der Organisation, sondern auch dass der wirtschaftlichen Tätigkeit, entscheidend sei.[383] Dafür sei erforderlich, dass die funktionelle Verknüpfung der verschiedenen Produktionsfaktoren erhalten bleibt. Daher könne die Richtlinie auch angewendet werden, wenn die übernommene Einheit ihre organisatorische Selbständigkeit nicht bewahrt, aber die funktionelle Verknüpfung der Produktionsfaktoren beibehalten wird.[384]

230 Der EuGH hatte diese Rechtsprechung in weiteren Fällen bestätigt. In der Rs. *Ferreira da Silva* führte er aus, dass nicht die konkrete Organisation des übernommenen Unternehmens, sondern die funktionelle Verknüpfung der Wechselbeziehung und gegenseitigen Ergänzung der verschiedenen Produktionsfaktoren das maßgebliche Kriterium für die Wahrung der Identität seien.[385] In *Ellinika Nafpigeia* entschied der EuGH, dass eine wirtschaftliche Einheit ihre Identität auch dann bewahren kann, wenn die Erreichung ihres wirtschaftlichen Ziels von den Produktionsfaktoren eines Dritten abhängig ist. Dafür müsse allerdings sichergestellt sein, dass die Produktionseinheit über eine hinreichende Garantie für den Zugang zu den Produktionsmitteln des Dritten verfügt. Der Bestand der Einheit dürfe nicht von einseitigen Entscheidungen des Dritten abhängig sein.[386]

382 EuGH v. 12.02.2009 – Rs. C-466/07 Rn. 43 – Klarenberg, NZA 2009, 251 (253).
383 EuGH v. 12.02.2009 – Rs. C-466/07 Rn. 45 – Klarenberg, NZA 2009, 251 (253).
384 EuGH v. 12.02.2009 – Rs. C-466/07 Rn. 53 – Klarenberg, NZA 2009, 251 (254).
385 EuGH v. 09.09.2015 – Rs. C-160/14 Rn. 33 – Ferreira da Silva, EuZW 2016, 111.
386 EuGH v. 13.06.2019 – Rs. C-664/17 Rn. 72 – Ellinika Nafpigeia, NZA 2019, 889.

c) *Deutsche Rezeption*

Während in Großbritannien bereits vor der Rs. *Klarenberg* 2009 durch die Entscheidung *Farmer v Danzas* die Integration der wirtschaftlichen Einheit beim Erwerber nicht der Anwendung der TUPE Regulations entgegenstand, vertrat das BAG vor der *Klarenberg*-Entscheidung eine entgegengesetzte Rechtsprechungslinie. 231

aa) *Deutsche Rechtsprechung vor Klarenberg*

So hatte das BAG im Jahr 2003 noch entschieden, dass die Übergabe eines Schießplatzes von der *Royal Air Force* an die deutsche Bundeswehr kein Betriebsübergang gem. § 613a BGB gewesen sei. Die britische Dienststelle und die Arbeitsorganisation des britischen Militärs waren aufgelöst und die Einrichtung in die Organisationsstruktur der Bundeswehr übernommen worden.[387] Die Bundeswehr hatte nach der Übernahme auch eigenes Personal auf dem Schießplatz angestellt und eigene Ausrüstung und Know-how mitgebracht, was im Rahmen der *Spijkers*-Kriterien schon gegen einen Betriebsübergang sprach. 232

Im Jahr 2007 hatte das BAG zu entscheiden, ob die Auftragsnachfolge bei Instandhaltungsarbeiten in einem Klinikum einen Betriebsübergang i.S.d. § 613a Abs. 1 S. 1 BGB auslöst. Das BAG stellte fest, dass die Neuvergabe eines Auftrags zunächst nur eine Folge des freien Wettbewerbs auf dem Dienstleistungsmarkt sei. Damit eine Tätigkeit ihre organisatorische Einheit wahrt, müssten weitere Kriterien wie bspw. die Übernahme sächlicher Betriebsmittel hinzutreten.[388] Der achte Senat verwies auf den Wortlaut des Art. 1 Abs. 1 lit. b der Betriebsübergangsrichtlinie 2001, welcher auf das Erfordernis der Identitätswahrung abstelle. Somit stünden erhebliche Änderungen in Aufbau und Organisation der Anwendung des § 613a BGB entgegen.[389] 233

bb) *Literatur*

Nachdem die Entscheidung *Klarenberg* im Widerspruch zur vorherigen BAG-Rechtsprechung stand, ließen die empörten Reaktionen aus der Literatur nicht lange auf sich warten. Die zahlreichen kritischen Anmerkungen zeigen die Relevanz der EuGH-Entscheidung oder, wie *Junker* es formulierte, dass sie „die Gemüter erhitzt“[390] hatte. *Willemsen* fürchtete durch die schutzzweckorientierte 234

387 BAG v. 25.09.2003 – 8 AZR 421/02, NZA 2004, 316.
388 BAG v. 14.08.2007 – 8 AZR 1043/06 Rn. 21, NZA 2007, 1431 (1433).
389 BAG v. 14.08.2007 – 8 AZR 1043/06 Rn. 25, NZA 2007, 1431 (1434).
390 *Junker*, NZA 2011, 950.

Auslegung noch größere Schwierigkeiten bei der Abgrenzung des Tatbestandes von § 613a BGB.[391] Das BAG könne seiner Meinung nach die bisherige Rechtsprechung zur „identitätszerstörenden Eingliederung" nicht weiter fortsetzen.[392] Einige Autoren[393] verglichen den Einschnitt der Entscheidung mit der *Christel-Schmidt*-Entscheidung.[394] Zudem befürchtete man eine Annäherung zwischen der nicht unter § 613a BGB fallenden Funktionsnachfolge und dem tatbestandlichen Betriebsübergang.[395] *Franzen* kritisierte überdies die Herleitung des funktionellen Zusammenhangs aus dem Wortlaut des Art. 1 Abs. 1 lit. b der Richtlinie 2001/23/EG.[396] Diese Reaktionen zeigen die Befürchtungen bezüglich neuer Rechtsunsicherheiten bei der Abgrenzung des Anwendungsbereichs von Betriebsübergängen gem. § 613a BGB. Die Argumentation des EuGH und auch der britischen Gerichte erscheint aber insoweit nachvollziehbar, da der Erwerber sonst die Schutzregelungen umgehen könne.

d) Zwischenergebnis

235 Die TUPE Regulations sind anwendbar, auch wenn der *transferee* die wirtschaftliche Einheit in seinen Betrieb integriert. Der EuGH stellte in der Rs. *Klarenberg* darauf ab, dass der Erwerber die wirtschaftliche Tätigkeit weiterführte. In Deutschland war dieses Urteil für die Anwendung des § 613a BGB wegweisend und hat die bisherige Rechtsprechung des BAG zur „identitätszerstörenden Eingliederung" geändert.[397]

4. Vorübergehende Unterbrechung der Tätigkeit

236 Weiterhin könnte auch die vorübergehende Unterbrechung der wirtschaftlichen Tätigkeit nach dem Übergang einen relevanten *transfer* verhindern.[398]

---

391 *Willemsen*, NZA 2009, 289 (291).

392 *Willemsen*, NZA 2009, 289 (293).

393 *Schubert/Jerchel*, EuZW 2010, 687 (690); *Willemsen*, NZA 2009, 289.

394 Zur Christel-Schmidt-Entscheidung siehe Rn. 280 ff.

395 *Schubert/Jerchel*, EuZW 2010, 687 (690);

396 *Franzen*, EuZA 2010, 306 (326).

397 Siehe hierzu Folgerechtsprechung des BAG: BAG v. 22.01.2009 – 8 AZR 158/07, NZA 2009, 905; BAG v. 07.04.2011 – 8 AZR 730/09, NZA 2011, 1231; BAG v. 21.08.2014 – 8 AZR 648/13, NZA 2015, 167.

398 *Wynn-Evans*, The Law of TUPE Transfers, 2.90.

In *Wood v Caledon Social Club Ltd*[399] betrieb eine kirchliche Organisation ein Gemeindezentrum. Sie hatte dort verschiedene Räumlichkeiten (Küche, Bar etc.) an andere Organisationen dauerhaft vermietet. Ein Mieter war die *Caledon Social Club Ltd* Diese unterhielt in dem Gemeindezentrum eine Bar mit angrenzendem Club. Herr *Wood* war dort als Barkeeper angestellt und besaß auch die für den Alkoholausschank notwendige Schanklizenz. Als diese auslief, verweigerte die zuständige Behörde zunächst, eine neue auszustellen. Der *Social Club* stellte den Betrieb ein und entließ den Kläger. Einen Monat später erteilte die Behörde die Schanklizenz. Da der *Social Club* mittlerweile aber auch Schulden bei diversen Brauereien hatte und den Mietzins im Gemeindezentrum nicht mehr zahlen konnte, nahm er dem Barbetrieb nicht wieder auf. Die Schanklizenz wurde stattdessen nach einem entsprechenden Antrag bei der Behörde auf ein Vorstandsmitglied der kirchlichen Organisation übertragen und die Bar daraufhin nach dreimonatiger Schließung wiedereröffnet – jedoch ohne einen Barkeeper in Vollzeitanstellung. 237

Das Employment Appeal Tribunal entschied, dass ein relevanter *transfer* vorlag. In diesem Fall sei erkennbar gewesen, dass die Fortführung der Bar durch die Verwaltung des Gemeindezentrums auch während der Unterbrechung noch das Ziel war. Daher sei die Unterbrechung der Tätigkeit auf die Dauer des Genehmigungsverfahrens für die Schanklizenz und die Vorbereitung der Übernahme zurückzuführen. Es gab gerade keinen beendenden Einschnitt.[400] Die Argumentation des Gerichts zeigt, dass eine vorübergehende Unterbrechung der Geschäftstätigkeit einer Identitätswahrung grundsätzlich nicht entgegensteht. Die Gerichte müssen im Einzelfall prüfen, ob der Unterbrechung nur vorbereitende Handlungen oder notwendige Zwischenschritte zur Weiterführung des Betriebs zugrunde lagen oder ob eine beendende Zäsur der Grund war. 238

In *Mustafa and Steen v Trek Highways Services Ltd and ors*[401] stellte das Employment Appeal Tribunal ebenfalls auf die Intention der Fortsetzung durch den *transferee* ab. Ein Straßenbauunternehmen war im Disput mit seinem Subunternehmer. Bevor es den Auftrag neu vergeben konnte, weigerte sich der Subunternehmer, bestimmte Tätigkeiten durchzuführen. Der beauftragte 239

399 Wood v Caledon Social Club Ltd (Debarred), London Colney Parish Council [2010] WL 3694502 EAT.

400 Wood v Caledon Social Club Ltd (Debarred), London Colney Parish Council [2010] WL 3694502 Rn. 12 EAT.

401 Mustafa and Steen v Trek Highways Services Ltd and ors [2016] IRLR 326 EAT.

Dienstleister übernahm daher die Arbeiten selbst. Das Employment Appeal Tribunal entschied, dass dadurch zwar die wirtschaftliche Einheit vorübergehend aufgelöst war, da nun die eigenen Arbeitnehmer mit dem unternehmenseigenen Material die Arbeiten durchführten.[402] Jedoch hatte das Unternehmen bereits zu Beginn des Konflikts die Absicht, den Auftrag neu zu vergeben. Daher war die Unterbrechung der Tätigkeit der eigentlichen Einheit nur von vorübergehender Natur.[403] Das Gericht stellte in diesem Fall auf die Intention der Parteien zu Beginn der Unterbrechung ab. Dies ist als maßgeblicher Zeitpunkt überzeugend, da der *transferee* in diesem Zeitpunkt entscheidet, ob er die Einheit identitätswahrend übernimmt oder ob er wesentliche Änderungen vornehmen möchte und daher die Tätigkeit unterbricht.

5. *Zwischenergebnis*

240 Die Fallbeispiele zeigen eine großzügige Auslegung der TUPE Regulations und eine flexible, einzelfallabhängige Handhabung hinsichtlich der Identitätswahrung der wirtschaftlichen Einheit. Der Anwendung stehen weder kleine Veränderungen in der Durchführung noch ein Ortswechsel entgegen. Der Übergang der Einheit auf einen *transferee* mit einer anderen Geschäftstätigkeit hindert die Identitätswahrung ebenfalls nicht, da es nur auf die Tätigkeit der übernommenen wirtschaftlichen Einheit ankommt. Auch die Integration der wirtschaftlichen Einheit steht der Identitätswahrung grundsätzlich nicht entgegen, da der *transferee* sonst die Schutzregelungen damit umgehen könnte. Bei einer Unterbrechung der Tätigkeit kommt es auf die Intention der involvierten Parteien zu Beginn der Unterbrechung an.

C. Transfer of a part of an undertaking

241 Reg. 3(1)(a) TUPE gilt nach seinem Wortlaut auch für den *transfer* eines Unternehmensteils (*transfer of a part of an undertaking*). Für diesen gelten grundsätzlich die gleichen Voraussetzungen wie für den Übergang eines Unternehmens: Es muss ein Teil einer wirtschaftlichen Einheit unter Wahrung seiner wirtschaftlichen Identität übergegangen sein. Daher wird für die grundsätzlichen Voraussetzungen auf den Teil B. dieses Kapitels verwiesen. Beim Übergang eines *transfer of part of an undertaking* stellt sich im Gegensatz zum *transfer of an undertaking* jedoch die Frage, ob dieser schon vor dem

---

402 Siehe auch *Wynn-Evans*, The Law of TUPE Transfers, 2.96.

403 Mustafa and Steen v Trek Highways Services Ltd and ors [2016] IRLR 326 (331) EAT.

Übergang als eigenständiger Teil und wirtschaftliche Einheit existiert haben muss. Aus den TUPE Regulations sind dazu keine Vorschriften zu entnehmen. Die britischen Gerichte haben zu diesen Fällen Stellung genommen (siehe I.). Im zweiten Teil dieses Abschnitts werden mögliche Unterschiede zum deutschen Betriebsteilübergang untersucht (siehe II.)

I. Entstehung des Unternehmensteils im Zeitpunkt des Übergangs

1. Grundsatzentscheidung

In *Fairhurst Ward Abbotts Ltd v Botes Building Ltd and ors*[404] war fraglich, ob für einen relevanten *transfer* der Unternehmensteil bereits vor dem Übergang existiert haben musste. Im Fall hatte die *Botes Building Ltd* einen Vertrag mit der Gemeinde *Southwark* über Instandhaltungsarbeiten in einem abgegrenzten Gebiet. Nachdem die Laufzeit des Vertrages geendet hatte, teilte die Gemeinde das Auftragsgebiet in zwei Teile. Für die größere Fläche erhielt die *Fairhurst Ward Abbotts Ltd* den Zuschlag. Daraufhin entließ die *Botes Building Ltd* die Mitarbeiter, die vormals in diesem Gebiet gearbeitet hatten. 242

Das Employment Appeal Tribunal bejahte den *transfer* eines Unternehmensteils. Die Gemeinde hätte gerade zum Zwecke des Übergangs das Auftragsgebiet in zwei Flächen aufgeteilt. Daher sei der Unternehmensteil im Zeitpunkt des *transfer* entstanden. Überzeugend argumentierte es, dass wenn der Unternehmensteil schon vorher existiert hätte, läge wieder eine eigenständige wirtschaftliche Einheit vor und die Erwähnung im Wortlaut in reg. 3(1)(a) TUPE sei überflüssig.[405] Der Court of Appeal stimmte diesen Ausführungen zu und ergänzte, dass das Erfordernis, dass der Unternehmensteil schon vor dem *transfer* existierte, weder aus dem Wortlaut der Richtlinie 2001/23/EG noch aus den TUPE Regulations 1981 gelesen werden könne. Überdies sei es mit dem Ziel der Richtlinie und TUPE nicht vereinbar, zwischen Fällen zu unterscheiden, in welchen bei einem *transfer of a part of an undertaking* der Unternehmensteil schon vor dem *transfer* existiert oder aber erst durch den *transfer* seine Eigenständigkeit erreicht.[406] 243

---

404 Fairhurst Ward Abbotts Ltd v Botes Building Ltd and ors [2004] ICR 919 CA; siehe hierzu auch Rn. 417.

405 Fairhurst Ward Abbotts Ltd v Botes Building Ltd [2003] WL 1822912 Rn. 38 ff. EAT.

406 Fairhurst Ward Abbotts Ltd v Botes Building Ltd [2004] ICR 919 (929 f.) CA.

2. *Folgerechtsprechung*

244 In *Transport and General Workers' Union v Swissport (UK) Ltd*[407] war die *Swissport (UK) Ltd* für verschiedene Airlines als Abfertigungsdienstleisterin am Flughafen Heathrow tätig, unter anderem für *Aer Lingus Ltd* Als über die *Swissport (UK) Ltd* ein Verfahren wegen Zahlungsunfähigkeit eröffnet wurde und sie ihre Dienstleistungen für die Airlines einstellte, führte die *Aer Lingus* die Abfertigungsarbeiten selbst durch. Sie übernahm einige der früher bei *Swissport* angestellten Arbeitnehmer und Teile der materiellen Ausrüstung. Das Employment Tribunal hatte entschieden, dass keine abgrenzbare wirtschaftliche Einheit vorgelegen hatte, da Swissport unter Einsatz des gleichen Personals und der materiellen Ausrüstung für mehrere Kunden tätig war. Das Employment Appeal Tribunal argumentierte dagegen, dass es zwar schwieriger sei, in diesem Fall die wirtschaftliche Einheit zu identifizieren, jedoch trotzdem möglich. In *Fairhurst* habe der Court of Appeal bestätigt, dass eine wirtschaftliche Einheit auch erst zum Zwecke des *transfer* entstehen könne.[408] Dies sei in diesem Fall mit der Übernahme der Tätigkeit durch die *Aer Lingus* geschehen.

II. Vergleich mit dem Betriebsteilübergang in Deutschland

245 In Deutschland erfordert ein Betriebsteil i.S.d. § 613a BGB eine hinreichend strukturierte, selbständige Gesamtheit und daher übergangsfähige Einheit von Personen und Sachen zur Ausübung einer eigenen zweckgerichteten wirtschaftlichen Tätigkeit.[409] Das BAG hat entschieden, dass schon beim Betriebsveräußerer eine selbständig abtrennbare organisatorische Einheit gegeben sein muss.[410] In einem Fall aus dem Jahr 1999 hatte ein Logistikunternehmen Lastwagen von einer insolventen Spedition erworben. Einer der Fahrer war vorher dauerhaft in einem der drei übernommenen Lastwagen eingesetzt. Er hatte ausschließlich diesen gefahren und damit nur Transportaufträge für ein bestimmtes Unternehmen durchgeführt. Der Erwerber hatte diese Aufträge mit denselben Lastwagen durchgeführt.

---

407 Transport and General Workers' Union v Swissport (UK) Ltd and anor [2007] ICR 1593 EAT.

408 Transport and General Workers' Union v Swissport (UK) Ltd and anor [2007] ICR 1593 (1604) EAT.

409 BAG v. 13.10.2011 – 8 AZR 455/10, NZA 2012, 504, 507; *Kokott* in: BeckOGK, § 613a BGB Rn. 121 m.w.N.

410 BAG v. 26.08.1999 – 8 AZR 718/98, NZA 2000, 144; BAG v. 07.04.2011 – 8 AZR 730/09, NZA 2011, 1231.

Das BAG führte aus, dass ein Betriebsteil einen dauerhaften arbeitstechnischen Teilzweck haben muss. Dieser könne hier in der Durchführung von Transporten für einen bestimmten Kunden gesehen werden.[411] Eine selbständig übergangsfähige Einheit erfordere aber außerdem eine organisierte Gesamtheit von Personen und Sachen. Hierfür sei allein die Tatsache, dass ein Arbeitnehmer dauerhaft in einem Fahrzeug eingesetzt war, nicht ausreichend. Die Aufteilung von Fahrern auf bestimmte Fahrzeuge und bestimmte Fahrtrouten diene lediglich der Zweckmäßigkeit. Es bedürfe aber einer eigenständigen betrieblichen Teilorganisation.[412] Das BAG hat diese Rechtsprechung in weiteren Fällen bestätigt. Demzufolge ist für einen Betriebsteilübergang beim Veräußerer eine selbständig organisatorische Einheit, die einen Teilzweck im Rahmen des Gesamtzwecks verfolgt, erforderlich.[413] 246

III. Zwischenergebnis

Somit unterscheiden sich an dieser Stelle der deutsche und der britische Ansatz. 247 Während die britischen Gerichte auf den Wortlaut und den Zweck der Richtlinie die Arbeitnehmer zu schützen abstellen – vor allem im Hinblick auf eine mögliche Umgehung – stützen sich die deutschen Gerichte auf die Definition der wirtschaftlichen Einheit, verlangen hierzu einen arbeitstechnischen Teilzweck und einen gewissen eigenen Organisationsgrad vor dem Übergang. Daher genügt es für die Anwendung der TUPE Regulations, dass der Unternehmensteil erst durch den Übergang entsteht. In Deutschland verlangt die Rechtsprechung einen eigenständigen Teil vor dem Übergang. Bei der Aufteilung einer wirtschaftlichen Einheit und Übergang an mehrere Erwerber, hat der Court of Appeal in *Fairhurst* einen *transfer* bejaht. In Deutschland ist die Rechtslage nach der EuGH-Entscheidung in der Rs. *Govaerts* unsicher.[414] Diese Problematik wird in § 8 (ab Rn. 417 ff.) näher behandelt.

---

411 BAG v. 26.08.1999 – 8 AZR 718/98, NZA 2000, 144 (145).

412 BAG v. 26.08.1999 – 8 AZR 718/98, NZA 2000, 144 (145).

413 *Willemsen*, in: *WHSS*, Umstrukturierung und Übertragung von Unternehmen, G 71.

414 *Willemsen*, in: *WHSS*, Umstrukturierung und Übertragung von Unternehmen, G 71a.

D. Abgrenzung zum Anteilskauf

248 Der Anteilskauf (*share transfer*)[415] ist – wie in Deutschland in § 613a BGB – in den TUPE Regulations nicht vom Anwendungsbereich umfasst.[416] Der Wortlaut der reg. 3(1)(a) TUPE spricht von einem Übergang der wirtschaftlichen Einheit „auf eine andere Person" (*to another person*). Bei einem bloßen Anteilskauf verbleibt die wirtschaftliche Einheit aber bei dem Unternehmen. Lediglich der Inhaber der Anteile an dem Unternehmen ändert sich. Daher ist der Anteilskauf schon vom Gesetzeswortlaut nicht umfasst.[417] Die britische Rechtsprechung verneint ebenso wie die deutsche Rechtsprechung grundsätzlich eine Anwendung der TUPE Regulations beim Anteilskauf.[418] Die Gerichte hatten auch zu entscheiden, ob der *transferee* den Anteilskauf anstatt eines *transfer* wählen kann, um die Anwendung der TUPE Regulations zu vermeiden (dazu I.).[419] Außerdem war fraglich, ob neben einem Anteilskauf durch die darauffolgende Integration in das Unternehmen des Käufers ein relevanter *transfer* vorliegen kann (dazu II.).

I. Wahl zwischen Anteilskauf und transfer of an undertaking

249 In *Brookes v Borough Care Services*[420] betrieb die *Borough Care Services Ltd* (*BCS*) mehrere Senioren- und Pflegeheime im Auftrag einer Kommunalverwaltung. Im November 1995 entschieden *BCS* und die lokalen Behörden, dass der Unterhalt der Senioren- und Pflegeheime zukünftig von einem gemeinnützigen Unternehmen übernommen werden sollte. Daraufhin plante die *CLS Care Services Ltd* (*CLS*), ein Wohlfahrtsverband, die betroffenen Seniorenheime zu betreiben. Dies hätte zu einem relevanten *transfer* im Sinne der TUPE Regulations 1981 geführt. Allerdings sich für die *CLS* im Laufe des Übernahmeprozesses heraus, dass die Seniorenheime Kosten einsparen müssten, um rentabel zu bleiben. Hierfür plante die *CLS*, die bisherigen Arbeitsverträge mit den Arbeitnehmern neu zu verhandeln und dadurch Personalkosten zu sparen.

---

415 In der deutschen Rechtspraxis ist das Wort „*share deal*" eher geläufig. Die Bedeutung entspricht aber dem englischen Begriff „*share transfer*".

416 *Yew*, ELJ 2007, 15.

417 *Arthur*, TUPE 2014, S. 12; *Peck*, TUPE – a guide to business transfer regulations, S. 7.

418 Brookes and ors v Borough Care Services Ltd and anor [1998] ICR 1198 (1211) EAT; bestätigt in: The Print Factory (London) 1991 Lt. v Millam [2007] ICR 1331 CA; siehe auch *Arthur*, TUPE 2014, S. 12.

419 *Smith/Baker/Warnock*, Employment Law, S. 623.

420 Brookes and ors v Borough Care Services Ltd and anor [1998] ICR 1198 EAT.

Noch während der laufenden Verhandlungen erging die Entscheidung des Employment Appeal Tribunal in der Rs. *Wilson v St Helens Borough Council*[421]. Demnach könnten selbst einvernehmliche Änderungen der Arbeitsvertragsbedingungen im Rahmen eines TUPE-*Transfer* im Nachhinein ungültig sein. Daher entschied *CLS*, dass das Risiko, die Arbeitsverträge im Nachgang des Übergangs wieder ändern zu müssen, zu hoch sei und entschloss sich für einen Anteilskauf.[422] *CLS* erwarb alle Anteile der *BCS* und ersetzte die Direktoren des Unternehmens durch eigenes Führungspersonal. Die Arbeitnehmer erhielten in der Folge schlechtere Arbeitsvertragsbedingungen.

Das Employment Appeal Tribunal entschied, dass der Anteilskauf kein 250
relevanter *transfer* im Sinne der TUPE Regulations 1981 war.[423] Es wies einen Anspruch der Arbeitnehmer auf Entschädigung gegen *CLS* wegen Umgehung der Regelungen zurück. Es sei demnach zu unterscheiden, ob ein Unternehmen eine bestimmte Konzernstruktur eingeht, um Arbeitnehmerrechte nicht beachten zu müssen, oder ob es sich im Rahmen einer wirtschaftlichen Entscheidung für eine Variante der Übernahme entscheidet. Vorliegend sei daher die Entscheidung für den Anteilskauf keine bloße Fassade gewesen, um die TUPE Regulations 1981 zu umgehen. Im Gegenteil war der Anteilskauf aus wirtschaftlicher Sicht die günstigere Variante für *CLS*, da sie so mit den Arbeitnehmern neue Arbeitsverträge zu geänderten Bedingungen schließen konnte.[424] Des Weiteren hätten etwaige Schutzmechanismen zugunsten der Arbeitnehmer aus den TUPE Regulations im Zeitpunkt des Anteilskaufs noch nicht gegriffen, daher lag keine Umgehung vor.[425]

An dieser Stelle wird der Konflikt zwischen unternehmerischer Freiheit und 251
dem Schutz der Arbeitnehmer deutlich. Das Gericht wählte einen Mittelweg und stellte auf den Einzelfall ab. In diesem Fall war eine rein wirtschaftliche Entscheidung des Käufers zu erkennen. Es dürfte aber in anderen Konstellationen schwierig zu ermitteln sein, ob die Entscheidung für den Anteilskauf mit einer Umgehung der TUPE Regulations durch bestimmte Konzernstrukturen einherging. Diese Entscheidung bietet daher eine Öffnung für Umgehungsstrategien der vermeintlichen *transferees*.

---

421 Wilson v St. Helens Borough Council [1996] ICR 711 EAT.

422 Brookes and ors v Borough Care Services Ltd and anor [1998] ICR 1198 (1201) EAT.

423 *Bowers*, Transfer of Undertakings, A2/9.

424 Brookes and ors v Borough Care Services Ltd and anor [1998] ICR 1198 (1209 ff.) EAT.

425 Brookes and ors v Borough Care Services Ltd and anor [1998] ICR 1198 (1210) EAT.

II. Anteilskauf und relevanter transfer nebeneinander

252 Ein Anteilskauf und ein relevanter *transfer* können auch im Rahmen der gleichen Transaktion auftreten.[426] In *The Print Factory (London) 1991 Ltd v Millam*[427] arbeitete der Kläger bei der Druckerei *Fencourt Printers Ltd* („*Fencourt*"). Im November 1999 kaufte das Druckunternehmen *McCorquodale* die *Fencourt*. Diese Transaktion war ein Anteilskauf. Die Unternehmen hatten den Kläger zunächst darüber informiert, dass sein Arbeitgeber die *Fencourt Printers Ltd* geblieben war. Kurz darauf wurde ihm jedoch mitgeteilt, dass sein Arbeitsverhältnis im Rahmen der TUPE Regulations 1981 bei der *McCorquodale* fortbestehe. Nach der Übernahme zahlte die *McCorquodale* die Löhne der Arbeitnehmer von *Fencourt*. Letztere hatte keine eigene Abteilung mehr zur Lohnabrechnung. Darüber hinaus beteiligte sich der Kläger fortan an der betrieblichen Altersvorsorge (*contributory pension scheme*) der *McCorquodale*. In der Folge wechselten leitende Mitarbeiter aus dem Vertrieb von *Fencourt* zu *McCorquodale*, was schließlich dazu führte, dass die *McCorqudale* den Vertrieb für die *Fencourt* übernahm. Als die *Fencourt* schließlich insolvent ging, waren 50 % der vormals bei ihr angesiedelten Bereiche und Aufgaben von der *McCorquodale* übernommen worden.

253 Das Employment Appeal Tribunal führte aus, dass bei der Überprüfung eines relevanten *transfer* die Art der gesellschaftsrechtlichen Transaktion zu betrachten sei. Diese war vorliegend ein Anteilskauf. Es hätten vor und nach dem Kauf zwei getrennte Unternehmen existiert.[428] Die gesellschaftsrechtliche Struktur eines oder einem Geflecht aus mehreren Unternehmen obliege allein deren privatautonomer Entscheidung. Eine gerichtliche Entscheidung hingegen, die auf irgendeine Weise die gewählte Struktur durchbricht oder ignoriert, sei nur in Ausnahmefällen zulässig. Unter dem Kritikpunkt „*to pierce the corporate veil*" prüfte es sodann, ob in diesem Fall eine Ausnahme möglich sei. Dafür müsste Gesellschaft eine reine Fassade für das dahinterstehende Geschäft sein. Im Fall sei nicht erkennbar gewesen, dass die *McCorquodale* mit dem Anteilskauf das dahinterstehende Geschäft verschleiern wollte. Zudem sei die fehlende Unabhängigkeit bei wichtigen Entscheidungen

---

426 *Smith/Baker/Warnock*, Smith & Wood's Employment Law, S. 623.
427 The Print Factory (London) 1991 Ltd v Millam [2007] ICR 1331 CA.
428 The Print Factory (London) 1991 Ltd v Millam [2007] ICR 1331 (1335) CA.

über die Organisation des Unternehmens typisch für ein Tochterunternehmen und lasse keinerlei Schlüsse darauf zu, ob die Anteilseignerin das Geschäft des Unternehmens übernommen hat.[429]

Der Court of Appeal hob wiederum das Urteil des Employment Appeal Tribunal auf. Das Gericht habe sich bei der Betrachtung der Sachverhaltsumstände zu sehr auf die gewählte Transaktionsform und die Konzernstruktur fokussiert und dabei die tatsächlichen Gegebenheiten vernachlässigt.[430] Es betonte, dass die fehlende Unabhängigkeit eines Tochterunternehmens nicht bedeutet, dass die Konzernmutter das Geschäft selbst übernommen hat. Es sei abseits der gesellschaftsrechtlichen Strukturen zu prüfen, ob die Anteilseignerin einen wesentlichen Teil des Geschäfts führt.[431] Vorliegend habe die *McCorquodale* einen großen Teil der Aufgaben und auch Arbeitnehmer übernommen hatte. Daher läge neben dem Anteilskauf auch ein relevanter *transfer* vor.[432] 254

In *Jackson Llyod Ltd and Mears Group Plc* bestätigte das Employment Appeal Tribunal, dass neben einem Anteilskauf auch ein TUPE *transfer* vorliegen könne.[433] 255

III. Zwischenergebnis

Die Entscheidungen zeigen, dass der *transferee* in seiner Entscheidung über die Art des Erwerbs frei ist. Es ist ihm gestattet sich für einen Anteilskauf zu entscheiden, um die Anwendung der TUPE Regulations und die damit verbundenen Kosten zu vermeiden. Ferner schließt ein Anteilskauf einen parallelen Unternehmensübergang nicht aus. Diese können nebeneinander oder nacheinander stattfinden. 256

---

429 The Print Factory (London) 1991 Ltd v Millam [2007] ICR 1331 (1336) CA; krit.: *Arthur*, TUPE 2014, S. 12.

430 The Print Factory (London) 1991 Ltd v Millam [2007] ICR 1331 (1335 f.) CA.

431 *Yew*, ELJ 2007, 15, 17.

432 The Print Factory (London) 1991 Ltd v Millam [2007] ICR 1331 (1337) CA.

433 Jackson Lloyd Ltd and Mears Group PLC v Smith and ors, Ucatt, Williams and ors [2014] WL 1219555 EAT; siehe auch *Bowers*, Transfer of Undertakings, A2/10.

E. Abgrenzung zwischen betriebsmittelgeprägten und dienstleistungsintensiven Tätigkeiten

I. Abgrenzung in Deutschland

257 In Deutschland unterscheidet das BAG im Rahmen der Art des Unternehmens zwischen betriebsmittelgeprägten und dienstleistungsgeprägten Einheiten und folgt damit der ständigen Rechtsprechung des EuGH. Bei Einheiten, die wesentlich von dem Einsatz menschlicher Arbeitskraft geprägt sind, kommt es für einen Betriebsübergang gem. § 613a BGB auf die Übernahme einer organisierten Gesamtheit von Arbeitnehmern an.[434] Dagegen wird bei Einheiten, die durch den Einsatz sachlicher Mittel geprägt sind, auf den Übergang der wesentlichen Betriebsmittel abgestellt. Eine Übernahme von Personal ist dann für die Auslösung des Betriebsübergangs nicht notwendig.[435] Es wird daher eine Gewichtung der *Spijkers*-Kriterien vorgenommen.[436] In jedem Fall von dem Anwendungsbereich des § 613a BGB ausgeschlossen ist allerdings die bloße Funktionsnachfolge.[437]

II. Abgrenzung in Großbritannien

258 In Großbritannien orientieren sich die Gerichte nur zum Teil an der EuGH-Rechtsprechung. Die Abgrenzung von betriebsmittelgeprägten (*asset reliant*) und dienstleistungsintensiven (*labour intensive*) Tätigkeiten, könne zwar eine Unterstützung bei der Auslegung des Merkmals „Art des betreffenden Unternehmens“ im Rahmen der *Spijkers*-Kriterien bieten, jedoch führe sie auch zu voreiligen und ungerechten Schlüssen[438]. Es sei eine Abwägung im Einzelfall notwendig.[439] Das führt aber faktisch dazu, dass sie eine solche Abgrenzung nicht vornehmen. Die britischen Gerichte beziehen im Rahmen einer Gesamtbetrachtung alle Faktoren des Einzelfalls mit ein. Die folgenden Fallbeispiele zeigen, welche Faktoren das sein können und wie sich das auf die Gewichtung der übrigen *Spijkers*-Kriterien auswirkt.

---

434 BAG v. 18.03.1999 – 8 AZR 196/98, NZA 1999, 869; BAG v. 22.01.2015 – 8 AZR 139/14, NZA 2015, 1325; *Junker*, Grundkurs Arbeitsrecht, Rn. 135.

435 BAG v. 27.02.2020 – 8 AZR 215/19, NZA 2020, 1303; *Junker*, Grundkurs Arbeitsrecht, Rn. 135.

436 Siehe aber zu dem möglichen Bedeutungsverlust dieser Gewichtung Rn. 307.

437 *Kokott*, in: BeckOGK, § 613a BGB Rn. 96.

438 *McMullen*, ILJ 2016, 220, 221; siehe auch aus europarechtlicher Sicht: *Beltzer*, IJCLLIR 2007, 139, 143.

439 *Wynn-Evans*, The Law of TUPE Transfers, 2.139.

In *McCormack v Scottish Coal Company Ltd*[440] argumentierte das Employment Appeal Tribunal, dass es bei der Betrachtung der übergegangenen Produktionsfaktoren darauf ankomme, ob diese für den Weiterbetrieb der Einheit wesentlich seien. Hierzu komme es auch auf den Wirtschaftszweig und die Industrie an.[441] In *GEFCO UK Ltd v Oates Car and Delivery Co Ltd*[442] reichte dem Employment Appeal Tribunal bei dem Wechsel eines Transportunternehmens für Kraftfahrzeuge, dass der Kundenstamm der gleiche und die Tätigkeit gleichgeblieben war. Es waren keine sachlichen Betriebsmittel übergegangen. In *McLeod v Ingram t/a Phoenix Taxis and Rainbow Cars Ltd t/a*[443] bejahte das Gericht einen relevanten *transfer*, obwohl keine Betriebsmittel übergegangen waren. Ein Taxiservice übernahm gegen Bezahlung von einem anderen Taxiservice die Telefonnummern und den guten Ruf. Er war in dem gleichen Gebiet wie zuvor der andere Taxiservice tätig. Obwohl weder Fahrzeuge noch Arbeitnehmer übernommen wurden, befand das Employment Appeal Tribunal, dass dieser Übergang ein relevanter *transfer* war.[444] 259

Diese Beispiele zeigen eine flexible Handhabung durch die Gerichte. Bei betriebsmittelgeprägten Einheiten ist nicht notwendigerweise der Übergang von sachlichen Mittel notwendig. Im Rahmen einer Gesamtbetrachtung wird geprüft, ob die Geschäftstätigkeit mit den übernommen Geschäftsfaktoren weitergeführt werden kann. Insgesamt wird keine Gewichtung je nach dienstleistungsgeprägten oder betriebsmittelgeprägten Faktoren vorgenommen.[445] 260

Hinsichtlich dienstleistungsgeprägter Einheiten ist in Großbritannien auch unabhängig davon, ob ein Teil der Belegschaft übergeht, ein relevanter *transfer* möglich. Die Fälle der Fremdvergabe, Auftragsnachfolge und der Übernahme zuvor fremdvergebener Tätigkeiten sind vom Anwendungsbereich der TUPE Regulations umfasst. Hierfür hat der Gesetzgeber den eigenen Anwendungsfall des *service provision change* geschaffen (siehe ab Rn. 263). Die bloße Funktionsnachfolge auch unter den Unternehmensübergang gem. reg. 3(1)(a) TUPE fallen. Die beiden Anwendungsfälle schließen sich nicht gegenseitig aus.[446] Die 261

440 McCormack and ors v Scottish Coal Company Ltd [2004] WL 1476718 EAT.
441 McCormack and ors v Scottish Coal Company Ltd [2004] WL 1476718 Rn. 32 EAT.
442 GEFCO UK Ltd v Oates, Car & Delivery Co Ltd [2005] WL 1801215 EAT.
443 Ronald McLeod, James Welsh v Charles B Ingram T/A Phoenix Taxis, Rainbow Cars Ltd T/A Rainbow Taxis [2002] WL 1039554 EAT.
444 Ronald McLeod, James Welsh v Charles B Ingram T/A Phoenix Taxis, Rainbow Cars Ltd T/A Rainbow Taxis [2002] WL 1039554 Rn. 7 f. EAT.
445 Siehe auch Rn. 307.
446 *Arthur*, TUPE 2014, S. 10.

Anwendung der reg. 3(1)(a) TUPE auf die Funktionsnachfolge zeigt sich im folgenden Kapitel § 6 bei der Rechtsprechung der britischen Gerichte in den 1990er- und 2000er-Jahren (siehe ab Rn. 263).

F. Zusammenfassung

262 Die britischen Gerichte legen den Anwendungsbereich der TUPE Regulations im Bereich des Unternehmensübergangs (*transfer of an undertaking*) nach reg. 3(1)(a) TUPE weit aus. Sie orientieren sich dabei an den *Spijkers*-Kriterien, nehmen aber zusätzlich eine Gesamtbetrachtung vor. Dies wirkt sich insbesondere bei der Abgrenzung zwischen betriebsmittel- und dienstleistungsgeprägten Einheiten beim Merkmal „Art des betreffenden Unternehmens" aus. Die britischen Gerichte nehmen diese Abgrenzung lediglich als Orientierung, stellen aber darauf ab, ob der Erwerber die Geschäftstätigkeit mit den übernommen Geschäftsfaktoren weiterführen kann. Die Grundvoraussetzungen des Übergangs einer identitätswahrenden, wirtschaftlichen Einheit entsprechen grundsätzlich der deutschen Rechtsauffassung. Im Bereich des Teilübergangs eines Unternehmens erfassen die TUPE Regulations mehr Fälle als der deutsche Anwendungsbereich. Der Anteilskauf ist wie in Deutschland auch in den TUPE Regulations vom Anwendungsbereich ausgeschlossen. Insgesamt ist festzustellen, dass die britischen Gerichte im Rahmen des Unternehmensübergangs häufig auf den Zweck der Richtlinie, die Arbeitnehmer zu schützen, rekurrieren.

§ 6 Konzept des service provision change

Im Jahr 2006 wurde mit reg. 3(1)(b) TUPE ein zweiter Anwendungsbereich der TUPE Regulations eingeführt – der *service provision change* (SPC). Dieser erweitert die TUPE Regulations um drei weitere Fälle: die Fremdvergabe (*outsourcing*), die Neuvergabe und die Übernahme zuvor fremdvergebener Tätigkeiten (*in-sourcing*) (A.). Aus deutscher Sicht mag diese Erweiterung überraschen, da in Deutschland diese drei Fälle ohne den Übergang einer Gesamtheit von Personen und Sachen nicht unter den Anwendungsbereich gem. § 613a BGB fallen. Aus britischer Sicht war die Ergänzung erwartbar. Bereits die Rechtsprechung der 1980er- und 1990er-Jahre zeigte einen Bedarf für die gesetzliche Erweiterung. Anhand von ausgewählten Entscheidungen des EuGH und der nationalen Gerichte zur Fremdvergabe und Auftragsnachfolge sowie deren Rezeption veranschaulicht der zweite und dritte Teil dieses Kapitels, wie die Entwicklung zunächst relativ parallel zu EuGH-Rechtsprechung verlief und dann nach und nach davon abwich (B. und C.). Die Einführung *des SPC* bildet den Abschluss des Kapitels. Die Argumentationen aus der vorherigen Rechtsprechung zur Anwendung der TUPE Regulations bei der Fremd- und Neuvergabe von Aufträgen sind in der Gesetzesbegründung erkennbar (D.). 263

A. Grundfälle des service provision change

Der SPC hat drei unterschiedliche Fallkonstruktionen: Bei der Fremdvergabe nach reg. 3(1)(b)(i) TUPE hat eine Person eine Tätigkeit bisher selbst durchgeführt und überträgt diese auf eine andere Person. Diese Konstellation wird auch als *outsourcing*[447] oder *contracting out* bezeichnet. 264

Bei der Auftragsnachfolge nach reg. 3(1)(b)(ii) TUPE werden Tätigkeiten, die zuvor von einem Dienstleister übernommen wurden, auf einen anderen Dienstleister übertragen. Dabei ist es irrelevant, ob der Auftraggeber diese Aufgaben zuvor selbst durchgeführt hat. Bei der Übernahme einer Tätigkeit nach vorheriger Fremdvergabe nach reg. 3(1)(b)(iii) TUPE übernimmt der Auftraggeber die Tätigkeiten, die er zuvor an einen Dienstleister übergeben hatte, 265

447 Siehe dazu Metropolitan Resources Ltd v Churchill Dulwich Ltd [2009] ICR 1380 Rn. 26 EAT.

wieder selbst. Diese Fallgruppe wird auch als *insourcing*[448] oder *back-inhouse contracting* bezeichnet. Die Vorschrift hat folgenden Wortlaut:

266 *Reg. (3)(1) (a) (b) a service provision change, that is a situation in which—(i) activities cease to be carried out by a person ("a client") on his own behalf and are carried out instead by another person on the client's behalf ("a contractor"); (ii) activities cease to be carried out by a contractor on a client's behalf (whether or not those activities had previously been carried out by the client on his own behalf) and are carried out instead by another person ("a subsequent contractor") on the client's behalf; or (iii) activities cease to be carried out by a contractor or a subsequent contractor on a client's behalf (whether or not those activities had previously been carried out by the client on his own behalf) and are carried out instead by the client on his own behalf, and in which the conditions set out in paragraph (3) are satisfied.*

267 Die weiteren Voraussetzungen des *service provision change* behandelt die Arbeit in § 7. Es sei betont, dass der SPC auch dann anwendbar ist, wenn keine materiellen Betriebsmittel bzw. ein wesentlicher Teil der Belegschaft übergeht.

B. Nationale und europäische Rechtsprechung bis Süzen

268 Die beiden wesentlichen EuGH-Entscheidungen in den 1990er-Jahren bei der Fremd- und Neuvergabe von Aufträgen bei dienstleistungsgeprägten Tätigkeiten waren die Rs. *Christel Schmidt* und die Rs. *Süzen*. In der *Christel-Schmidt*-Entscheidung hatte der EuGH die Betriebsübergangsrichtlinie bei der Fremdvergabe eines Reinigungsauftrags angewendet und in der *Süzen*-Entscheidung die Anwendung der Richtlinie beim Wechsel eines Reinigungsdienstleisters abgelehnt. Bereits nach der Rs. *Christel Schmidt* ist anhand der deutschen und britischen Reaktionen (sowohl der Literatur als auch der Rechtsprechung) eine unterschiedliche Entwicklung erkennbar. Dieser Abschnitt zeigt, ausgehend von der britischen Rechtslage, in Fällen der Fremdvergabe und Auftragsnachfolge von dienstleistungsgeprägten Tätigkeiten vor *Christel Schmidt* (I.), den Einfluss der Rs. *Christel Schmidt* (II.) auf die britische Rechtsprechung (III.). Schließlich wird die Rs. *Süzen* und deren Rezeption in der britischen und deutschen Literatur (IV.) untersucht, welche bereits die Auswirkungen auf die britische Rechtsprechung nach der Rs. *Süzen* (C.) erahnen lässt.

---

448 Siehe dazu Metropolitan Resources Ltd v Churchill Dulwich Ltd [2009] ICR 1380 Rn. 26 EAT.

I. Rechtsprechung bei dienstleistungsgeprägten Tätigkeiten zu Beginn der 1990er-Jahre

Die britischen Urteile bei dienstleistungsgeprägten Übergängen orientierten sich Anfang der 1990er-Jahre an der EuGH-Rechtsprechung in der Rs. *Rask*[449] und in der Rs. *Redmond*[450.451] Die beiden Entscheidungen und ihr wesentlicher Aussagegehalt werden unten untersucht. 269

1. *Entscheidungen des EuGH*

Im dänischen Fall *Rask* hatte ein Unternehmen den Betrieb der Kantine auf einen Dienstleister ausgelagert. Sie hatten vereinbart, dass er die bereits vorhandenen Einrichtungen (Küche, Essensausgabe etc.) nutzen darf. Der Caterer verpflichtete sich die dort eingesetzten Arbeitnehmer zu den gleichen Bedingungen anzustellen. Im Gegenzug hatte das Unternehmen dem Dienstleister sämtliche Auslagen (inkl. der Lohnkosten) erstattet. Zwei Kantinenmitarbeiterinnen hatten beklagt, dass sie – im Gegensatz zu den Bedingungen bei ihrem vormaligen Arbeitgeber – ihr Arbeitsentgelt erst am Ende des Monats erhielten. Ferner hatten sie keinen Anspruch mehr auf verschiedene Sonderzahlungen. Der EuGH entschied, dass die RL 77/187/EWG anwendbar ist, wenn ein Unternehmen die Bewirtschaftung seiner Kantine durch Vertrag auf einen Dritten überträgt.[452] Der EuGH sah eine „innerbetriebliche Dienstleistungseinrichtung".[453] Damit betrifft diese Entscheidung nicht nur Kantinen, sondern gilt auch für die Fremdvergabe weiterer Einrichtungen – wie bspw. Reinigung, Sicherheit oder Parkplatzbewirtschaftung. Es müsse die Gesamtkonstellation betrachtet werden. Dass keine Betriebsmittel übergehen, stünde daher nicht zwangsläufig einem Betriebsübergang entgegen. Für einen Übergang spreche, dass der Auftragnehmer die gleiche Tätigkeit weiterführt.[454] Dieser Fall zeigt, dass schon die Übernahme einer bestimmten Tätigkeit einen Betriebsübergang 270

449 EuGH v. 12.11.1992 – Rs. C-209/91 – Rask, AP EWG-Richtlinie Nr. 77/187 Nr. 5.
450 EuGH v. 19.05.1992 – Rs. C-29/91 – Redmond, NZA 1994, 207.
451 *McMullen*, Business Transfers and Employee Rights, 5–91; siehe z.B. Kenny v South Manchester City College [1993] I.C.R. 934 (954) HC.
452 EuGH v. 12.11.1992 – Rs. C-209/91 Rn. 21 – Rask, AP EWG-Richtlinie Nr. 77/187 Nr. 5.
453 EuGH v. 12.11.1992 – Rs. C-209/91 Rn. 21 – Rask, AP EWG-Richtlinie Nr. 77/187 Nr. 5.
454 EuGH v. 12.11.1992 – Rs. C-209/91 Rn. 17 ff. – Rask, AP EWG-Richtlinie Nr. 77/187 Nr. 5.

auslösen konnte. Das Gericht hat in diesem Fall der Fortführung der Tätigkeit im Rahmen des *Spijkers*-Tests[455] erhebliches Gewicht beigemessen.

271 In der Rs. *Redmond* erhielt eine Stiftung[456], die Hilfsangebote für drogenabhängige Personen bereitstellte, Subventionen des niederländischen Staates. Als dieser die Förderung einstellte und stattdessen eine andere Organisation unterstützte, konnte die Stiftung ihre Tätigkeiten mangels Finanzierung nicht fortführen. Sie entließ sämtliche Arbeitnehmer. Der EuGH entschied, dass die Beendigung der staatlichen Finanzierung einer Wohltätigkeitsorganisation und die Förderung einer anderen juristischen Person ein Übergang im Sinne der RL 77/187/EWG sein kann.[457] Es seien im Rahmen des *Spijkers*-Tests[458] alle Indizien des Falles zu berücksichtigen. Tätigkeiten besonderer Art, die als selbständige Aufgaben gesehen werden können, seien dabei Betrieben bzw. Betriebsteilen gleichzustellen.[459] Es müsse keine Vereinbarung zwischen der vormals geförderten Organisation und der später subventionierten Stiftung bestehen. Der EuGH bezog sich auf seine Rechtsprechung in der Sache *Bork*:[460] Die Richtlinie sei anwendbar, wenn ein Unternehmen als Eigentümerin einer zuvor vermieteten Fabrik das Gebäude wieder übernimmt und an einen neuen Betreiber vermietet.[461] Mit der Rs. *Redmond* bestätigte der EuGH, dass spezielle Tätigkeiten, die als eigenständige Aufgaben gesehen werden, Betriebsteilen gleichzustellen sind. Auch in diesem Fall misst er beim *Spijkers*-Test der Tätigkeit eine zentrale Bedeutung zu. Die Urteile zeigen einen weiten Anwendungsbereich der Richtlinie und damit eine arbeitnehmerfreundliche Interpretation.

2. *Reaktion der britischen Gerichte auf Rask und Redmond*

272 Wie die britischen Gerichte auf diese EuGH-Entscheidungen reagierten, untersuchen die folgenden Fälle. In *Kenny v South Manchester City College*[462] hatten zwei Lehrkräfte geklagt, die Gefängnisinsassen unterrichteten. Sie waren bei einer örtlichen Schulbehörde beschäftigt, die für die Weiterbildung in Gefängnissen vom Innenministerium (*Home Office*) beauftragt war. Das

455 Siehe Rn. 163 ff.
456 Stiftung ist an dieser Stelle im Sinne des niederländischen Rechts zu verstehen.
457 EuGH v. 19.05.1992 – Rs. C-29/91 – Redmond, NZA 1994, 207.
458 Siehe Rn. 163 ff.
459 EuGH v. 19.05.1992 – Rs. C-29/91 Rn. 27 ff. – Redmond, NZA 1994, 207, (209).
460 EuGH v. 19.05.1992 – Rs. C-29/91 Rn. 13. – Redmond, NZA 1994, 207 (207 f).
461 EuGH v. 15.06.1988 Rs. C-101/87 Rn. 20 – Bork, BeckRS 2004, 70625.
462 Kenny v South Manchester City College [1993] ICR 934 (954) HC.

Innenministerium hatte Unterrichtsräume, Ausrüstung und Schulmaterial gestellt. Nach einer Neuausschreibung hatte ein privates Institut den Auftrag erhalten. Die Kläger machten geltend, dass ihre Arbeitsverhältnisse auf den neuen Anbieter übergegangen seien. Der High Court berücksichtigte, dass die gleiche Tätigkeit in denselben Räumlichkeiten, mit dem gleichen Material und für die gleichen Kursteilnehmer fortgeführt wurde. Es sei unschädlich, dass keine vertragliche Beziehung zwischen der Schulbehörde und dem Institut bestand.[463] Der EuGH habe in der Rs. *Redmond* klargestellt, dass Vertragsbeziehungen keine zwingende Voraussetzung für einen Übergang sind.[464] Es sei unerheblich, dass das Innenministerium weiterhin alle Materialien und Räumlichkeiten zur Verfügung gestellt hatte.[465]

In *Porter and Nanayakara v Queen's Medical Centre*[466] bejahte der High Court einen *transfer* bei einem Wechsel des Anbieters von kinderärztlicher Betreuung im Auftrag einer Kommunalbehörde. Das nachfolgende Krankenhaus hatte in seiner pädiatrischen Station eine andere Organisationsstruktur als das vormalige Krankenhaus. Das Gericht erweiterte den Anwendungsbereich dahingehend, dass die Tätigkeit insgesamt ähnlich bleiben müsse. Es komme darauf an, ob weiterhin medizinische Dienste angeboten werden. Die ständige Weiterentwicklung der medizinischen Wissenschaft müsse berücksichtigt werden. Daher schließe eine Veränderung der Tätigkeit beim nachfolgenden Auftragnehmer die Anwendung der TUPE Regulations 1981 nicht aus. Es müssten die Umstände des Einzelfalls betrachtet werden.[467] 273

Die beiden Fälle zeigen, dass die britischen Gerichte die TUPE Regulations bei der Neuvergabe von Aufträgen in verschiedenen Sektoren (Bildung und Medizin) angewendet haben. Dabei haben sie in beiden Entscheidungen auf die Rs. *Rask* und *Redmond* rekurriert. Sie waren der Auffassung, dass aus diesen beiden Entscheidungen eine weite und arbeitnehmerfreundliche Auslegung der Richtlinie ergebe und daher auch der TUPE Regulations 1981 notwendig sei.[468] 274

---

463 *McMullen*, Business Transfers and Employee Rights, 5-91; Kenny v South Manchester City College [1993] ICR 934 (953) HC.

464 Kenny v South Manchester City College [1993] ICR 934 (945 ff.) HC.

465 Kenny v South Manchester City College [1993] ICR 934 (953 f.) HC.

466 Porter and Nanayakara v Queen's Medical Centre (Nottingham University Hospital) [1993] IRLR 486 HC.

467 Porter and Nanayakara v Queen's Medical Centre (Nottingham University Hospital) [1993] IRLR 486 HC; siehe auch *Bowers*, Transfer of Undertakings A2/62-1.

468 *McMullen*, Business Transfers and Employee Rights, 5-91.

3. *Rechtslage in Deutschland*

275 Im Gegensatz zu den britischen Gerichten ignorierte das BAG die Entscheidungen des EuGH in den Rs. *Rask* und *Redmond* weitestgehend.[469] Das BAG hatte bereits 1985 entschieden, dass eine bloße Funktionsnachfolge grundsätzlich kein Betriebsübergang i.S.d. § 613a BGB ist. Die Anforderungen an die übergehenden Betriebsmittel bei dienstleistungsgeprägten Tätigkeiten waren aber gering. Der folgende Abschnitt untersucht die Ausgangslage zur Anwendung des § 613a BGB bei dienstleistungsgeprägten Übergängen vor der Rs. *Christel Schmidt.*

a) *Betriebsbegriff und dienstleistungsgeprägte Einheiten*

276 In Deutschland orientierte sich der Betriebsbegriff des § 613a BGB mangels gesetzlicher Definition am damaligen allgemeinen Betriebsbegriff.[470] Danach war ein Betrieb eine organisatorische Einheit, die durch sachliche und immaterielle Betriebsmittel gekennzeichnet ist und mit denen der Arbeitgeber mithilfe der Arbeitnehmer bestimmte arbeitstechnische Zwecke verfolgen kann.[471] Der mögliche Betriebserwerber musste nach Ansicht des BAG den Betrieb im Wesentlichen unverändert fortführen können. Bei dienstleistungsgeprägten Tätigkeiten musste der Betriebserwerber Zugang zum Kundenstamm des vormaligen Betriebsinhabers haben.[472] *Franzen* hatte festgestellt, dass aufgrund dieses Betriebsbegriffs eine direkte Anwendung des § 613a BGB auf die reine Fremdvergabe bzw. Auftragsnachfolge eines betrieblichen Tätigkeitsbereichs (Fremd- und Neuvergabe von Aufträgen) scheitere.[473]

---

469 *Willemsen,* in: *WHSS*, Umstrukturierung und Übertragung von Unternehmen, G 7.

470 *Franzen,* in: EAS Teil C RL 77/178/EWG Art. 1 Nr. 13, S. 12; *Seiter*, Betriebsinhaberwechsel, S. 49; siehe auch BAG v. 25.02.1981 – 5 AZR 991/78, AP BGB § 613a Nr. 24 (unter 1a); siehe zum „allgemeinen Betriebsbegriff": *Hueck,* in: *Hueck/Nipperdey*, Lehrbuch des Arbeitsrechts, Band I, 7. Auflage, S. 93 m.w.N.

471 *Seiter*, Betriebsinhaberwechsel, S. 49; BAG v. 21.01.1988 – 2 AZR/480/87 Rn. 26, NZA 1988, 838; aber BAG v. 24.07.1979 – 1 AZR 219/77, DB 1980, 164 grenzt ausdrücklich vom betriebsverfassungsrechtlichen Begriff ab und schließt die Belegschaft von der Definition aus. Es stellt nur auf die sachlichen und immateriellen Betriebsmittel ab; hierzu krit.: *Seiter*, Betriebsinhaberwechsel, S. 50; entgegen der vorstehenden Ansichten: *Joost*, Betrieb und Unternehmen als Grundbegriffe im Arbeitsrecht, S. 392, der auf den unternehmerischen Tätigkeitsbereich abstellt.

472 BAG v. 15.05.1985 – 5 AZR 276/84, NZA 1985, 736, 737; zustimmend *Joost*, Betrieb und Unternehmen als Grundbegriffe im Arbeitsrecht, S. 388; hierzu krit. *Willemsen*, RdA 1991, 204 (207).

473 *Franzen,* in: EAS Teil C RL 77/178/EWG Art. 1 Nr. 9, S. 16.

b) Übertragung durch Rechtsgeschäft

277 Die Fremd- und Neuvergabe von Aufträgen war auch aus einem anderen Grund problematisch. Der Wortlaut des § 613a Abs. 1 BGB in der Fassung vom 19.01.1972 verlangte eine rechtsgeschäftliche Übertragung, wodurch die Neuvergabe eines Auftrages nicht vom Wortlaut umfasst war. Darin sahen sowohl die Literatur[474] als auch die Rechtsprechung[475] eine Schwierigkeit. Zum Teil legte das BAG dieses Merkmal weit aus, sodass eine rechtsgeschäftliche Verknüpfung über zwei verschiedene Übergänge mit einem zwischengeschalteten Auftraggeber genügen sollte. Die Literatur war geteilter Ansicht. *Seiter* hatte sich für eine Anwendung auf Fälle des Betriebsinhaberwechsels ausgesprochen, da § 613a BGB ein Auffangtatbestand sei.[476] Es komme danach auf die Übertragung der unternehmerischen Dispositionsmöglichkeit auf den Betriebserwerber an.[477] *Joost* befürwortete ebenfalls eine weite Auslegung. Seiner Ansicht nach komme es jedoch auf eine Willensübereinstimmung von Betriebsveräußerer und Betriebserwerber an.[478]

c) Fallbeispiele aus Rechtsprechung des BAG

278 Das BAG hatte bei der Neuvergabe eines Bewachungsauftrags einen Betriebsübergang im Sinne des § 613a BGB abgelehnt.[479] Es hatte festgestellt, dass es mangels einer vertraglichen Beziehung zwischen den Auftragnehmern nicht genüge, dass der Nachfolger sämtliche sachlichen Betriebsmittel sowie die Mehrheit des Wachpersonals übernehme. Es bestätigte das Urteil in einem Fall, welcher den Wechsel des Reinigungsdienstleisters an einem Flughafen betraf.[480] Es hat zudem entschieden, dass § 613a BGB nicht anwendbar ist, wenn die Betriebsstätte stillgelegt wurde und ein anderes Unternehmen die Tätigkeit später wieder aufnimmt.[481] *Willemsen* bezeichnete die Lage als Lotteriespiel.[482] Die Abgrenzungsschwierigkeiten hätten zu abstrusen Instanzentscheidungen geführt.[483]

---

474 *Joost*, Betrieb und Unternehmen als Grundbegriffe im Arbeitsrecht, S. 389 f. m.w.N.
475 Bspw. BAG v. 12.09.1985 – AZR 193/84, ZIP 1986, 388.
476 *Seiter*, Betriebsinhaberwechsel, S. 42.
477 So übereinstimmend mit *Seiter*: *Loritz*, RdA 1987, 65 (73).
478 *Joost*, Betrieb und Unternehmen als Grundbegriffe im Arbeitsrecht, S. 389.
479 BAG v. 29.09.1988 – 2 AZR 107/8, NZA 1989, 799.
480 BAG v. 27.03.1991 – 2 AZR 474/90 (nicht veröffentlicht).
481 BAG v. 22.05.1985 – 5 AZR 30/84, NZA 1985, 775.
482 *Willemsen*, in: *WHSS*, Umstrukturierung und Übertragung von Unternehmen, G 7.
483 *Willemsen* in *WHSS*, Umstrukturierung und Übertragung von Unternehmen, G 7; hierbei bezieht er sich insbesondere auf die Entscheidung des LAG Hamburg

d) Zwischenergebnis

279 Die teils kontroverse und unklare Rechtsprechung des BAG in den 1980er- und zu Beginn der 1990er-Jahre führte zu einer erheblichen Rechtsunsicherheit bezüglich des Anwendungsbereichs des § 613a BGB.

II. Christel-Schmidt-Entscheidung des EuGH

280 Die Rs. *Christel Schmidt* war entscheidend für die weitere Rechtsprechung. Der EuGH diskutierte, ob es für den Übergang einer wirtschaftlichen identitätswahrenden Einheit genüge, wenn ein Unternehmen einen Tätigkeitsbereich auf einen Dienstleister überträgt.

1. Sachverhalt

281 Die Reinigungskraft *Christel Schmidt* war in einer Sparkassenfiliale tätig. Nach einem Umbau der Geschäftsräume beauftragte die Bank ein externes Unternehmen mit der Reinigung und kündigte Frau *Schmidt*. Obwohl ihr der Dienstleister einen Job mit einem höheren Gehalt anbot, lehnte sie diesen ab, da sie den Lohn aufgrund der vergrößerten Reinigungsfläche als zu niedrig erachtete. In der Berufung legte das LAG dem EuGH das Verfahren zur Vorabentscheidung vor. Es fragte, ob die vertragliche Übertragung von Reinigungsaufgaben an einen Dienstleister ein Betriebsübergang im Sinne der RL 77/187/EWG ist. Bejahendenfalls wollte es wissen, ob dies auch dann gelte, wenn die Tätigkeit zuvor nur von einem einzelnen Arbeitnehmer durchgeführt wurde.[484]

2. Entscheidung

282 Der Gerichtshof entschied, dass die Fremdvergabe von Reinigungstätigkeiten ein Betriebsübergang i.S.d. RL 77/187/EWG ist. Ein Arbeitnehmer sei geschützt, wenn er dem übergehenden Betriebsteil aufgrund seiner arbeitsvertraglichen Verpflichtungen angehört. Mit Verweis auf die Rs. *Rask* erläutert er außerdem, dass es unerheblich sei, ob der übertragene Tätigkeitsbereich für das Unternehmen nur von untergeordneter Bedeutung war.[485] In den Stellungnahmen hatten sowohl Deutschland als auch das Vereinigte Königreich zuvor eine Ablehnung

---

v. 21.01.1986 – 6 Sa 77/85, DB 1986, 1576: In der Entscheidung hat das LAG eine Anwendung des § 613a BGB aufgrund der guten Lage der Geschäftsräume und der damit verbunden Laufkundschaft bejaht.

484 EuGH v. 14.04.1994 – Rs. C-392/92 – Christel Schmidt, NZA 1994, 545.

485 EuGH v. 14.04.1994 – Rs. C-392/92 Rn. 13 ff.– Christel Schmidt, NZA 1994, 545.

mangels Übertragung von Vermögensgegenständen gefordert. Der EuGH wies diesen Einwand mit der Begründung zurück, dass deren Übertragung nach der vorherigen Rechtsprechung[486] nur als ein Indiz von vielen gesehen werden darf; das Nichtvorliegen derselben schließe nicht zwangsläufig einen Betriebsübergang aus.[487] Ansonsten sei entscheidend, dass mit Blick auf den *Spijkers*-Test eine identitätswahrende wirtschaftliche Einheit übergegangen ist. Diese sei zu bejahen, wenn eine gleichartige Tätigkeit weitergeführt wird. Somit spreche sowohl die Fortführung der Reinigungsarbeiten als auch das Weiterbeschäftigungsangebot an Frau *Schmidt* für eine Anwendung der Richtlinie.[488] Schließlich könne auch eine einzelne Arbeitnehmerin eine wirtschaftliche Einheit sein. Der Schutz der Richtlinie wäre nicht effektiv, wenn die Übertragung einer Tätigkeit, die nur von einer Person wahrgenommen wird, aus dem Anwendungsbereich der Richtlinie fallen würde.[489]

Das Urteil erweiterte die Rs. *Rask* also dahingehend, dass es bei der Über- 283
tragung eines Tätigkeitsbereichs nicht entscheidend auf den Übergang von Betriebsmitteln ankomme. Im Gegensatz zur eingerichteten Großküche und Essensausgabe in *Rask* gingen in *Christel Schmidt* keine Betriebsmittel über.

3. *Rezeption*

a) Deutschland

In Deutschland galt das Urteil als Zäsur in der bisherigen Rechtsauffas- 284
sung – oder mit den Worten von *Henssler*: „zurückhaltend formuliert als überraschend, etwas bissiger nur als katastrophal".[490] *Junker* verdeutlichte bildlich, dass „das Publikum in diesem Fall schon vor der ersten Pause entsetzt aus der Vorführung herausgelaufen [ist]".[491] Das Schrifttum rügte überwiegend die kurze Begründung des Urteils angesichts einer derart weitreichenden Entscheidung.[492] *Franzen* merkte an, dass der EuGH nicht unter den Wortlaut des

---

486 Damit bezieht sich der EuGH auf den *Spijkers*-Test, siehe Rn. 163 ff.

487 EuGH v. 14.04.1994 – Rs. C-392/92 Rn. 16 – Christel Schmidt, NZA 1994, 545 (546).

488 EuGH v. 14.04.1994 – Rs. C-392/92 Rn. 17 – Christel Schmidt, NZA 1994, 545 (546).

489 EuGH v. 14.04.1994 – Rs. C-392/92 Rn. 15 – Christel Schmidt, NZA 1994, 545 (546).

490 *Henssler*, NZA 1994, 913 (916).

491 *Junker*, NJW 1994, 2527 (2528).

492 *Hanau*, ZIP 1994, 1036 (1039); *Henssler*, NZA 1994, 913 (916); *Lutter*, ZIP 1994, 1514; *Joost*, EWiR § 613a BGB 1994, 757 (758); aus deutscher Sicht war das Urteil im Hinblick auf die vorhergehende Rechtsprechung des BAG weitreichend, siehe hierzu auch Rn. 278.

Art. 1 der RL 77/187/EWG subsumiert habe. Das Gericht verlange in seiner Entscheidung, dass eine Verantwortlichkeit für den Betrieb eines Unternehmens übertragen wird. Dagegen definiere Art. 1 Abs. 1 der RL 77/187/EWG den Anwendungsbereich als die Übertragung eines Betriebs- oder Betriebsteil.[493] Dieses Merkmal weiche der Gerichtshof weiter auf, indem er die Übertragung der Verantwortung für eine Dienstleistungseinrichtung genügen lasse.[494]

285 Ein weiterer Kritikpunkt war, dass durch die Verknüpfung der bloßen Fremdvergabe mit den Schutzvorschriften des Betriebsübergangs die verfassungsrechtlich geschützte unternehmerische Freiheit beschränkt werde.[495] Damit widerspreche der EuGH auch seinen eigenen Prinzipien, insbesondere dem Prinzip offener Märkte bzw. dem Wettbewerbsprinzip.[496] Einige Autoren kritisierten, dass der EuGH sich zwar um eine europäische Integration bemühe, aber durch das Außerachtlassen nationaler Regelungen das Gegenteil bewirke.[497] Umstritten waren die Auswirkungen des Urteils: Während manche Autoren weitreichende Folgen für die deutsche Rechtsprechung vorhersagten,[498] mahnte *Hanau*, keine voreiligen Schlüsse zu ziehen. Der Tenor sei eng gefasst und beziehe sich daher auf den Fall, in welchem ein Unternehmer Reinigungstätigkeiten auf einen Dienstleister übertrage.[499]

b) Großbritannien

286 In Großbritannien erhielt die Entscheidung überwiegend Zustimmung. Die Rs. *Christel Schmidt* verschaffe Arbeitgebern und Arbeitnehmern Rechtssicherheit hinsichtlich der Frage, ob und inwiefern die Richtlinie Fälle der Fremdvergabe umfasse.[500] *McMullen* interpretierte das Urteil dergestalt, dass die *Spijkers*-Faktoren bei der Prüfung des Anwendungsbereichs zweitrangig

---

493 *Franzen,* in EAS RL 77/187/EWG Art. 1 Nr. 9 S. 20.

494 *Franzen,* in EAS RL 77/187/EWG Art. 1 Nr. 9 S. 21; *Franzen* kritisiert außerdem, dass im Fall *Christel Schmidt* keine Dienstleistungseinrichtung vorlag, sondern eine bloße Aufgabe ohne betriebliches Substrat.

495 *Junker,* NJW 1994, 2527 (2528).

496 *Lutter,* ZIP 1994, 1514 (1515).

497 *Lutter,* ZIP 1994, 1514 (1515); im Ansatz auch: *Franzen,* in EAS RL 77/187/EWG Art. 1 Nr. 9 S. 30; *Junker,* NJW 1994, 2527 (2528).

498 So bspw. *Röder/Baeck*, NZA 1994, 542 (544), die befürchten, dass jede Auftragsvergabe und Übertragung einer Funktion einen Betriebsübergang im Sinne des § 613a BGB bedeute.

499 *Hanau,* ZIP 1994, 1036 (1038 f).

500 *Davies*, ILJ 1996, 247 (252).

zu der Frage nach der gleichbleibenden Tätigkeit sind.[501] Er befürwortete den Ansatz des EuGH, die *Spijkers*-Faktoren in einer Gesamtschau zu prüfen. Das Nichtvorliegen eines oder mehrerer Faktoren sollte kein Ausschlussgrund für die Anwendung der Richtlinie sein. Dafür kritisierte er – wie auch einige der deutschen Autoren – die knappe Begründung für diese Vorgehensweise:

> *„In this aspect, the judgment is a 'lazy' one. It comprises just two pages and there is a singular lack of analysis."*[502] 287

Riley bezeichnete den Einfluss der Rs. *Christel Schmidt* auf die weitere Rechtsprechung und auch auf das CCT-System[503] als erheblich.[504] *Wynn-Evans* hob hervor, dass zur Sicherstellung des Arbeitnehmerschutzes auch nur geringe Anhaltspunkte für eine wirtschaftliche Einheit genügen würden.[505] 288

III. Rechtsprechung nach der Rs. Christel Schmidt

1. *Anwendung in Dines v Initial Health Care Services Ltd*

In *Dines v Initial Health Care Services Ltd*[506] hatten sich die ersten beiden Instanzen noch gegen eine Anwendung der TUPE Regulations 1981 auf den Wechsel eines Reinigungsdienstleisters entschieden. Zwischen der Entscheidung des Employment Appeal Tribunal und der Entscheidung des Court of Appeal erging jedoch das Urteil des EuGH in der Rs. *Christel Schmidt*. Dessen Bedeutung zeigt sich daher erst in der Entscheidung des Court of Appeal.[507] 289

a) Sachverhalt

Die staatliche Gesundheitsbehörde hatte das Unternehmen *Initial Healthcare Services* mit der Reinigung eines Krankenhauses beauftragt. Der Dienstleistungsvertrag war auf drei Jahre befristet. *Initial* hatte für den Auftrag eigene Ausrüstung, ein eigenes Management und ein eigenes Lagerkonzept. Nach 290

---

501 *McMullen*, Business Transfers and Employee Rights, 5–82.
502 *McMullen*, Business Transfers and Employee Rights, 5–82.
503 CCT steht für *„compulsive competitive tendering"* und war ein staatliches Programm der Thatcher-Regierung in den 1980er-Jahren. Wesentliches Ziel war es, die öffentliche Verwaltung durch Verlagerung von Tätigkeiten auf Dritte zu verkleinern. Siehe genauer Rn. 442.
504 *Upex/Ryley*, TUPE Law and Practice, S. 19.
505 *Wynn-Evans*, The Law of TUPE Transfers, 2.50.
506 Dines and ors v Initial Healthcare Services Ltd and anor [1995] ICR 11 CA.
507 *Upex/Ryley*, TUPE Law and Practice, S. 19.

Ablauf des Vertragszeitraums hatte die Gesundheitsbehörde die Reinigungsfirma *Pall Mall* beauftragt. Daraufhin beendete *Initial* die Arbeitsverhältnisse mit den im Krankenhaus eingesetzten Reinigungskräften aus wirtschaftlichen Gründen. *Pall Mall* stellte zu Vertragsbeginn nahezu alle Reinigungskräfte wieder ein und setzte sie an der gleichen Arbeitsstätte wie zuvor ein, stellte jedoch wiederum eigene Ausrüstung, ein eigenes Management und eine eigene Lagerorganisation. Die Arbeitnehmer hatten bei *Pall Mall* schlechtere Vertragsbedingungen. Dagegen klagten zwölf betroffene Mitarbeiter vor dem Industrial Tribunal. Sie gingen davon aus, dass ihr Arbeitsverhältnis aufgrund der TUPE Regulations 1981 auf *Pall Mall* übergegangen war.

b) Entscheidung

291 Das Industrial Tribunal sah in der Reinigungsarbeit eine eigenständige Tätigkeit und daher eine separate wirtschaftliche Einheit. Es habe jedoch kein *transfer* dieser Einheit vorgelegen. Das Employment Appeal Tribunal bestätigte dies.[508] Es sei eine Gesamtbetrachtung vorzunehmen. Dabei würden mehrere Faktoren gegen einen *transfer* sprechen. Es seien keine materiellen Betriebsmittel übergegangen. Das Hauptproblem[509] sei, dass zwischen *Initial* und *Pall Mall* keine vertragliche Beziehung bestand.[510] Wenn bei der Neuausschreibung eines Auftrages ein anderes Unternehmen diesen erhält, sei das Geschäft unterbrochen. Dies stünde einem *transfer* entgegen.[511] Es sei ungenau, nur die Geschäftstätigkeit vor und nach dem Übergang zu betrachten und mit der vorherigen Tätigkeit zu vergleichen.[512] Schließlich könnten auch die Tatsachen, dass die *Pall Mall* die Belegschaft und der Arbeitsort gleichblieben, einen relevanten *transfer* auslösen.[513]

292 Diese Entscheidung war vor dem Hintergrund der Rechtsprechung der britischen Gerichte in der Rs. *Porter*[514] erstaunlich – mit Blick auf die Rechtsprechung des EuGH in der Rs. *Redmond*[515] eventuell richtlinienwidrig.[516] *McMullen* kritisierte zudem, dass dann das Schutzniveau für die Arbeitnehmer zwischen

---

508 Dines and ors v Initial Healthcare Services Ltd and anor [1993] ICR 978 (998) EAT.

509 So jedenfalls *McMullen*, ILJ 1994, 230 (235).

510 Dines and ors v Initial Healthcare Services Ltd and anor [1993] ICR 978 (984) EAT.

511 Dines and ors v Initial Healthcare Services Ltd and anor [1993] ICR 978 (984 f.) EAT.

512 Dines and ors v Initial Healthcare Services Ltd and anor [1993] ICR 978 (996) EAT

513 Dines and ors v Initial Healthcare Services Ltd and anor [1993] ICR 978 (985) EAT.

514 Siehe Rn. 271.

515 Siehe Rn. 273.

516 *McMullen*, ILJ 1994, 230 (236).

erstmaliger Fremdvergabe und Neuvergabe divergieren würde. Bei der erstmaligen Fremdvergabe bestehe eine vertragliche Beziehung zwischen dem übertragenden *transferor* und dem *transferee*. Daher seien die TUPE Regulations in diesem Fall anwendbar[517]

Der Court of Appeal lehnte die Argumentation der Vorinstanzen ab. Zwischenzeitlich war die EuGH-Entscheidung in der Rs. *Christel Schmidt* ergangen. Daher war das Urteil in *Dines* war nicht mehr überraschend:[518] Der Court of Appeal entschied, dass in dem Fall ein *transfer* von *Initial* auf *Pall Mall* vorlag. Die Rechtsprechung des EuGH habe gezeigt, dass die Übernahme von Dienstleistungen durch ein anderes Unternehmen nicht das automatische Ende der vormaligen wirtschaftlichen Einheit bedeutet.[519] Ein *transfer* könne in zwei Phasen stattfinden: Die erste Übertragung war von *Initial* an die Behörde und die zweite Phase die Neuvergabe an *Pall Mall*.[520] Überdies komme es nach der Rs. *Christel Schmidt* bei dienstleistungsgeprägten Einheiten und insbesondere bei Reinigungstätigkeiten nicht auf den Übergang von Betriebsmitteln, sondern auf die Reinigungskräfte an.[521] 293

Die Entscheidung wurde in der Literatur begrüßt. Sie führe zu mehr Rechtssicherheit für alle Beteiligten. Zudem diene es dem Schutz der Arbeitnehmer, wenn die Neuvergabe eines Auftrages wie die erstmalige Fremdvergabe behandelt wird. Überdies helfe die Anwendung der TUPE Regulations 1981 dem Erhalt des freien und fairen Wettbewerbs: Ansonsten habe ein nachfolgender Dienstleister eine sehr starke Verhandlungsposition, da er ohne TUPE nicht für Verbindlichkeiten aus den vormaligen Arbeitsverhältnissen haften muss.[522] Zum Teil kritisierte das Schrifttum jedoch die Konstruktion des *transfer* in zwei Phasen und plädierten stattdessen dafür, den *transfer* in der Übernahme der Tätigkeit zu sehen.[523] 294

517 *McMullen*, ILJ 1994, 230 (236).
518 *Upex/Riley*, TUPE Law and Practice, S. 19; *McMullen* bezeichnete es als „*relatively little surprise*“ in McMullen, ILJ 1994, 230, 237.
519 Dines and ors v Initial Healthcare Services Ltd and anor [1995] ICR 11 (23) CA.
520 Dines and ors v Initial Healthcare Services Ltd and anor [1995] ICR 11 (23) CA.
521 Dines and ors v Initial Healthcare Services Ltd and anor [1995] ICR 11 (23) CA.
522 *McMullen*, ILJ 1994, 230 (238).
523 So z.B. *Bowers*, Transfer of Undertakings, A2/87.

2. *Bestätigung in Scilly Isles Council v Brintel Ltd*

295 Nach der Entscheidung des Court of Appeal in *Dines* argumentierte das Employment Appeal Tribunal ähnlich in *Scilly Isles Council v Brintel Ltd.*[524] Im Fall war die Firma *Brintel* mit Feuerwehr- und Gepäckweiterleitungstätigkeiten an einem Flughafen beauftragt. Nach Vertragsende führte der *Scilly Isles Council* die Tätigkeiten wieder selbst durch. Er übernahm weder Material noch Ausrüstung von *Brintel.* Allerdings machte er drei der vormals fünf Beschäftigten von *Brintel* ein Angebot, sie zu schlechteren Konditionen zu beschäftigen. Das Gericht stellte bei der Frage nach einem relevanten *transfer* darauf ab, dass dieselbe Tätigkeit am selben Ort nur eben durch den *Scilly Isles Council* durchgeführt werde. Dies genüge für die Anwendung der TUPE Regulations 1981.[525] Außerdem sei bei einer Auslegung der EuGH-Rechtsprechung eine wirtschaftliche Einheit bestehend aus einer von Arbeitnehmern durchgeführten Tätigkeit gegeben.[526]

296 In einem weiteren Fall der Fremdvergabe von Reinigungstätigkeiten in einer Schule entschied das schottische Employment Appeal Tribunal, dass es bei Konstellationen, in denen es um die Auslagerung von Reinigungstätigkeiten ginge, unmöglich sei, von *Christel Schmidt* abzuweichen.[527]

3. *Analyse*

297 Die Fallbeispiele[528] zeigen, dass die britischen Gerichte sich zunehmend von den Grundsätzen aus *Spijkers* abwandten und sich stattdessen an *Christel Schmidt* orientierten.[529] Dabei war für sie die zentrale Frage, ob die Tätigkeit, die vorher der bzw. die Arbeitnehmer erledigte(n), weitergeführt wurde.[530] Für das *case law* bedeutete dies, dass, solange ein nachfolgender Dienstleister nicht zeigen

---

524 Council of the Isles of Scilly v Brintel Helicopters Ltd and ors [1994] ICR 249 EAT.

525 Council of the Isles of Scilly v Brintel Helicopters Ltd and ors [1995] ICR 249 (258) EAT.

526 Council of the Isles of Scilly v Brintel Helicopters Ltd and ors [1995] ICR 249 (255) EAT

527 Kelman v Care Contract Services Ltd and anor [1995] ICR 260 (268 f.) scEAT.

528 Die beiden Fälle sind als Beispiele zu verstehen. Die britischen Gerichte hatten den Anwendungsbereich in weiteren Fällen (wie z.B. bei Wechsel des Caterers, des Hausmeisterservices, des Logistikunternehmens) bestätigt, siehe hierzu detailliert und m.w.N. *Jefferson*, CompLaw 1997, 294 (295 f).

529 *McMullen*, Business Transfer and Employee Rights, 5-91.

530 *Davies*, ILJ 1997, 193 (194); siehe auch Council of the Isles of Scilly v Brintel Helicopters Ltd and ors [1994] ICR 249 EAT.

konnte, dass die Tätigkeit sich erheblich von der vormaligen Durchführung unterschied, ein relevanter *transfer* vorlag.[531] Die Art der Tätigkeit war damit das wesentliche Kriterium im Rahmen der *Spijkers*-Faktoren. Damit waren zu diesem Zeitpunkt die TUPE Regulations 1981 bei der Fremd- und Neuvergabe von Aufträgen grundsätzlich anwendbar.[532]

IV. Süzen-Entscheidung

In der Vorabentscheidung in der Rs. *Süzen* äußerte sich der EuGH erneut zur Anwendung der Richtlinie bei Reinigungstätigkeiten. In diesem Fall handelte es sich um die Neuvergabe eines Reinigungsauftrags an einer Schule. 298

1. Sachverhalt

Frau *Ayse Süzen* war gemeinsam mit sieben weiteren Arbeitnehmern bei einer Reinigungsfirma beschäftigt. Im Rahmen ihres Arbeitsvertrages war sie bei einem Reinigungsauftrag an einem Gymnasium eingesetzt. Als die Schule den Vertrag mit dem Dienstleister beendete und den Auftrag anderweitig vergab, kündigte das Reinigungsunternehmen Frau *Süzen* und anderen Reinigungskräften. Frau *Süzen* war überzeugt, dass ihr Arbeitsverhältnis im Rahmen eines Betriebsübergangs gem. § 613a Abs. 1 BGB auf den neuen Auftragnehmer übergegangen war. Das AG Bonn hatte den EuGH gefragt, ob ein Anwendungsfall der RL 77/187/EWG vorliegt, wenn ein Unternehmen einem Dienstleister das Auftragsverhältnis kündigt und die Tätigkeit an ein anderes Unternehmen vergibt. Außerdem fragte es, ob eine vertragliche Übertragung im Sinne der Richtlinie vorliegt, wenn keine sachlichen und immateriellen Betriebsmittel übertragen wurden.[533] 299

2. Entscheidung

Der EuGH prüfte die Anwendung der Betriebsübergangrichtlinie. Es müsse eine Einheit übergehen. Dabei müssten sämtliche Faktoren berücksichtigt werden.[534] Die Tatsache, dass der alte und der neue Dienstleister ähnliche Tätigkeiten durchgeführt haben, genüge allein nicht zur Annahme eines 300

531 *McMullen*, Business Transfer and Employee Rights, 5-92.
532 *Jefferson*, CompLaw 1997, 294 (296), *McMullen*, Business Transfer and Employee Rights, 5-92.
533 EuGH v. 11.03.1997 – Rs. C-13/95 Rn. 6 – Süzen, NZA 1997, 433 (434).
534 EuGH v. 11.03.1997 – Rs. C-13/95 Rn. 14 – Süzen, NZA 1997, 433 (434).

Übergangs. Eine wirtschaftliche Einheit dürfe nicht nur eine bloße Tätigkeit sein. Ansonsten sei der bloße Verlust eines Auftrages nicht vom Anwendungsbereich umfasst, da das zuvor tätig gewordene Dienstleistungsunternehmen im vollen Umfang weiterbesteht und lediglich einen Kunden verliert. Es müssten weitere Indizien hinzutreten. So sei relevant, ob der Arbeitgeber die Mehrheit, der beim vorherigen Auftragnehmer beschäftigten Arbeitnehmer, übernimmt. Insbesondere in Branchen, in welchen es im Wesentlichen auf die menschliche Arbeitskraft ankommt, sei eine Weiterführung der Tätigkeit, verbunden mit einer Übernahme der Hauptbelegschaft, für den nachfolgenden Auftragnehmer maßgeblich.[535]

Der EuGH antwortete auf die Vorlagefrage, dass die Richtlinie auf einen Wechsel des Reinigungsdienstleisters keine Anwendung finde, wenn der neue Auftragnehmer weder relevante materielle noch immaterielle Betriebsmittel noch einen nach Zahl und Sachkunde wesentlichen Teil des eingesetzten Personals des vorherigen Auftragnehmers übernimmt.[536]

3. *Rezeption*

a) *Deutschland*

301 In Deutschland erfuhr die Entscheidung überwiegend Zustimmung im Schrifttum.[537] Kritisiert wurde aber, dass der EuGH mit dem Urteil noch immer keine klare Definition des Betriebsübergangs bei der Fremd- und Neuvergabe von Aufträgen im Dienstleistungssektor geschaffen hatte.[538] Außerdem gehe er irritierenderweise – wie auch schon in *Christel Schmidt* – davon aus, dass für einen Übergang i.S.d. Richtlinie keine Übertragung von Betriebsmitteln notwendig sei.[539] Manche Stimmen in der Literatur kritisierten zudem, dass die reine Funktionsnachfolge zum Betriebsübergang wird, wenn der neue Dienstleister einen wesentlichen Bestandteil des sachkundigen Personals übernimmt. Damit vermenge der EuGH Tatbestand und Rechtsfolge und begehe einen Systembruch. Ferner habe es dann der nachfolgende Auftragnehmer in der Hand, ob ein Betriebsübergang mit den schützenden Rechtsfolgen für die Arbeitnehmer vorliegt.[540]

---

535 EuGH v. 11.03.1997 – Rs. C-13/95 Rn. 15 ff. – Süzen, NZA 1997, 433 (434).

536 EuGH v. 11.03.1997 – Rs. C-13/95 Rn. 23 – Süzen, NZA 1997, 433 (434).

537 *Annuß*, NZA 1998, 70 (77); *Buchner*, NZA, 1997, 408; *Heinze*, DB 1997, 677; *Junker*, EuZA 2019, 45, (50 f.).

538 *Lorenz*, ZIP 1997, 531 (535).

539 *Steffan*, in: EAS RL 77/187/EWG Art. 1 Nr. 13, S. 16.

540 *Lorenz*, ZIP 1997, 531 (533); *Steffan*, in: EAS RL 77/187/EWG Art. 1 Nr. 13, S 19.

b) Großbritannien

In Großbritannien wurde das Urteil anders als in Deutschland aufgenommen. 302
Die britische Literatur kritisierte das Urteil überwiegend.[541] Die britischen Autoren begrüßten lediglich, dass der EuGH, entgegen der Ausführungen des Generalanwalts *La Pergola*[542], einen Übergang auch ohne die Übertragung von Betriebsmitteln grundsätzlich bejahte.[543] *McMullen* kritisierte die Rechtsunsicherheit[544], die sich besonders bei der Änderung der Haftungsverteilung auswirkte.[545] So könne nach *Süzen* der übernehmende Dienstleister entscheiden, ob er die Arbeitnehmer beschäftigt – und damit, ob die TUPE Regulations 1981 Anwendung finden. Bisher hätte ein Auftragnehmer nicht kalkuliert, dass er im Falle eines Verlusts des Auftrages und fehlender Weiterbeschäftigungsmöglichkeit der Belegschaft die Kosten für Abfindungen und Kündigungsstreitigkeiten zu übernehmen hat. Wenn der neue Dienstleister sich aber weigert, die Belegschaft zu beschäftigen, würde ihn dieses Haftungsrisiko treffen. Ebenso wie auch einige deutsche Autoren kritisierte *Davies* das Merkmal des Übergangs eines Großteils der Belegschaft. Dabei rügte er – anders als die deutschen Kommentatoren – nicht die Vermischung von Tatbestand und Rechtsfolge, sondern dass dadurch der nachfolgende Auftragnehmer selbst entscheiden könne, ob er sich den Rechtsfolgen der Richtlinie unterwirft. Damit führe das Urteil zu einer schlechteren Stellung der Arbeitnehmer im Vergleich zu der bislang geltenden Rechtslage nach Maßgabe der Entscheidung in der Rs. *Christel Schmidt*.[546] Ein weiterer Kritikpunkt in der britischen Literatur war die Unterscheidung zwischen betriebsmittel- und dienstleistungsgeprägten Tätigkeiten. So sei diese Differenzierung zunächst einleuchtend – bei näherer Betrachtung stelle sich aber heraus, dass sie den verschiedenen Ausgestaltungen in der Praxis keine Rechnung trage.[547] Insgesamt wurde eine Gefahr[548] oder zumindest erhebliche Auswirkungen für die Praxis der Fremdvergabe befürchtet.[549] Wie

541 *Upex/Ryley*, TUPE: Law and Practice, S. 29.
542 Generalanwalt *La Pergola*, Schlussantrag EuGH v. 15.10.1996 – Rs. C-13/95 Rn. 9 – Süzen.
543 *McMullen*, Business Transfer and Employee Rights, 5–84.
544 Siehe auch *Bowers*, Tranfer of Undertakings, A2/39.
545 *McMullen*, Business Transfer and Employee Rights, 5–84.
546 *Davies*, ILJ 1997, 193 (196).
547 *Bowers*, Transfer of Undertakings, A2/39.
548 *McMullen*, Business Transfer and Employee Rights, 5–84.
549 *Howlin*, Emp. Law 1997, 6 (8).

die britischen Gerichte die Entscheidung beurteilten, zeigen die Ausführungen ab den Randnummern 302 ff.

4. *Zusammenfassung*

303 Zusammenfassend ist zu beobachten, dass die britischen Autoren die Rs. *Christel Schmidt* tendenziell begrüßten und dagegen die Rs. *Süzen* kritisch sahen. Sie kritisierten insbesondere die schlechtere Stellung der Arbeitnehmer. Im Gegensatz dazu erhielt die Entscheidung *Christel Schmidt* in Deutschland viel negative Resonanz. Die Kritik betraf zunächst die Verpflichtung, Arbeitnehmer auch ohne den Übergang von Betriebsmitteln zu übernehmen. Außerdem kritisierte ein Teil des Schrifttums die Annahme des EuGH, dass ein einzelner Mitarbeiter bereits eine wirtschaftliche Einheit sei. Einige Autoren befürchteten eine dauerhafte Gefahr für die Praxis der Fremdvergabe. Letzteres ist besonders interessant, da das britische Schrifttum im Gegensatz dazu die Rs. *Süzen* als Gefahr für die Fremdvergabe sah. Diese Divergenz der Ansichten lässt sich nur die unterschiedliche Betrachtungsweise erklären: In Deutschland war man um die unternehmerische Freiheit des nachfolgenden Dienstleisters besorgt. In Großbritannien dagegen war man um den Arbeitnehmerschutz aber auch vor allem auch um die Haftungsverteilung für die Arbeitsverhältnisse besorgt. Wenn der nachfolgende Dienstleister entscheiden könne, ob der haftet, würden Unternehmen weniger Tätigkeiten fremdvergeben, da sie letztlich für die Abfindungen aus den Arbeitsverhältnissen haften. Die unterschiedliche Auffassung steht im Zusammenhang mit den Rechtsfolgen der TUPE Regulations. Damit setzt sich auch § 9 dieser Arbeit auseinander.

C. Rechtsprechung nach der Rs. Süzen

304 In den Jahren nach der Entscheidung in der Rs. *Süzen* schwankte die britische Rechtsprechung zwischen verschiedenen, eigens entwickelten Ansätzen und Prüfprogrammen. Die Arbeit untersucht daher in diesem Abschnitt die unterschiedlichen Herangehensweisen anhand einzelner Entscheidungen und zeigt die Entwicklung zur unsicheren Einzelfallrechtsprechung in diesen Fällen.

I. Anwendung der Süzen-Rechtsprechung in Betts v Brintel 1997

1. Entscheidung

Kurz nach der Rs. *Süzen* erging die Entscheidung des Court of Appeal in *Betts v Brintel Helicopters Ltd.*[550] In diesem Fall ging es um Versorgungs- und Transportflüge zu Offshore-Bohrinseln der Firma *Shell*. Die *Brintel Helicopters* (*Brintel*) hatte ihren Auftrag hierfür an die *KLM* verloren. Die *KLM* stellte ihr eigenes Material, verwendete eine andere Art von Hubschraubern und nutzte einen anderen Landeplatz. Außerdem hatte sie ihr eigenes Personal gestellt und deswegen keinen der *Brintel*-Mitarbeiter übernommen. Der High Court hatte in diesem Fall entschieden, dass ein relevanter *transfer* vorgelegen hatte. Zwar seien weder Betriebsmittel noch Arbeitnehmer übergegangen, die Tätigkeit sei jedoch im Wesentlichen gleichgeblieben.[551] 305

Noch vor der Entscheidung des Court of Appeal hatte der EuGH in der Rs. *Süzen* entschieden. Das Gericht sah *Süzen* als Konkretisierung der bisherigen Rechtsprechung und insbesondere der Rs. *Dines*. Dies wirkte sich in der *Betts*-Entscheidung folgendermaßen aus: Es sei grundsätzlich zwischen dienstleistungsgeprägten (*labour intensive*) und betriebsmittelgeprägten (*material intensive*) Einheiten zu unterscheiden. Bei dienstleistungsgeprägten Einheiten sei die nationale Rechtsprechung in *Dines* und die europäische Rechtsprechung in *Süzen* heranzuziehen. Es komme darauf an, dass die Tätigkeit beim vermeintlichen *transferee* mit einem wesentlichen Teil der Belegschaft fortgeführt wird. Bei betriebsmittelgeprägten Einheiten komme es dagegen weiterhin auf die *Spijkers*-Faktoren an. Für den Fall entschieden die Richter, dass die Tatsache, dass *KLM* die gleiche Dienstleistung wie zuvor *Brintel* durchführte (die gleichen Öl-Plattformen anflog), nur dann für einen *transfer* sprechen könne, wenn auch ein wesentlicher Teil der Belegschaft übernommen wurde. Dies sei nicht geschehen. Überdies genüge die Übertragung des Rechts, bestimmte Bohrinseln anzufliegen und zu versorgen, nicht allein, um eine betriebsmittelgeprägte Einheit und damit einen betriebsmittelgeprägten Übergang zu unterscheiden.[552] Daher habe kein *transfer* vorgelegen.[553] 306

Aus der Sicht eines deutschen Lesers mag man sich fragen, weshalb das Gericht den Übergang eines Großteils der Belegschaft diskutiert hat, wenn 307

550 Betts and ors v Brintel Helicopter Ltd and anor [1997] ICR 792 CA.
551 Siehe auch *Craig*, Emp. Law 1997, 2 (3).
552 Betts and ors v Brintel Helicopter Ltd and anor [1997] ICR 792 (807).
553 Betts and ors v Brintel Helicopter Ltd and anor [1997] ICR 792 (806 ff).

doch Versorgungsflüge im Gegensatz zu Reinigungstätigkeiten einen hohen und kostspieligen Materialaufwand (Hubschrauber, Landeplätze, Lagerhallen, etc.) erfordern – es sich um eine materialgeprägte Einheit handelte. Der Court of Appeal identifizierte eine besondere Art der Auftragsnachfolge. Der *transfer* hänge wesentlich vom Übergang des Materials, aber auch von der Belegschaft ab. Da die *Brintel* keine Betriebsmittel übertragen hatte, blieb nur die Prüfung, ob ein wesentlicher Teil der Belegschaft übergegangen war.[554] Daraus schloss das britische Schrifttum, dass der Übergang eines wesentlichen Teils der Belegschaft auch geprüft wird, wenn bei einer Auftragsnachfolge der Dienstleister wesentliche Betriebsmittel (*substantial assets*) überträgt.[555] Die britischen Gerichte orientieren sich nicht nur an der Tätigkeit selbst, sondern es kommt auf das Verhalten des *transferee* an. Dies zeigt, wie bereits in § 5 erläutert, dass die Unterscheidung in betriebsmittel- und dienstleistungsgeprägten Tätigkeiten nicht zentral innerhalb der *Spijkers*-Faktoren ist.[556]

Diese Vorgehensweise mag an die Argumentation des EuGH in der Rs. *Grafe*[557] erinnern. Darin hatte der EuGH den Wechsel eines Buslinienbetreibers als Übergang i.S.d. Richtlinie 2001/23/EG qualifiziert, obwohl der nachfolgende Auftragnehmer keine Busse übernommen hat. Dem EuGH genügte in diesem Fall die Übernahme des Personals. Er begründete dies unter anderem damit, dass der neue Auftragnehmer die Buslinien mit den veralteten Bussen des vormaligen Betreibers aus technischen und umweltrechtlichen Gründen nicht hätte befahren können.[558] Die Interpretation dieses Urteils ist strittig.[559] Wesentlich ist aber, dass der EuGH nicht etwa auf die freiwillig unternehmerischen Entscheidungen des neuen Auftragnehmers abstellte, sondern auf den Zwang und sich daher auf die dienstleistungsgeprägten Faktoren des Betriebs (Fahrer, Know-how, Kunden, Streckennetze, etc.) stützte. In *Betts v Brintel Helicopter Ltd* dagegen, hatte der Court of Appeal eine Differenzierung zwischen

---

554 Betts and ors v Brintel Helicopter Ltd and anor [1997] ICR 792 (805).

555 *Ryley*, ICCLR 1997, 221 (222); ähnlich *Bowers*, Transfer of Undertakings, A2/65.

556 Siehe Rn. 258.

557 EuGH v. 27.02.2020 – Rs. C-298/18 Rn. 32 – Grafe und Pohle, NZA 2020, 443, 445.

558 EuGH v. 27.02.2020 – Rs. C-298/18 – Grafe und Pohle, NZA 2020, 443.

559 *Annuß* sieht, dass dadurch der Abgrenzung zwischen betriebsmittel- und dienstleistungsgeprägten Einheiten eine geringere Bedeutung zukommt, *Annuß*, EuZA 2021, 85; zustimmend: *Junker*, RIW 2020, 1 (4); anders *Ahrendt*, in: Schaub, Arbeitsrechts-Handbuch § 117 Rn. 12, der trotzdem eine Einordnung des EuGH als betriebsmittelgeprägte Tätigkeit sieht; ähnlich auch *Müller-Glöge*, in: MüKoBGB, § 613a BGB Rn. 21.

betriebsmittel- und dienstleistungsgeprägten Einheiten nicht vorgenommen. Er hat auch nicht geprüft, ob der neue Auftragnehmer mit den Betriebsmitteln des vormaligen Betreibers den Auftrag durchführen konnte. Das zeigt erneut, dass die britischen Gerichte die *Spijkers*-Faktoren im Rahmen einer Gesamtbetrachtung betrachten ohne eine Gewichtung dieser je nach betriebsmitteloderdienstleistungsgeprägten Einheiten vorzunehmen. In diesem Fall hat das Gericht lediglich der Übernahme der Tätigkeit weniger Gewicht beigemessen als der Übernahme der Belegschaft und ist insoweit der *Süzen*-Rechtsprechung gefolgt.

2. Folgeentscheidungen

In der Folgerechtsprechung entschied das Employment Appeal Tribunal in *Superclean Support Services plc v Lansana and Whetton Cleaning Services Ltd,* dass die TUPE Regulations 1981 bei einem Wechsel des Dienstleisters bei der Reinigung von Währungswechselstuben keine Anwendung finden. Das Gericht begründete seine Entscheidung damit, dass weder bedeutsame Betriebsmittel noch ein großer Teil der Belegschaft übergegangen sind.[560] In *Connick Tree Care v Chapman* sah das Gericht den Anwendungsbereich der TUPE Regulations 1981 bei der Auftragsnachfolge eines Baumschnitt-Services nicht eröffnet. Es argumentierte, dass weder Betriebsmittel noch ein wesentlicher Teil der Belegschaft übergegangen war.[561] 308

Mit der gleichen Begründung verneinte das Employment Appeal Tribunal einen *transfer* bei dem Wechsel des Betreibers eines Bildungszentrums, welcher kommunale Weiterbildungsmaßnahmen für die Arbeitsvermittlungsbehörde durchführte.[562] Der Richter *Clark* kritisierte in diesem Fall die Rechtsunsicherheit nach den Entscheidungen *Christel Schmidt* und *Süzen.* Diese führe dazu, dass Dienstleistungsunternehmen, die einen Auftrag für eine unbestimmte Zeit innehaben,[563] bei einer unerwarteten Neuvergabe nun mit der Verantwortlichkeit für die Verbindlichkeiten aus den Arbeitsverhältnissen rechnen müssten. Es sei eine unglückliche Situation, aber ihm seien aufgrund der zuvor bindenden Entscheidungen (*binding precedent*) die Hände gebunden.[564] 309

560 Superclean Support Services plc v Lansana and Whetton Cleaning Services Ltd EAT/281/96, nicht veröffentlicht.

561 Connick Tree Care v Chapman, EAT/889/97 nicht veröffentlicht.

562 Computer Insight Ltd v Stewart; EAT/121/97, nicht veröffentlicht.

563 Damit meint er insbesondere Haftung für Abfindungszahlungen.

564 Computer Insight Ltd v Stewart, EAT/121/97, nicht veröffentlicht.

3. *Analyse*

310 Diese Entscheidungen zeigen, dass die britischen Gerichte ihre Rechtsprechung infolge der *Süzen*-Entscheidung geändert haben. Sie orientierten sich an ihr und lehnten eine Anwendung der Regulations bei fehlender Übernahme eines wesentlichen Bestandteils der Belegschaft ab. Sie gewichteten damit dieses Merkmal im Rahmen des *Spijkers*-Tests stärker als die Übernahme der Tätigkeit. Die Aussagen des Richters *Clark* belegen, dass es für die britischen Gerichte schwierig war, *Süzen* in die nationale Rechtsprechung einzuordnen.[565] Das Schrifttum kritisierte an der Entwicklung, dass sie im Gegensatz zur vorherigen rechtssicheren extensiven Auslegung neue Unsicherheiten und Komplikationen für Dienstleistungsunternehmen mit sich bringe und zudem die Arbeitnehmer weniger schütze.[566]

II. Vermeidung der Übernahme in ECM v Cox 1999

1. *Entscheidung*

311 Die Auffassung der Gerichte wandelte sich in den weiteren Entscheidungen. In *ECM v Cox*[567] im Jahr 1999 modifizierte der Court of Appeal die *Süzen*-Regeln.[568] Im Ausgangsfall klagte ein Fahrer, welcher vormals bei dem Fahrzeugtransportunternehmen *Axial* angestellt war. Er verbrachte 50 % seiner Arbeitszeit damit, im Auftrag der *VAG* Fahrzeuge von Containerhäfen zu Händlern zu transportieren. Als die *Axial* den Auftrag an die *ECM* verlor, wurde dem Kläger gekündigt. Er war der Auffassung sein Arbeitsverhältnis sei auf die *ECM* übergegangen. Die *ECM* hatte weder Arbeitnehmer noch Betriebsmittel übernommen. Ansonsten führte sie den Auftrag fort und lieferte Autos von den Containerhäfen zu VAG-Händlern.

312 Das erstinstanzliche Gericht entschied, dass ein *transfer* i.S.d. TUPE Regulations 1981 vorlag. Die *ECM* hatte die gleiche Tätigkeit für den gleichen Kunden übernommen. Die *ECM* hatte keine Arbeitnehmer und damit keinen wesentlichen Teil der Belegschaft übernommen. Würde man jedoch den *transfer* nur an der Übernahme der Arbeitnehmer festmachen, würde der Zweck der TUPE

565 *McMullen*, Business Transfers and Employee Rights, 5-95; *Ryley*, ICCLR 1997, 221 (222).

566 *McMullen*, Business Transfers and Employee Rights, 5-92 ff.

567 ECM (Vehicle Delivery Service) Ltd v Cox and ors [1999] ICR 1162 CA.

568 Siehe *McMullen*, ILJ 2012, 471 (472).

Regulations 1981, der Arbeitnehmerschutz, umgangen werden. Dies sei keine angemessene Auslegung der Regelungen.[569]

313 Die Berufungsinstanzen bestätigten diese Auffassung. Das Employment Appeal Tribunal stellte fest, dass die *ECM* absichtlich keine Arbeitnehmer übernommen habe, um die Schutzwirkungen der TUPE Regulations 1981 zu umgehen. Dieses Ergebnis stehe dem Zweck der Regelungen entgegen und führe zu Zirkelschlüssen. Es sei nicht angemessen, dass der *transferee* seine Verpflichtungen aus TUPE dadurch bestimmen könne, dass er diese von vornherein nicht wahrnimmt. Daher müsse eine zweckgerichtete Auslegung (*purposive approach*) der Regelungen vorgenommen werden. Dies sei auch mit der *Süzen*-Rechtsprechung vereinbart:

> 314 *„It seems to us that we should adopt a purposive approach to the interpretation of the Regulations so as to give effect to the Government's obligations thereunder. We cannot and do not accept that it would be proper for a transferee to be able to control the extent of his obligations by refusing to comply with them in the first place. There is nothing in the Süzen decision which requires us to adopt that course"*[570]

315 Der Court of Appeal fügte hinzu, dass die Süzen-Rechtsprechung nicht isoliert betrachtet werden könne, sondern nur als ein weiteres Indiz im Rahmen des *Spijkers*-Tests.[571]

316 Mit diesem Fall hatten die Gerichte die Anwendbarkeit von TUPE dahingehend erweitert, dass auch wenn kein wesentlicher Bestandteil der Belegschaft übernommen wurde, ein relevanter transfer vorliegen kann. Dies sei unter anderem der Fall, wenn der transferee absichtlich keine Arbeitnehmer übernommen hat, um die Anwendung der TUPE Regulations 1981 zu umgehen.

2. *Folgerechtsprechung*

317 Das Employment Appeal Tribunal modifizierte *Süzen* noch in einem weiteren Fall.[572] Darin beauftragte eine Hausverwaltung einen Dienstleister für die zuvor selbst durchgeführten Hausmeistertätigkeiten. Der Auftragnehmer gab den zuvor bei der Hausverwaltung beschäftigten Mitarbeitern fünf Minuten Bedenkzeit, ob sie übernommen werden möchten. Die Arbeitnehmer informierten ihn allerdings erst 24 Stunden später. Er weigerte sich, die Mitarbeiter zu übernehmen. Das Employment Appeal Tribunal entschied anknüpfend an

---

569 ECM (Vehicle Delivery Service) Ltd v Cox and ors [1999] ICR 1162 (1166) CA.
570 ECM (Vehicle Delivery Service) Ltd v Cox and ors [1999] ICR 631 (640) EAT.
571 ECM (Vehicle Delivery Service) Ltd v Cox and ors [1999] ICR 1162 (1168 f.) CA.
572 Magna Housing Association Ltd v Turner, EAT/198/98, nicht veröffentlicht.

die Rs. *ECM,* dass es in diesem Fall nicht darauf ankomme, ob die Arbeitnehmer tatsächlich übergegangen sind. Es genüge schon die ursprüngliche Intention des *transferee* die Arbeitnehmer zu übernehmen.[573]

3. *Analyse*

318 Diese beiden Fälle zeigen, dass das Employment Appeal Tribunal zum Teil gewillt war, von *Süzen* abzuweichen und die TUPE Regulations 1981 zweckgerichtet auszulegen. Der Schutz der Arbeitnehmer stand dabei im Mittelpunkt. Der EuGH habe immer betont, dass die Richtlinie diesen sicherstellen soll. Allein diese Aussage hätten sie umgesetzt.[574] Allerdings ist zu beachten, dass der Richter *Burton* in zwei anderen Fällen Zeit die *Süzen*-Rechtsprechung konsequent angewandt hatte und einen Übergang der Belegschaft gefordert hatte.[575]

III. Kritik an der Rechtslage

319 Auf die Rs. *ECM* folgten weitere Entscheidungen, in denen die Gerichte versuchten, einen Mittelweg zwischen der in *ECM* angewendeten zweckgerichteten Auslegung und der *Süzen*-Entscheidung zu finden.

1. *ADI (UK) Ltd v Firm Security 2001*

320 In *ADI UK Ltd v Firm Security* bezeichnete Richter *Brown* in seinem Statement den Regelungenstand und die Rechtsprechung zum relevanten *transfer* als nicht zufriedenstellend. Sowohl die nationalen Behörden als auch die EU hätten sich zu wenig um eine klare Rechtslage bemüht.[576] Im Fall ging es um einen Sicherheitsdienstleister in einem Einkaufzentrum. Nachdem die Sicherheitsfirma *ADI* ihren Vertrag mit dem Kaufhaus gekündigt hatte, übernahm die *Firm Security Group* den Auftrag und führte die gleichen Tätigkeiten in dem Einkaufszentrum durch. Sie übernahm aber keine Arbeitnehmer.

321 Das Employment Appeal Tribunal hatte zuvor restriktiv die *Süzen*-Kriterien angewendet und einen *transfer* verneint. Im Laufe des Verfahrens stellte der

---

573 Magna Housing Association Ltd v Turner, EAT/198/98, nicht veröffentlicht.

574 *McMullen*, Business Transfers and Employee Rights, 5–97.

575 Siehe hierzu ADI (UK) Ltd v Willer, UKEAT/11/99, nicht veröffentlicht; siehe auch Whitewater Leisure Management Ltd v Barnes [2000] ICR 1049 EAT: Im Fall wechselte ein Freizeitzentrum den externen Betreiber. Der neue Dienstleister übernahm weder Arbeitnehmer noch Betriebsmittel. Das EAT lehnte einen relevanten *transfer* ab.

576 ADI (UK) Ltd v Firm Securitiy Group Ltd [2001] 3 CMLR 139 (149) CA.

Court of Appeal fest, dass die *Firm Security Group* keine Arbeitnehmer übernommen hatte, um so einen relevanten *transfer* zu vermeiden. Dieses Motiv sei mit in die Prüfung miteinzubeziehen.

Diese Berücksichtigung führt allerdings nicht automatisch dazu, dass der *transferee* die Beweislast dafür trägt, dass er die Übernahme verweigert hat, um TUPE zu vermeiden.[577] 322

Der Court of Appeal orientierte sich ansonsten an der *ECM*-Rechtsprechung (siehe oben) und bejahte – wenn auch nur mit einer Mehrheitsentscheidung – einen relevanten *transfer*.[578] Der Richter *Brown* hatte nicht zugestimmt. Das Gericht hätte den Voraussetzungen aus der *Süzen*-Rechtsprechung folgen müssen. Die Argumentation in *ECM* basiere auf einer zweckgerichteten Auslegung des Anwendungsbereichs. Eine korrekte Interpretation der EuGH-Rechtsprechung führe dazu, die TUPE Regulations 1981 bei ihrer Anwendung zweckgerichtet auszulegen und nicht ihren Anwendungsbereich zweckgerichtet zu erweitern.[579] 323

2. *Complete Clean Ltd v Savage 2002*

Wie einzelfallabhängig die Entscheidungen der Gerichte waren, zeigte das Employment Appeal Tribunal in *Complete Clean Ltd v Savage*[580] im Jahr 2002. Bei dem in Frage stehenden *transfer* handelte es sich um die Neuvergabe von Reinigungstätigkeiten in einer Kindertagesstätte. Der nachfolgende Dienstleister hatte weder Material noch Arbeitnehmer übernommen. Das Gericht versuchte, aus der nationalen und der europäischen Rechtsprechung die Kernelemente eines relevanten *transfer* zu ermitteln, und kam zu dem Schluss, dass sich die Rechtslage in einem bedenklich unsicheren Zustand befindet. Es sei unmöglich, rechtssichere Aussagen zur Orientierung für Anwälte, Arbeitnehmer, Arbeitgeber oder Gewerkschaften zu treffen.[581] Es folgte schließlich der 324

---

577 *McMullen*, Business Transfer and Employee Rights, 5-97.

578 ADI (UK) Ltd v Firm Securitiy Group Ltd, [2001] 3 CMLR 139 (160) CA.

579 Zwei der drei Richter stimmten für die Anwendung der TUPE Regulations 1981 in diesem Fall.; siehe hierzu auch *McMullen*, Business Transfer and Employee Rights, 5-97.

580 Complete Clean Ltd v Savage, Design & Clare Cleaning Services Ltd, Buffer Bear Ltd [2002] WLUK 551 EAT.

581 Complete Clean Ltd v Savage, Design & Clare Cleaning Services Ltd, Buffer Bear Ltd [2002] WLUK 551 Rn. 10 EAT.

Süzen-Rechtsprechung und lehnte eine zweckgerichtete Auslegung ab. Im Fall habe kein relevanter *transfer* vorgelegen.[582]

IV. Gesamtbetrachtung in Cheesman v Brewer 2000

325 In *Cheesman v Brewer* legte das Employment Appeal Tribunal die bisherige Rechtsprechung neu aus.[583] In diesem Fall wechselte eine Kommune (*district council*) die Hausverwaltung für vermietete Immobilien in kommunalem Eigentum. Das Employment Appeal Tribunal beschrieb in seiner Entscheidung ausführlich die Voraussetzungen eines relevanten *transfer*.[584] Demnach komme es im dienstleistungsgeprägten Bereich darauf an, dass ein überwiegender Teil der Belegschaft übergeht, da nur so eine übergangsfähige wirtschaftliche Einheit gebildet werden könne. Es gebe aber kein alleiniges Kriterium, sondern alle Umstände des Einzelfalls müssten berücksichtigt werden.

326 Dazu sei zunächst zu prüfen, welche Betriebsmittel für die Durchführung der Tätigkeit notwendig bzw. wichtig sind und, in einem zweiten Schritt, ob diese übergegangen sind. Die Tatsache, dass der nachfolgende Auftragnehmer die Tätigkeit weiterführt, lasse nicht auf einen relevanten *transfer* schließen. Außerdem sei die fehlende Vertragsbeziehung zwischen *transferor* und *transferee* kein Ausschlusskriterium für einen *transfer*. Ebenso sei es entscheidend, alle Umstände des Falles einzubeziehen.[585]

327 In der Entscheidung bewertete Richter *Lindsay* den Fall in einer Gesamtschau der Umstände. Er plädierte für eine Gesamtbetrachtung aller Faktoren, Einflüsse und Umstände eines jeden Falles.[586] Damit orientierte er sich wieder stärker an dem Konzept des *Spijkers*-Tests.

V. Multi-factorial approach in RCO Support Services v UNISON 2002

328 In *RCO Support Services v UNISON*[587] bestätigte der Court of Appeal die Rechtsprechung in der Rs. *Cheesman* und orientierte sich an einem Test, der mehrere

---

582 Complete Clean Ltd v Savage, Design & Clare Cleaning Services Ltd, Buffer Bear Ltd, [2002] WLUK 551 Rn. 25 EAT.

583 *Bowers*, Transfer of Undertakings, A2/81; *McMullen*, Business Transfers and Employee Rights, 5-98.

584 Siehe oben Rn. 175.

585 Chessman and ors v R Brewer Contracts Ltd [2000] WL 1918515 Rn. 11 EAT.

586 *McMullen*, Business Transfers and Employee Rights, 5-98.

587 RCO Support Services Ltd and anor v UNISON and ors [2002] ICR 751 CA.

Umstände in die Prüfung des *transfer* einbezieht, den sog. *multi-factorial approach* bzw. *multi-factorial test.*[588]

1. Sachverhalt

Im Fall hatte eine Krankenhausstiftung Stationen des *Malton Hospital* geschlossen, um sie mit der gleichen Struktur, den gleichen Patienten und dem gleichen medizinischen Personal in einer nahegelegenen Einrichtung wiederzueröffnen. Dabei erhielt in dem neuen Krankenhaus eine andere Firma (*RCO*) den Reinigungsauftrag als in der vorhergehenden Klinik. Außerdem führte die Stiftung in der alten Klinik das Catering selbst durch, während es in der neuen Klinik die *RCO* übernahm. Die Mitarbeiter des vorherigen Reinigungsunternehmens *Initial* hatten in der alten Klinik spezielle Schulungen erhalten, um sich in den geregelten Ablauf der Stationen einzufügen. Obwohl *RCO* einem Teil des Reinigungspersonals bei Kündigung ihres Arbeitsverhältnisses mit *Initial* neue Jobs angeboten hatte, kam nie eine Einigung über die Übernahme zustande. Zudem ging keine spezielle Ausrüstung der alten Reinigungsfirma über. Das Cateringpersonal verblieb teilweise bei der Stiftung und wurde im neuen Krankenhaus eingesetzt. Den übrigen Mitarbeitern hatte die *RCO* Übernahmeangebote unterbreitetet, welche die Arbeitnehmer zum Teil angenommen hatten. Ansonsten hatte die *RCO* geringfügig Material aus der Küche im alten Krankenhaus übernommen. 329

2. Entscheidung

Der Court of Appeal plädierte, dass man die *Süzen*-Rechtsprechung auf die TUPE Regulations 1981 anwenden müsste. Gleichzeit schließe aber die Tatsache, dass der *transferee* einen Großteil der Belegschaft nicht übernimmt, einen relevanten *transfer* nicht aus.[589] Im Gegenteil gebe es Fälle der Fremdvergabe und der Auftragsnachfolge (*outsourcing cases*), in welchen andere Faktoren auf einen Übergang im Sinne von TUPE hindeuten würden.[590] In diese Betrachtung sollen auch etwaige Motive des *transferee* einfließen, die Anwendung der Regelungen zu vermeiden. Außerdem sei auch die Weiterführung der gleichen Tätigkeit ein Kriterium für einen Übergang. Dabei könne das Motiv für die Entscheidung des *transferee*, die Belegschaft nicht zu übernehmen, wie 330

---

588 *Wynn-Evans*, ILJ 2013, 152 (157); beide Begriffe werden gleichermaßen verwendet. Sie bezeichnen die gleiche Sache.

589 RCO Support Services Ltd and anor v UNISON and ors [2002] ICR 751 (761) CA.

590 RCO Support Services Ltd and anor v UNISON and ors [2002] ICR 751 (763) CA.

ein *Spijkers*-Kriterium betrachtet werden.[591] Dementsprechend müssten alle Umstände des Falles in eine Gesamtbetrachtung (*multi-factorial approach*) einbezogen werden.

331 Der Court of Appeal sah in dem Angebot von *RCO*, Arbeitnehmer von *Initial* einzustellen, ein Indiz für einen relevanten *transfer*.[592] Zudem sah er in der Fortführung der Tätigkeit ein weiteres Argument für den *transfer*. Dabei bezog er sich auf die Komplexität der Reinigungstätigkeiten, die im Falle der Klinik ein gewisses Maß an Erfahrung und Schulung erforderten.[593] Der Court of Appeal stimmte den vorhergehenden Instanzen außerdem zu, dass die *Süzen*-Rechtsprechung nur als ein Faktor in der Gesamtbetrachtung gesehen werden kann.

332 Der Fall verdeutlicht, dass die britischen Gerichte den Aspekt der Trennung zwischen betriebsmittel- und dienstleistungsgeprägten Tätigkeiten weiter ignorierten. Insbesondere sei die Übernahme der Belegschaft nicht zwingend bei Tätigkeiten, bei denen es im Wesentlichen auf die Arbeitskraft ankommt. Eine Gesamtbetrachtung soll die Fortführung der Tätigkeit und das Motiv des *transferee* hinsichtlich der Nichtübernahme der Arbeitnehmer berücksichtigen.

VI. Zusammenführung der verschiedenen Ansätze in Astle v Chesire County Council 2004

333 Das Employment Appeal Tribunal diskutierte in *Astle v Chesire County Council*[594] die in der vorherigen Rechtsprechung entwickelten verschiedenen Herangehensweisen und erweiterte den Ansatz aus *ECM v Cox*.

1. Sachverhalt

334 Eine Gemeinde hatte einen Vertrag mit dem Bauplanungsbüro *SGI* über verschiedene Dienstleistungen. Die Kommune hatte diesem gekündigt. Sie nahm ab der Kündigung Tätigkeiten zum Teil wieder selbst wahr und teilte die übrigen Aufgaben in zwei Bereiche auf. Für die beiden Bereiche hatte sie mehrere Berater beauftragt. Problematisch war zum einen, dass die Organisation und die Durchführung in den beiden Bereichen sich von der von *SGI* unterschieden. Zum anderen hatte die Kommunalbehörde keine Arbeitnehmer der *SGI*

---

591 *Wynn-Evans*, ILJ 2013, 152 (157).
592 RCO Support Services Ltd and anor v UNISON and ors [2002] ICR 751 (764) CA.
593 RCO Support Services Ltd and anor v UNISON and ors [2002] ICR 751 (762) CA.
594 Astle and ors v Cheshire County Council, Omnisure Property Management Ltd [2004] WL 1372331 EAT.

übernommen, da sie die Anwendung der TUPE Regulations 1981 vermeiden wollte und eine Übernahme der Belegschaft nicht in ihr Geschäftskonzept gepasst hätte.

2. *Entscheidung*

Das Gericht prüfte in der obigen Entscheidung, welche Kriterien in welcher Reihenfolge geprüft werden müssen. Es stellte fest, dass die Tätigkeit beim *transferee* fortgeführt werden muss. Dies sei eine notwendige Voraussetzung, jedoch nicht ausreichend, um einen relevanten Übergang auszulösen.[595] Bei der Nichtübernahme von Arbeitnehmern oder Betriebsmitteln müsse zunächst geprüft werden, ob der *transferee* versuche, die Anwendung der TUPE Regulations 1981 zu vermeiden. Bejahendenfalls sei das Kriterium im Rahmen des *Spijkers*-Tests zu berücksichtigen und könne dann sogar entscheidend für die Anwendung von TUPE sein.[596] Sodann sei noch zu prüfen, ob der Versuch der Umgehung das entscheidende Kriterium für den *transfer* ist. Dabei sei der Einfluss der Vermeidungsstrategie einzubeziehen.[597] In diesem Fall verneinte das Employment Appeal Tribunal einen relevanten *transfer*, da der Hauptgrund für die Nichtübernahme die Umstrukturierung der Geschäftsbereiche war.[598] 335

VII. Zusammenfassung

Die Änderungen in der Rechtsprechungslinie der britischen Gerichte zwischen der *Süzen*-Entscheidung und den TUPE Regulations 2006 sind zahlreich. Beginnend mit der Anwendung der *Süzen*-Kriterien über die Modifizierung der Rechtsprechung hin zum *multi-factorial-approach* war es für die Praxis immer unsicherer, ob eine Fremd- oder Neuvergabe eines Auftrags in den Anwendungsbereich der TUPE Regulations 1981 fiel. Sowohl die Wissenschaft als auch die Praxis und zum Teil sogar die Gerichte selbst[599] äußerten Kritik.[600] 336

---

595 *McMullen*, Business Transfers and Employee Rights, 5.100.4.
596 Astle and ors v Cheshire County Council, Omnisure Property Management Ltd [2004] WL 1372331 Rn. 21 EAT.
597 Astle and ors v Cheshire County Council, Omnisure Property Management Ltd [2004] WL 1372331 Rn. 22 EAT; siehe auch Argumentation in: Atos Origin UK Ltd v Amicus and ors, EAT/0566/03, nicht veröffentlicht, zusammengefasst in *McMull*en, Business Transfer and Employee Rights, 5-100.
598 Astle and ors v Cheshire County Council, Omnisure Property Management Ltd [2004] WL 1372331 Rn. 34 EAT; siehe auch *IDS*, IDS Brief 2004, 769, 3.
599 Siehe Rn. 309.
600 Siehe oben.

Es sei nicht möglich gewesen, Arbeitnehmer oder Arbeitgeber juristisch verantwortbar zu beraten. Der *multi-factorial approach* führte dazu, dass die Anwendung der TUPE Regulations einzelfallabhängig beurteilt wurde. Kritikwürdig ist das Festhalten an den Motiven des *transferee*, da diese wohl in der Praxis häufig nicht ermittelbar sind. Positiv zu bewerten ist der Blick der Gerichte auf den Zweck der Richtlinie und der TUPE Regulations 1981.

VIII. Rechtsvergleichender Ausblick

337 Der EuGH hatte die Rs. *Süzen* bspw. in den Entscheidungen *Hidalgo*[601] und *Oy Liikenne*[602] bestätigt.[603] Das BAG hatte sich im Wesentlichen der Rechtsprechung aus *Süzen*[604] angeschlossen und unter anderem Quoten für den maßgeblichen Übergang eines wesentlichen Teils der Belegschaft festgelegt.[605] Das überwiegende Schrifttum begrüßte das Festhalten an den Grundsätzen aus der *Süzen*-Rechtsprechung.[606] Die deutsche Literatur diskutierte ansonsten – wie auch die britischen Autoren (siehe oben) – den Vorwurf eines Zirkelschlusses der *Süzen*-Rechtsprechung.[607] Überdies ist zu beobachten, dass deutsche Autoren häufig von einer sog. Abgrenzung zur Fremdvergabe bzw. Funktionsnachfolge und zur Auftragsnachfolge sprachen.[608] Im Vergleich dazu stellen sich die britischen Autoren und Gerichte auf den Standpunkt, dass die Funktions- und Auftragsnachfolge grundsätzlich vom Anwendungsbereich der Regulations

---

601 EuGH v. 10.12.1998 – Rs. C-247/96 – Hidalgo, NZA 1999, 189.

602 EuGH v. 25.01.2001 – Rs. C-172/99 – Oy Liikenne, NZA 2001, 249.

603 Nach Ansicht von *Derbyhsire/Hardy* hat sich der EuGH 2001 gegen die Funktionsnachfolge in der Rs. *Oy Liikenne* ausgesprochen; siehe nur *Derbyshire/Hardy*, TUPE: Law and Practice, S. 23 f.

604 Siehe hierzu Wechsel des Reinigungsdienstleisters: BAG v. 11.12.1997 – 8 AZR 729/96, NZA 1998, 534 sowie BAG v. 13.11.1997 – 8 AZR 295/95, NZA 1998, 251.

605 Siehe zur Fremdvergabe an einen Reinigungsdienstleister und die Quote von 60 % in BAG v. 24.05.2005 – 8 AZR 333/04, NZA 2006, 31, 33. Auch interessant ist an dieser Stelle die Entscheidung BAG v. 10.12.1998 – 8 AZR 676/97, NZA 1999, 420, wobei das BAG bei dem Wechsel eines Dienstleisters in einem Krankenhaus bei der Durchführung einfacher Tätigkeiten (Abfallentsorgung, Bettenwechsel, Bereitstellung von Medikamenten, Essen und Getränken) eine Quote von 75 % festlegt.

606 Siehe *Annuß*, NZA, 1998, 70 (77) m.w.N.; siehe auch Rn. 298.

607 Siehe *Grau/Hartmann*, in: *Preis/Sagan*, Europäisches Arbeitsrecht, Rz. 15.44 f., m.w.N.

608 Siehe hierzu beispielhaft: *Grau/Hartmann*, in *Preis/Sagan*, Europäisches Arbeitsrecht, Rz. 15.47; *Klappstein* in *Dauner-Lieb/Langen*, § 613a BGB Rn. 25; *Willemsen*, in *WHSS*, Umstrukturierung und Übertragung von Unternehmen, G 66.

umfasst ist. Dieser Ausgangspunkt spiegelt sich auch in der Entwicklung der Rechtsprechung seit dem *Süzen*-Urteil wider. Die möglichen Gründe für diese unterschiedlichen Rechtsprechungen werden in § 9 dieser Arbeit aufgegriffen.

D. Einführung des service provision change

Nachdem die bisherigen Regelungen in Kombination mit der nationalen und europäischen Rechtsprechung zu einer erheblichen Rechtsunsicherheit geführt hatten, entschied die britische Regierung, die TUPE Regulations 1981 zu reformieren. Sie führe in reg. 3(1)(b) TUPE Regulations 2006 den SPC ein. 338

I. Ziel des Gesetzes

Die britische Regierung begründete die Einführung mit vier Hauptargumenten. 339
Erstens war es das Ziel des Gesetzes, einen klaren Anwendungsbereich des relevanten *transfer* zu schaffen. Zweitens sollte nach der Unsicherheit in den 1990er- und zu Beginn der 2000er-Jahre dieser zu mehr Rechtssicherheit für die involvierten Parteien führen und außerdem unnötige Rechtsstreitigkeiten reduzieren. Die Rechtsunsicherheit und die vielen Streitigkeiten hatten zuvor schon die Gerichte und die Literatur kritisiert.[609] Insbesondere hatte bspw. Richter *Clark* kritisiert, dass ein Auftragnehmer sich nicht darauf verlassen könne, dass er bei Verlust des Auftrags nicht die Verantwortung für die Abfindungszahlungen trägt.[610]

Drittens beabsichtigte man, die Transaktionskosten zu senken.[611] Viertens war es das Ziel der Regierung, durch den SPC einen fairen Wettbewerb unter den Auftragnehmern zu erhalten. Bislang fielen schon ein Teil der Fälle in den Anwendungsbereich der Richtlinie und der TUPE Regulations – aber eben nicht alle. Mit dem erweiterten Anwendungsbereich sollten Ausschreibungsentscheidungen aufgrund der wirtschaftlichen Leistung und nicht auf der Grundlage unterschiedlicher Auffassungen über die Beschäftigungsrechte von Arbeitnehmern getroffen werden. So würden für alle Seiten die Transaktionsrisiken und Kosten reduziert werden.[612] Auch den negativen

609 Siehe Rn. 309.

610 Siehe Rn. 309.

611 DTI: Draft Revised Transfer Regulations: Public Consultation (2005), S. 5, abrufbar unter: https://webarchive.natioalarcjives.gov.uk/ukgwa/20080610202303/und http://www.berr.gov.uk/consultations/page16387.html, zuletzt abgerufen am 17.07.2022.

612 Explanatory Memorandum to the Transfer of Undertaking (Protection of Employment) Regulations 2006 No. 246, Rn. 7.1 ff.

Einfluss auf den freien Wettbewerb hatten zuvor die Gerichte und die Literatur kritisiert.[613]

II. Wesentliche Inhalte

340 Der SPC erweiterte den Anwendungsbereich der TUPE Regulations um drei Fälle: die Fremdvergabe, die Auftragsnachfolge und die eigene Übernahme einer zuvor fremdvergebenen Tätigkeit (dazu A.). Es sind zudem weitere Voraussetzungen erforderlich. So muss gem. reg. 3(3)(a) TUPE vor dem *transfer* eine organisierte Zusammenfassung von Arbeitnehmern (*organised grouping of employees*) vorgelegen haben. Die Tätigkeit muss seit den TUPE Amendment Regulations 2014 gem. reg. 3(2A) TUPE nach dem Wechsel im Wesentlichen gleich sein. (dazu § 7.). Überdies darf der Auftraggeber nach reg. 3(3)(a)(ii) TUPE die Tätigkeit nicht nur zum einmaligen Anlass (*single specific event*) übertragen. Außerdem darf er sie nicht nur in einem kurzen, begrenzten Zeitraum (*short-term duration*) durchführen lassen. Die Tätigkeit des Auftragnehmers darf zudem nicht oder nicht überwiegend aus der Lieferung von Waren für den Auftraggeber bestehen.[614]

341 Schließlich gilt der *service provision change* nach reg. 3(4)(a) TUPE sowohl für öffentliche als auch private Unternehmen, die wirtschaftlich tätig werden, unabhängig davon, ob sie eine Gewinnerzielungsabsicht haben.[615] Außerdem findet der *service provision change* auch dann Anwendung, wenn er selbst dem Recht eines Landes außerhalb des Vereinigten Königreichs unterliegt (reg. 3(4)(b)(i) TUPE) oder die betroffenen Arbeitsverhältnisse dem Recht eines anderen Landes unterliegen (reg. 3(4)(b)(ii)TUPE). Im Übrigen fällt eine bloße Umstrukturierung der öffentlichen Verwaltung bzw. von Behörden – wie auch beim *business transfer* – nicht unter den Anwendungsbereich des *service provision change* (Reg. 3(5) TUPE). Außerdem könne der *transfer* nach Reg. 3(6) TUPE aus einer oder mehreren Transaktionen bestehen und zudem auch ohne eine Übertragung von Eigentum des *transferor* an den *transferee* stattfinden.[616]

---

613 Siehe Rn. 319 ff.

614 *Der Wortlaut der reg. 3(3)(b) lautet: […] the activites concerned do not consist wholly or mainly of the supply for goods for the client's use.*

615 Siehe hierzu Ausführungen business transfer.

616 Wortlaut des Gesetzes: *Reg. 3(6) A relevant transfer (a) may be effected by a series of two or more transactions; and (b) may take place whether or not any property is transferred to the transferee by the transferor.*

§ 7 Ausprägungen des service provision change

Nach der Einführung des *service provision change* (SPC) standen die Gerichte vor der Herausforderung, wie sie die neuen Regelungen auslegten. Die Frage, wie mit der zuvor entwickelten Gesamtbetrachtung (*multi-factorial approach*) umzugehen war, stellte sich bereits in einem der ersten Präzedenzfälle - der Entscheidung des Employment Appeal Tribunals in der Rechtssache *Metropolitan v Churchill Dulwich.*[617] Im Fall ging es um den Wechsel eines Betreibers von Asylbewerberheimen.[618] Richter *Judge Burke QC* verwies in diesem Urteil auf den klaren (*straightforward*) Wortlaut der TUPE Regulations In diesem Punkt würden sich die Regelungen zum SPC deutlich zu denen des *transfer of an undertaking* in den TUPE Regulations 1981 unterscheiden. So würden in reg. 3(1)(b) TUPE drei klar abgrenzbare Fälle des SPC beschrieben. Daher sei seines Erachtens die Gesamtbetrachtung als Auslegungshilfe überflüssig und die Gerichte könnten sich vollumfänglich auf die tatsächlichen Umstände im Einzelfall und deren Subsumtion unter den Wortlaut der reg. 3(1)(b) TUPE konzentrieren.[619] Ausgehend von diesem Urteil entwickelten die Gerichte zu unterschiedlichen Problemkreisen verschiedene Rechtsprechungslinien. 342

Die Folgeentscheidungen zeigten, dass der Wortlaut des Gesetzes hinsichtlich der drei Grundfälle - außer bei einer Vergabe an mehrere Anbieter (hierzu § 8) hinreichend klar formuliert ist. In Bezug auf die übrigen Kriterien eines SPC hatten die Gerichte jedoch Schwierigkeiten. So spiegeln die Entscheidungen zu den Voraussetzungen „gleicher Kunde" (hierzu A.), „im Wesentlichen gleiche Tätigkeit" (hierzu B.) und die „organisierte Zusammenfassung von Arbeitnehmern" (hierzu C.) wider, dass der Anwendungsbereich des SPC nicht so klar war, wie es kurz nach dessen Einführung schien.[620] 343

---

617 Es war der erste Fall zur Auslegung der TUPE Regulations 2006 vor einem Berufungsgericht; siehe Metropolitan Resources Ltd v Churchill Dulwich Ltd (in liq.) [2009] ICR 1380 (1381); siehe auch Einführung *Rubenstein*, IRLR 2009, 697.

618 Zur ausführlichen Sachverhaltsbesprechung und Details der Entscheidung, siehe Rn. 380.

619 Metropolitan Resources Ltd v Churchill Dulwich Ltd (in liq.) [2009] ICR 1380 (1389 f.)

620 *McMullen*, ILJ 2012, 471 (478).

A. Gleicher Kunde

344 Der Wortlaut des Gesetzes spricht in allen drei Grundfällen des SPC von „einem Kunden" („*a client*") bzw. „für einen Kunden" („*on a client's behalf*").[621] Diese Formulierung stellte die Gerichte vor verschiedene Herausforderungen. So war erstens fraglich, ob die Tätigkeit des Auftragnehmers dem Kunden selbst zugutekommen muss, also wie die Passage „für einen Kunden" zu verstehen ist (siehe dazu I.). Zweitens war fraglich, ob der SPC auch anwendbar ist, wenn nicht nur der Dienstleister, sondern auch der Kunde in seiner Person wechselt – also ob die Formulierung „einem Kunden" bedeutet, dass der Kunde (z.B. Eigentümer der zu reinigenden Immobilie) gleicht bleibt (dazu II.). Drittens stellte sich die Frage, wer „der Kunde" eines Subunternehmers in entsprechenden Dreieckskonstellationen ist (dazu III.). Viertens war fraglich, ob eine Vielzahl an Kunden der Anwendung des SPC wegen des Wortlauts „einem Kunden" entgegensteht (dazu IV.).

I. Person des „Kunden"

345 Im Falle von wohltätigen Aufgaben kommt die Tätigkeit häufig nicht dem Auftraggeber selbst zugute, sondern bestimmten Personengruppen oder der Allgemeinheit. In *Thomas-James v Cornwall County Council*[622] hatte ein Employment Tribunal zu entscheiden, ob diese Dreieckskonstellation dem Merkmal „für den Kunden" entgegensteht. In dem Fall hatte eine wohltätige Organisation (*Legal Services Commission,* kurz *LSC*) eine Rechtsberatung beauftragt, der Allgemeinheit einen kostenlosen Auskunftsservice per Telefon und Post zur Verfügung zu stellen. Als die Beratung diesen Auftrag an mehrere Kontrahenten verlor, kündigte sie den auf dem Projekt eingesetzten Mitarbeitern. Die Mitarbeiter gingen von einem SPC und damit einem Übergang ihrer Arbeitsverhältnisse auf einen der Auftragsnachfolger im Sinne der TUPE Regulations aus.

346 Das Gericht entschied, dass es für die Eigenschaft als Kunde nicht darauf ankomme, dass die Tätigkeiten des Dienstleisters dem Auftraggeber selbst zugutekommen.[623] Gerade im öffentlichen Bereich würden die Dienstleistungen häufig für die Allgemeinheit erbracht. Dabei seien die letztlich Begünstigten

621 Zum Teil spricht das Gesetz auch von „Tätigkeiten für den Kunden" („*the client's behalf*").

622 Thomas-James v Cornwall County Council [2008] ET/1701021-22, nicht veröffentlicht.

623 *Bowers*, Transfer of Undertakings, D1/31.

(*ultimate beneficiary*) gerade nicht die auftraggebende Behörde oder Organisation.[624] Zudem müsste der Kunde die Tätigkeit zuvor nicht selbst durchgeführt haben. Er könne von Beginn an diese Tätigkeit auf einen Dritten verlagert haben.[625] Dafür spreche schon der Wortlaut der reg. 3(1)(b) TUPE, welcher sich auf Tätigkeiten im Auftrag des Kunden bezieht. Das gelte unabhängig davon, ob der Kunde sie zuvor selbst durchführte oder durch einen Dienstleister durchführen ließ. Es bestätigte die *LSC* als Kundin i.S.d. Regelungen zum SPC.[626] Dies erscheint überzeugend, zumal das Wort Kunde nicht impliziert, dass die Leistung ihm selbst unmittelbar zugutekommen muss.

II. Kundenwechsel

Der Wortlaut der reg. 3(1)(b) TUPE bezieht sich jeweils auf **einen** Kunden bzw. 347
den Kunden[627]. Dabei stellte sich im Rahmen verschiedener Fälle für Gerichte die Frage, wie mit einem Wechsel des Kunden umzugehen ist.

1. Wechsel des Eigentümers in Hunter v McCarrick

In *Hunter v McCarrick* entschied der Court of Appeal, dass die Formulierung 348
„ein Kunde" bzw „der Kunde" bedeutet, dass der Kunde vor und nach dem *transfer* gleichbleiben muss.[628] Es war fraglich, ob ein im Management beschäftigter Arbeitnehmer einer Immobilienverwaltung im Rahmen eines SPC übergeht, wenn der Eigentümer des Gebäudes (Auftraggeber) wechselt und der vermeintliche *transferee* einen neuen Dienstleister mit der Verwaltung des Gebäudes beauftragt.

Das Employment Appeal Tribunal entschied sich gegen eine Anwendung 349
der TUPE Regulations. Der Wortlaut in reg. 3(3)(a) spreche von „dem Kunden" („*the client*"). Hier habe aber der Auftraggeber als Kunde mit der Übernahme durch einen anderen Dienstleister gewechselt. Es gebe keine Grundlage, den Anwendungsbereich des Gesetzes zu erweitern.[629]

Der Court of Appeal bestätigte die Entscheidung. Der Rechtsbeistand des 350
Arbeitnehmers hatte argumentiert, dass eine weite, zweckgerichtete Auslegung

624 Thomas-James v Cornwall County Council [2008] ET/1701021-22 Rn. 7.
625 *Bowers*, Transfer of Undertakings, D1/31.
626 Thomas-James v Cornwall County Council [2008] ET/1701021-22 Rn. 8, nicht veröffentlicht.
627 Hervorhebung durch die Verfasserin.
628 *IDS*, Employment Handbook, Transfer of Undertakings, 1.89.
629 Hunter v McCarrick [2012] ICR 533 (543 ff.) EAT.

der reg. 3(1)(b) TUPE erforderlich sei, da s. 38(2) des Employment Rights Act 1999[630] zum Erlass von Regelungen ermächtigt, die gleiche oder ähnliche Bestimmungen wie die TUPE Regulations in reg. 3(1)(a) TUPE und die Richtlinie zum Schutz der Arbeitnehmer enthalten. Der Gesetzgeber habe durch die Einführung des SPC von dieser Regelung Gebrauch gemacht. Daher sei auch in den Fällen des SPC ein entsprechender Schutzrahmen zu gewähren.[631] Richter *Elias* stimmte dieser Auffassung insoweit zu, als dass es Situationen gebe, in denen im Hinblick auf den SPC die gleichen Schutzmaßnahmen für Arbeitnehmer wie auch in reg. 3(1)(a) ergriffen werden müssten. Dies betreffe allerdings nicht den Anwendungsbereich der reg. 3(1)(b) der TUPE Regulations selbst, sondern die Rechtsfolgen. Der SPC sei eine vom EU-Recht abgekoppelte Erweiterung der Schutzmaßnahmen, deswegen sei eine europarechtskonforme Auslegung nicht notwendig.[632] Damit ergebe sich keine erweiterte Auslegung der reg. 3(1)(b) TUPE in diesem Fall. Auch eine richtlinienorientierte Auslegung mit Blick auf den Zweck der Richtlinie sei nicht notwendig.[633]

2. Wechsel des Auftraggebers in Taurus Group Ltd v Crofts

351 Das Employment Appeal Tribunal beschäftigte sich mit der *Hunter*-Frage erneut in *Taurus Group Ltd v Crofts*.[634,635] Ein Wachmann war bei dem

630 Die Vorschrift hat folgenden Wortlaut:
s. 38 Transfer of undertakings
(1) This section applies where regulations under section 2(2) of the [1972 c. 68.] European Communities Act 1972 (general implementation of Treaties) make provision for the purpose of implementing, or for a purpose concerning, a Community obligation of the United Kingdom which relates to the treatment of employees on the transfer of an undertaking or business or part of an undertaking or business.
(2) The Secretary of State may by regulations make the same or similar provision in relation to the treatment of employees in circumstances other than those to which the Community obligation applies (including circumstances in which there is no transfer, or no transfer to which the Community obligation applies).
(Hervorhebung durch die Verfasserin).

631 Hunter v McCarrick [2013] ICR 235 (243) CA.

632 *Wynn-Evans*, The Law of TUPE Transfers, 3.28.

633 Hunter v McCarrick [2013] ICR 235 (246) CA.

634 Taurus Group Ltd v Crofts, Securitas Security Services (UK) Ltd [2012] WL 2191417 EAT.

635 Das Employment Appeal Tribunal hatte den Fall nach seiner Entscheidung in der Rechtssache *Hunter*, aber vor der Entscheidung des Court of Appeal in der Sache *Hunter* entschieden.

Sicherheitsdienstleister „*Reliance*" angestellt. Die *Reliance* hatte einen Vertrag mit einer Immobilienfirma „*Ely Properties*" über Sicherheitsdienstleistungen mittels elektronischer Überwachungstechnik und Wachpersonal in einem Studierendenwohnheim. Als die *Ely Properties* zahlungsunfähig wurde (*went into administration*),[636] übernahm die *CRM* die Verwaltung des Gebäudes und bezahlte weiterhin die *Reliance* für die Erbringung der Sicherheitsdienstleistungen. Die *Ely Properties* veräußerte das Gebäude an die *Mansion Group*. Diese wiederum beendete den Vertrag mit *Reliance* und beauftragte ein neues Sicherheitsunternehmen („*Taurus*"). Sowohl die *Reliance* als auch der Wachmann waren der Auffassung, dass sein Arbeitsverhältnis im Rahmen eines SPC auf die *Taurus Group* übergegangen war.

Der Rechtsbeistand der *Reliance* plädierte für eine zweckgerichtete Aus- 352
legung (*purposive interpretation*)[637] anstatt einer wörtlichen Auslegung der reg. 3(1)(b). Andernfalls könne man die Schutzvorschriften leicht umgehen und der neue Eigentümer hätte keinerlei Verpflichtungen gegenüber den Arbeitnehmern des vormaligen Sicherheitsdienstleisters (*security service*). Dies sei eine unübersichtliche Situation (er verwendete den Ausdruck „*Wild West*").[638] Er bezog sich – wie der Anwalt in *Hunter* – auf s. 38 des Employment Relations Act 1999, wonach auch in Situationen, in denen die Betriebsübergangsrichtlinie keine Anwendung findet, durch Gesetz die gleichen oder ähnlichen Schutzmaßnahmen geschaffen werden können. Durch die Einführung des SPC hätte der britische Gesetzgeber davon Gebrauch gemacht. Wenn nun bei einem Wechsel des Kunden die Arbeitnehmer nicht geschützt werden, würden die Schutzmaßnahmen zu stark abweichen.[639]

Das Employment Tribunal hatte dieser Auffassung zugestimmt. Das 353
Gericht argumentierte, dass es nicht dem Zweck der TUPE Regulations entsprechen könne, dass Arbeitnehmer ihren Schutz verlieren, sobald sich das Eigentumsverhältnis des Unternehmens oder des Gebäudes, in welchem die

636 Da der Fokus der Arbeit nicht auf dem britischen Insolvenzrecht liegt, wird hier *administration* mit dem im deutschen allgemeinen Sprachgebrauch verwendeten Begriff „Insolvenz" übersetzt. Damit ist keine völlige rechtliche Übereinstimmung der beiden Begriffe gemeint.

637 Die Ausdrücke *approach* und *interpretation* werden in diesem Kontext synonym verwendet. Damit ist die zweckgerichtete Auslegung gemeint.

638 Taurus Group Ltd v Crofts, Securitas Security Servies (UK) Ltd [2012] WL 2191417 EAT Rn. 27.

639 Taurus Group Ltd v Crofts, Securitas Security Servies (UK) Ltd [2012] WL 2191417 EAT Rn. 26.

Arbeitnehmer eingesetzt werden, ändert.[640] Das Employment Appeal Tribunal hingegen lehnte diese Interpretation ab.[641] Es verwies insbesondere auf die Ausführungen des Richters *Judge Burke QC* in *Metropolitan*[642] und die Rechtssache *Hunter*[643] und argumentierte, dass eine zweckgerichtete Auslegung nicht notwendig sei. Demnach liegt bei einem Wechsel des Kunden im Zusammenhang mit dem vermeintlichen *transfer* kein SPC vor.[644]

354 Die gezeigten Fälle spiegeln die Tendenz der Gerichte zu einer wortlautorientierten Auslegung im Hinblick auf den SPC wider. Nach dem Zweck der TUPE Regulations ist nicht erkennbar, weshalb Arbeitnehmer in der Situation eines Wechsels des Kunden/Auftraggebers weniger schutzbedürftig sein sollten. Die Gefahr für eine Verschlechterung ihre Situation besteht im Wechsel des Dienstleisters. Die Wahrscheinlichkeit eines Dienstleisterwechsels dürfte im Falle des Kundenwechsels sogar noch erhöht sein. Die Interpretation des Wortlauts selbst ist jedenfalls an dieser Stelle schlüssig.

3. Auftrag durch Insolvenzverwalter in SNR Denton UK LLP v Kirwan

355 Die Frage nach dem Kundenwechsel stellt sich auch, wenn der Insolvenzverwalter für das Unternehmen tätig wird.[645] Denn dieser beauftragt häufig bestimmte Dienstleister. In *SNR Denton UK LLP v Kirwan*[646] war problematisch, dass der Insolvenzverwalter eine Tätigkeit fremdvergeben hatte. Die Klägerin hatte als Anwältin für eine Gebäudeverwaltung („*JAS*") gearbeitet. Da sich das Unternehmen in finanziellen Schwierigkeiten befand, arbeitete sie zuletzt hauptsächlich an der Beendigung von Verträgen der Firma. Die *JAS* musste Insolvenz anmelden (*went into administration*). Daraufhin übernahmen Insolvenzverwalter (*administrator*) die Abwicklung der Geschäfte. Hierfür beauftragten sie eine Rechtsanwaltskanzlei. Diese führten die Tätigkeiten der Klägerin fort und beendeten Verträge für die *JAS*. Die Anwältin war der Auffassung, dass sie im Rahmen eines SPC auf die Kanzlei übergegangen sei.

---

640 Taurus Group Ltd v Crofts, Securitas Security Servies (UK) Ltd [2012] WL 2191417 EAT Rn. 14.

641 *McMullen*, Business Transfers and Employee Rights, 5–108.

642 Taurus Group Ltd v Crofts, Securitas Security Servies (UK) Ltd [2012] WL 2191417 EAT Rn. 18; Verweis auf das Metropolitan Resources Ltd v Churchill Dulwich Ltd (in liquidation) [2009] ICR 1380 (1390).

643 Siehe Rn. 348.

644 *Derbyshire/Hardy*, TUPE: Law and Practice, S. 97.

645 *Wynn-Evans*, The Law of TUPE Transfers, 3.133.

646 SNR Denton UK LLP v Kirwan [2013] ICR 101.

Das Employment Tribunal hatte einen SPC bejaht. Es sei zu berücksichtigen, dass die Insolvenzverwalter als Stellvertreter (*agents*) für die *JAS* tätig waren. Das Employment Appeal Tribunal lehnte einen solchen ab, da die Anwälte zwar als Vertreter für *JAS* Verträge beendeten, aber von vornherein nicht für das Unternehmen, sondern für den Insolvenzverwalter tätig geworden sind. Der Insolvenzverwalter sei zwar nach der bisherigen Rechtsprechung als Stellvertreter für die Unternehmensleitung zu betrachten. Im Hinblick auf seine Tätigkeiten sei aber zu differenzieren, ob er diese im Interesse des Unternehmens oder im Interesse der Gläubiger (*creditors*) durchführt.[647] Da der Insolvenzverwalter im Rahmen der Beendigung von Verträgen im Interesse der Gläubiger handelt, sei er vertraglich für die die *JAS* als Stellvertreter tätig geworden.[648] Er hat aber damit nicht i.S.d. SPC als gleicher Kunde gehandelt. Das Kriterium des gleichen Kunden war nicht erfüllt. 356

4. *Zwischenergebnis*

Grundsätzlich muss „der Kunde“ bzw. „die Kunden“ vor und nach dem Übergang gleichbleiben. Dafür spricht der Wortlaut der reg. 3(1)(a) TUPE. Die britischen Gerichte haben an dieser Stelle konsequent eine wortlautorientierte Auslegung vorgenommen. Dass diese Auslegung noch dem Zweck der TUPE Regulations entspricht, ist unwahrscheinlich. Die Arbeitsverhältnisse sind bei einem Wechsel des Dienstleisters immer gefährdet, unabhängig davon, ob der Grund für den Wechsel, ein Wechsel des Auftraggebers oder eine Entscheidung des Auftraggebers war. Die Gerichte hatten eine zweckgerichtete Auslegung nicht geprüft. 357

III. Wechsel des Kunden in Subunternehmerkonstellationen

Ein weiteres Problem ist der Wechsel des Auftragnehmers in Subunternehmerkonstellationen. Lagert ein Auftragnehmer einen Teil seiner Aufgaben auf einen Subunternehmer (*subcontractor*) aus, so ist fraglich, ob die Arbeitsverhältnisse der Arbeitnehmer des Subunternehmers übergehen, wenn der Auftragnehmer seinen Auftrag verliert. Die Schwierigkeit in dieser Konstellation 358

---

647 Das EAT bezog sich an dieser Stelle auf die Ausführungen des Court of Appeal in der Rechtssache Key2Law (Surrey) LLp v De'Antiquis (Secretary of State for Business, Innovation and Skills intervening*)* [2012] ICR 881. Es sei nach diesem Urteil grundsätzlich die oberste Pflicht des Insolvenzverwalters, im Interesse der Gläubiger des Unternehmens zu handeln (S. 892).

648 SNR Denton UK LLP v Kirwan [2013] ICR 101 (113 f.).

ist, herauszufinden, wer „der Kunde" ist – der dahinterstehende Auftraggeber, der Dienstleister als Auftraggeber gegenüber dem Subunternehmer oder beide. Die britischen Gerichte haben dazu in verschiedenen Entscheidungen Stellung bezogen.

1. *Ndeze v Horizon Security Services Ltd 2014*

359 In diesem Fall ging es um die Übertragung von Sicherheitsdienstleistungen auf einen Subunternehmer. Die *Workspace* verwaltete ein Bürogebäude im Auftrag einer Kommunalbehörde. Die *Workspace* hatte im Rahmen dieses Auftrags die Sicherheitsdienstleistungen an eine Subunternehmerin vergeben. Als die Kommunalverwaltung den Vertrag mit der *Workspace* beendete und das Gebäudemanagement selbst übernahm, beauftragte sie in der Folge den Sicherheitsdienstleister *Horizon*. Der Kläger – ein Mitarbeiter der Subunternehmerin – verlangte von dieser Abfindungszahlungen (*redundancy payments*). Diese war der Auffassung, dass er aufgrund eines SPC Arbeitnehmer von *Horizon* geworden sei.

360 Das Employment Tribunal hatte einen SPC bejaht. Die Kommunalbehörde sei sowohl vor als auch nach der neuen Beauftragung die Kundin gewesen.[649] Das Employment Appeal Tribunal hob das Urteil jedoch auf. Zwar sei die Behörde die Eigentümerin des Gebäudes gewesen, jedoch hatte *d*ie Subunternehmerin ausschließlich Verträge mit *Workspace*.[650] Die Kommunalverwaltung hatte *Workspace* mit der Verwaltung beauftragt und letztere wiederum den Sicherheitsdienstleister. Dies sei ein sog. *sub-contracting*, wenn ein Dienstleiser die in ihm übertragenen Aufgaben ganz oder teilweise an einen weiteren Anbieter vergibt. Die TUPE Regulations würden das sog. *sub-contracting* nicht explizit erfassen. In reg. 3(1)(b)(iii) TUPE sei ein Dienstleisterwechsel erfasst, dies könne auch einen Subunternehmer betreffen. Ein Kundenwechsel sei dagegen nicht vom Wortlaut erfasst.[651]

361 Der Fall zeigt die Tendenz der britischen Gerichte zur wortlautgemäßen Auslegung bei der Prüfung des SPC. Hätte die Richterin *Eady* an dieser Stelle zweckgerichtet argumentiert, wäre sie womöglich zu einem anderen Ergebnis

649 Ndeze v Horizon Security Services Ltd, UKEAT/0071/14 Rn. 17, nicht veröffentlicht.

650 Ndeze v Horizon Security Services Ltd, UKEAT/0071/14 Rn. 46 f., nicht veröffentlicht.

651 Ndeze v Horizon Security Services Ltd, UKEAT/0071/14 Rn. 42, nicht veröffentlicht; siehe auch Ausführungen des Rechtsbeistands von *Horizon* in diesem Fall bei Rn. 37.

gekommen. Der Zweck der Erweiterung der TUPE Regulations um den SPC war es, Rechtssicherheit zu schaffen und einen fairen Wettbewerb zu gewährleisten.[652] Der Ausschluss einer vergleichbaren Konstruktion, sowohl für die Arbeitnehmer als auch die Auftragnehmer (in dem Fall Subunternehmer), führt zu neuen Rechtsunsicherheiten und zu einem Wettbewerbsnachteil für Subunternehmer. Diese müssen dann nämlich wie in diesem Fall für die Verbindlichkeiten aus den Arbeitsverhältnissen haften.[653] Die Richterin *Eady* diskutierte in ihrer Entscheidung, dass zwar in Subunternehmerkonstellationen der Kunde des Subunternehmers der Dienstleister sei, man aber im Gegensatz dazu in Stellvertretungskonstellation häufig mehrere Kunden identifizieren könne. In dieser Situation sei dann zu ermitteln, wer der wahre Kunde (*real client*) sei.[654] Nach der Ansicht *McMullens* ist damit zumindest zukünftig der Weg für eine großzügigere Auslegung des Anwendungsbereichs geebnet.[655]

2. *Jinks v London Borough of Havering 2015*

In *Jinks*[656] beschäftige sich das Employment Appeal Tribunal erneut mit der Beauftragung eines Subunternehmers. In diesem Fall hatte die Kommunalbehörde *London Borough of Havering* die Verwaltung einer Eislaufbahn (inklusive der angrenzenden Parkplätze) an den Dienstleister *Saturn Leisure Ltd* fremdvergeben. Dieser wiederum betrieb die Bahn selbst, hatte aber das Parkmanagement an den Subunternehmer *Regal Carparks Ltd* vergeben. Im Frühling 2013 schloss die örtliche Behörde die Eislaufbahn und *Saturn* verlor den Auftrag. Kurz darauf übernahm das *London Borough of Havering* die Verwaltung der Parkplätze wieder selbst, vermietete Parkplätze dauerhaft an Mitarbeiter des nahegelegenen Krankenhauses und stellte sie schließlich der Öffentlichkeit zur Verfügung. Ein Mitarbeiter der *Regal Carparks Ltd* verlor seinen Job und war der Ansicht, er sei aufgrund eines SPC Mitarbeiter der Kommunalbehörde geworden. 362

Das Employment Tribunal verneinte eine Anwendung der TUPE Regulations, da sich der Kunde geändert habe. Die *Regal Carpark Ltd* sei als 363

---

652 Siehe Rn. 339.

653 Siehe *McMullen*, Business Transfers and Employee Rights, 5–109.

654 Ndeze v Horizon Security Services Ltd, UKEAT/0071/14 Rn. 41, nicht veröffentlicht,

655 *McMullen*, Business Transfers and Employee Rights, 5–109, zustimmend: *Wynn-Evans*, The Law of TUPE Transfers, 3.114.

656 Jinks v London Borough of Havering, [2015] WL 3750909 EAT.

Subunternehmerin für die *Saturn Leisure Ltd* tätig geworden. Zwischen der Behörde und *Regal* bestand im Übrigen keine vertragliche Beziehung.[657]

364 Das Employment Appeal Tribunal widersprach dieser Ansicht. Der Ansatz des erstinstanzlichen Richters sei zu eng und daher falsch gewesen. Ein Abstellen allein auf die vertraglichen Beziehungen genüge zur Identifizierung der bzw. des Kunden des Dienstleisters nicht. Richter *Luba* stellte, wie auch *McMullen* fest, dass die Richterin *Eady* in der Rechtssache *Horizon* den Weg für eine weitere Auslegung geebnet hatte. Daher müsse man prüfen, ob nicht in diesem Fall tatsächlich die kommunale Behörde die wahre Kundin von *Regal* war.[658] Darüber hinaus müsse reg. 2(1) TUPE mit in die Auslegung des Wortes „Kunden" hineingelesen werden. In reg. 2(1) TUPE wird ausdrücklich darauf hingewiesen, dass das Wort Auftragnehmer (*contractor*) in reg. 3 TUPE auch einen beauftragten Subunternehmer (*subcontractor*) erfasst.[659] Es wäre daher widersprüchlich, Subunternehmer ausdrücklich zu erfassen und damit auch deren Arbeitnehmer zu schützen – auf der anderen Seite aber das Merkmal Kunde eng auszulegen.[660] Er verwies daher die Sache zurück an das Employment Tribunal.[661]

365 Die beiden Entscheidungen zeigen, dass die Gerichte Subunternehmerkonstellationen nicht gänzlich vom Anwendungsbereich des SPC ausschließen. In *Jinks* war *McMullen* zudem der Ansicht, dass das Employment Appeal Tribunal von der wortlautgetreuen Auslegung abwich und stattdessen eine Auslegung anhand des *common sense*, was so viel heißt wie „mit gesundem Menschenverstand", vornahm.[662] Dem ist insoweit zuzustimmen, als dass Richter *Luba* in *Jinks* nicht mehr nur mit dem Wortlaut von reg. 3(1)(b) TUPE argumentiert. Allerdings bleibt auch festzuhalten, dass eine reine Wortlautinterpretation bei Subunternehmerkonstellationen kaum weiterhilft. Das Gesetz spricht eben nur von „dem Kunden" bzw. „einem Kunden". Die Gerichte waren daher gezwungen, auf andere Auslegungshinweise zu rekurrieren.

366 Die Einbeziehung von reg. 2(1) TUPE ist aus deutscher Sicht ein systematisches Argument. Jedenfalls zeigt die Entscheidung in *Jinks*, dass eine starre

657 Jinks v London Borough of Havering, [2015] WL 3750909 Rn. 8 ff. EAT
658 Jinks v London Borough of Havering, [2015] WL 3750909 Rn. 22 ff. EAT.
659 Die Wortlaut des Gesetzes lautet: reg. 2(1) TUPE: *[…] references to "contractor" in regulation 3 shall include a sub-contractor,* […].
660 Jinks v London Borough of Havering, [2015] WL 3750909 Rn. 18 ff. EAT.
661 Jinks v London Borough of Havering, [2015] WL 3750909 Rn. 37 ff. EAT.
662 *McMullen*, ILJ 2016, 220 (226).

Orientierung am Wortlaut nicht zu befriedigenden Ergebnissen führt und daher auch weitere Faktoren einbezogen werden sollten.

IV. Auslegung bei mehreren Kunden in Ottimo Property Services Ltd v Duncan

Fraglich ist auch, ob das Vorliegen mehrerer Kunden eines Dienstleisters einen SPC verhindert. In *Ottimo Property Services Ltd v Duncan* stellte sich dem Employment Appeal Tribunal die Frage, ob das Wort *client* in reg. 3(1)(b) TUPE auch im Plural verstanden werden kann.[663] Im Fall war ein Hausmeister bei dem Unternehmen *Ottimo Property Services* beschäftigt, welches für die Instandhaltung mehrerer Gebäude in einem Gebäudekomplex zuständig war. Die Gebäude gehörten verschiedenen Eigentümern. Es gab keinen Rahmenvertrag für den gesamten Komplex, sondern eine Vielzahl von Verträgen für jedes einzelne Haus. Als ein anderer Dienstleister alle Instandhaltungsarbeiten übernahm, wollte dieser den Hausmeister nicht einstellen und ihm wurde seitens *Ottimo* gekündigt. 367

Das Employment Tribunal hatte argumentiert, dass bei einer wörtlichen Auslegung von reg. 3(1)(b)(iii) TUPE die TUPE Regulations bei mehreren Kunden keine Anwendung fänden.[664] Das Employment Appeal Tribunal widersprach dem. Es stützte sich auf eine Norm des Interpretation Act 1978. Darin heißt es in s. 6, dass in jeder Norm der Singular auch als Plural verstanden werden könne und umgekehrt, solange keine gegenteilige Absicht aus dem Gesetz erkennbar ist.[665] Daher müsse man sich fragen, ob eine solche gegenteilige Intention in den TUPE Regulations erkennbar war. Richterin *Eady* führte aus, dass eine Anwendung des Interpretation Act möglich sei, ohne eine zweckgerichtete Auslegung (*purposive interpretation*) der TUPE Regulations vorzunehmen.[666] Das Employment Appeal Tribunal habe in *Hunter v McCarrick*[667] ausgeführt, dass eine Interpretation des Wortes *client* im Plural zu Unsicherheiten führe, jedoch handelte es sich dort um eine andere Situation, da sich die Identität des *client* änderte. In *Ottimo* sei diese dagegen gleichgeblieben.[668] Des 368

---

663 Ottimo Property Services Ltd v Duncan [2015] ICR 859 EAT

664 Ottimo Property Services Ltd v Duncan [2015] ICR 859 (862) EAT.

665 Im Originalwortlaut:

> *s. 6 Gender and number: In any Act, unless the contrary intention appears,—[...] (c) words in the singular include the plural and words in the plural include the singular.*

666 Ottimo Property Services Ltd v Duncan [2015] ICR 859 (866) EAT.

667 Siehe oben.

668 Ottimo Property Services Ltd v Duncan [2015] ICR 859 (871) EAT.

Weiteren diskutierte sie, ob bei einer Auslegung im Plural eine Art Rahmenvertrag (*umbrella contract*) mit allen *clients* existieren müsste. Das sei aber eine zu enge Auslegung. Es müsse dagegen eine hinreichende Verbindung zwischen den Verträgen geben.[669] Diese liege in diesem Fall vor.

369 *McMullen* sieht in diesem Fall wie in der Entscheidung *Jinks* eine Auslegung anhand des *common sense*. Die Richterin *Eady* hätte in diesem Fall eine strikte Wortlautauslegung aufgegeben und einen praktikableren Weg gewählt.[670] Aus deutscher Sicht wäre in diesem Fall wohl wieder eine systematische Auslegung gegeben. Es erscheint widersprüchlich, dass in diesem Fall eine Auslegung des Wortlauts als Plural möglich sein soll, nicht aber im Falle eines Kundenwechsels. Nach dem Interpretation Act ist die Interpretation im Plural nur möglich, wenn keine gegenteilige Absicht aus dem Gesetz erkennbar ist. Eine solche ist weder bei mehreren Kunden noch bei einem Wechsel erkennbar. Überdies wären bei einer zweckgerichteten Betrachtung die Arbeitnehmer in beiden Situationen gleichermaßen gefährdet. Außerdem schafft die unterschiedliche Interpretation des Wortlauts Rechtsunsicherheit. Rechtsklarheit zu schaffen war aber ein weiterer Zweck der TUPE Regulations. Daher bleibt abzuwarten, ob die Gerichte einen SPC auch bei einem Wechsel des Kunden anwenden. Mehrere Kunden schließen nach der aktuellen Rechtslage eine Anwendung des SPC nicht von vornherein aus, sie müssen aber vor und nach dem vermeintlichen *transfer* übereinstimmen.[671]

V. Zwischenergebnis

370 Hinsichtlich des Merkmals des gleichen Kunden haben die Gerichte eine zweckgerichtete Auslegung der reg. 3(1)(b) TUPE abgelehnt und sich überwiegend strikt am Wortlaut orientiert. In einigen Entscheidungen haben sie zudem systematische Argumente herangezogen. *McMullen* sah in diesen systematischen Auslegungen eine eigene neue Methode, den *common sense approach*. Daraus ergaben sich materiell folgende Implikationen: Der Kunde (auch als Auftragnehmer zu verstehen) muss nicht derjenige sein, dem die Leistung des Dienstleisters unmittelbar zugutekommt. Wenn der vermeintliche *transfer* mit einem Wechsel des Kunden einhergeht, liegt kein SPC vor. In Subunternehmerkonstellationen können sowohl der den Subunternehmer beauftragende Dienstleister als auch der dahinterstehende Auftraggeber Kunde des Subunternehmers

669 Ottimo Property Services Ltd v Duncan [2015] ICR 859 (873) EAT.
670 *McMullen*, ILJ 2016, 2020 (228).
671 *Bowers*, Transfer of Undertakings, D1/31.

i.S.v. reg. 3(1)(b) TUPE sein. Wenn von vornherein mehrere Kunden auftreten und der Dienstleister wechselt, kann ebenfalls ein SPC vorliegen.

B. Im Wesentlichen gleiche Tätigkeit

In den TUPE Regulations 2006 wurde das Merkmal „Tätigkeit" (*activity*) nicht näher definiert. Im Zuge der Einführung des SPC hatte die britische Regierung überlegt, eine Einschränkung dahingehend mit aufzunehmen, dass TUPE keine Anwendung findet, wenn die Dienstleistung beim *transferee* auf eine neue oder auf eine innovative Art und Weise durchgeführt wird.[672] Man entschied sich jedoch gegen diese Ausnahme. Gerade wenn neue Arbeitsmethoden (zum Beispiel digitalisierte Prozesse) beim *transferee* eingeführt werden, würden die Arbeitnehmer nicht freiwillig übernommen werden. Beim *transferor* würden sie dann vermutlich betriebsbedingt gekündigt werden und dieser müsste dann die damit einhergehenden Kosten für Abfindungen und dergleichen übernehmen. Wenn die Verpflichtungen auf den neuen Auftragnehmer übergehen würden – so die Hoffnung – könnte dieser die Arbeitnehmer an einer anderen Stelle im Unternehmen beschäftigen oder hätte ein Interesse daran, die Arbeitnehmer weiterzubilden und umzuschulen.[673] Seit den TUPE Amendment Regulations 2014[674] ist nach reg. 3(2A) TUPE aber erforderlich, dass die übertragene Tätigkeit – unabhängig von der Fallkonstellation (s.o.) – im Wesentlichen (*fundamentally the same*) die Gleiche ist.[675] Der Wortlaut des Gesetzes lautet: 371

> **Regulation 3(2A)** *References in paragraph (1)(b) to activities being carried out instead by another person (including the client) are to activities which are fundamentally the same as the activities carried out by the person who has ceased to carry them out.* 372

In diesem Abschnitt werden verschiedene Aspekte und Fallgruppen des Merkmals untersucht. Zunächst ist fraglich, wie überhaupt die relevante Tätigkeit ermittelt wird (I.). Sodann wird die Auslegung des Merkmals „im Wesentlich gleich" untersucht (II.) und welchen Einfluss es hat, wenn laufende Projekte 373

---

672 DTI: Draft Revised Transfer Regulations: Public Consultation (2005), S. 18 f., abrufbar unter: https://webarchive.nationalarchives.gov.uk/ukgwa/20080610202303/http://www.berr.gov.uk/consultations/page16387.html, zuletzt abgerufen am 17.07.2022.

673 *Wynn-Evans*, The Law of TUPE Transfer, 3.31.

674 Für weitere Ausführungen zu den TUPE Amendment Regulations 2014 siehe Rn. 75.

675 eingefügt durch Reg. 5 des Collective Redundancies and Transfer of Undertakings (Protection of Employment) (Amendment) Regulations 2014/16.

beim *transferor* verbleiben (III.) oder der *transferee* ein geringeres Arbeitsaufkommen hat (IV.).

I. Festlegung der relevanten Tätigkeit

374 Wenn die Tätigkeit vor und nach dem *transfer* im Wesentlichen gleich sein muss, ist fraglich, was unter der „Tätigkeit" zu verstehen ist. Die Frage stellt sich zum Beispiel, wenn es um den Betrieb einer Großküche und Essensausgabe in einer Unternehmenskantine geht. Einerseits könnte man hier den Betrieb einer vollausgestatten Küche zur Bewirtung der Belegschaft als die Tätigkeit bezeichnen. Andererseits könnte man vereinfacht lediglich die Essensversorgung des Personals des Unternehmens XY als Tätigkeit definieren.[676]

375 Die Rechtsprechung hat zu diesem Problem in verschiedenen Fällen Stellung bezogen. In *Argyll Coastal Services Ltd v Stirling*[677] hatte das Employment Appeal Tribunal die relevante Tätigkeit i.S.d. reg. 3(1)(b) TUPE als das „was der Kunde vom Auftragnehmer fordere" beschrieben. Dabei sei auch die vertragliche Vereinbarung über die Dienstleistung zu berücksichtigen.[678] Die wesentliche Tätigkeit und deren Umfang sei zudem durch die Sachverhaltsumstände im Einzelfall zu beurteilen, wie das Employment Appeal Tribunal in der Rechtssache *Ward Hadaway v Love* feststellte.[679]

1. Ganzheitliche Betrachtung

376 In *Johnson Controls Ltd v Campbell*[680] plädierte Richter *Langstaff* für eine ganzheitliche Betrachtung (*holistic view*) zur Feststellung der relevanten Tätigkeit.[681] Diese im Einzelfall zur ermitteln, gestalte sich oft schwierig. Das Employment Tribunal müsse die Summe der Aufgaben innerhalb der Dienstleistung miteinbeziehen, ohne dabei einen zu engen Maßstab anzulegen.[682] Das Berufungsgericht bestätigte in *Arch Initiatives v Greater Manchester*[683], dass das

676 Das Beispiel ist an den Fall *OCS Group UK Ltd v Jones* angelehnt; siehe Rn. 383 ff.

677 Argyll Coastal Services Ltd v Stirling [2012] WL 1067788; siehe zum ausführlichen Sachverhalt und der Entscheidung Rn. 407.

678 Argyll Coastal Services Ltd v Stirling [2012] WL 1067788, Rn. 20.

679 Ward Hadaway v Love and ors [2010] WL 1368798 Rn. 27 EAT.

680 Johnson Controls v UK Atomic Energy Authority [2012] WL 609214 EAT.

681 Johnson Controls v UK Atomic Energy Authority [2012] WL 609214 Rn. 18 EAT.

682 Johnson Controls v UK Atomic Energy Authority [2012] WL 609214 Rn. 6 EAT.

683 Arch Initiatives v Greater Manchester West Mental Health NHS Foundation Trust and ors [2016] ICR 607 EAT.

erstinstanzliche Gericht eine ganzheitliche Betrachtung vornehmen müsse, um die Tätigkeit zu ermitteln. Es ergänzte, dass ein zu enger Fokus den Arbeitnehmerschutz unterlaufen könnte und sich das Tribunal dessen bewusst sein sollte.[684]

2. Einzelfallbetrachtung

Das EAT bestätigte die Anwendung einer ganzheitlichen Betrachtung in *Salvation Army Trustee Co v Bahi*[685]. Im Fall waren die Kläger des Ausgangsverfahrens bei einer Wohltätigkeitsorganisation (*CCL*) beschäftigt. Diese hatte im Rahmen eines Vertrags mit einer Kommunalverwaltung die Betreuung von wohnungslosen Menschen übernommen. Dies beinhaltete vor allem die Bereitstellung verschiedener Wohneinheiten für bedürftige Personen. Des Weiteren sollten sie Erstgespräche mit möglichen Bewohnern der Unterkünfte durchführen und ihnen nach Einzug einen Sozialarbeiter zur Seite stellen. Dieser wiederum sollten dann einen individuellen Unterstützungsplan aufstellen. Dieser sah insbesondere die Koordination mit einer anderen Stelle, Hilfe beim Ausfüllen von Formularen und Anträgen, Finanzmanagement und Unterstützung bei der Suchtbewältigung vor. Die Stadt war unzufrieden mit der Situation, da neben *CCL* noch weitere Dienstleister tätig waren und schrieb den Auftrag neu aus. Dabei sollte der neue Anbieter die Tätigkeiten aller Dienstleister übernehmen. Die *SAT* erhielt den Auftrag und betreute fortan wohnungslose Menschen in zwei großen Gemeinschaftsunterkünften. Bei Personen mit weniger Hilfsbedarf erfolgte nur noch eine ambulante Unterstützung. Bei Bedürftigen mit einem erhöhten Betreuungsbedarf erstellten die Mitarbeiter der *SAT* einen Unterstützungsplan auf und die Person konnte in einer der beiden großen Gemeinschaftsunterkünfte ziehen. Des Weiteren gab es noch kleinere Änderungen, wie bspw. das Alter der Berechtigten: *CCL* hatte den Service ab 18 Jahren angeboten – die *SAT* dagegen erst ab 25 Jahren. 377

Das Employment Tribunal stellte generell fest, dass die Definition der Tätigkeit nicht in einem zu allgemeinen und vereinfachten Begriff zusammengefasst werden dürfe. Darüber hinaus sei zu prüfen, welche Tätigkeiten die Arbeitnehmer durchgeführt haben. Dies gelte bspw. für den Umfang der Aufgaben und den Arbeitsort.[686] In diesem Fall sah es die Bereitstellung von Unterstützung in 378

684 Arch Initiatives v Greater Manchester West Mental Health NHS Foundation Trust and ors [2016] ICR 607 (624).
685 Salvation Army Trustee Co v Bahi and ors [2017] IRLR 410 EAT.
686 Salvation Army Trustee Co v Bahi and ors [2017] IRLR 410 (412) EAT.

Wohneinheiten für wohnungslose Menschen als die relevante Tätigkeit an. Das Employment Appeal Tribunal bestätigte diese Auffassung und ergänzte, dass es wichtig sei, die relevante Tätigkeit nicht übermäßig zu vereinfachen und gleichzeitig keinen zu strengen Maßstab anzulegen. Dies erfordere eine Ermittlung im Einzelfall, um den Zweck des SPC nicht zu gefährden.[687] Es bejahte außerdem einen SPC in diesem Fall. Dieser Fall zeigt, dass das Employment Appeal Tribunal bei der Ermittlung der relevanten Tätigkeit tendenziell keine engen Maßstäbe anlegt. Es wird nicht jedes Detail ermittelt, sondern vielmehr eine Würdigung im Rahmen einer Gesamtbetrachtung

II. Wesentlich gleiche Tätigkeit

379 Im nächsten Schritt müssen die Gerichte prüfen, ob die Tätigkeit vor und nach dem *transfer* im Wesentlichen (*fundamentally and essentially*) gleich war.[688] Dieses Merkmal hatte die Rechtsprechung in *Metropolitan Resources Ltd* entwickelt.[689] Der Gesetzgeber hat dies schlussendlich in die Amendment Regulations 2014 in reg. 3(2a) TUPE aufgenommen.[690] Auf den ersten Blick erscheint dieses Merkmal wie das Pendant zum Element „keine wesentliche Veränderung" im Rahmen der Identitätswahrung der wirtschaftlichen Einheit bei einem Unternehmensübergang nach reg. 3(1)(a) TUPE.[691] Die Rechtsprechung hat dieses unbestimmte Merkmal konkretisiert. Im Folgenden untersucht die Arbeit daher anhand der Rechtsprechung was unter „im Wesentlichen gleich" zu verstehen ist und wie sich dieses Merkmal zur Identitätswahrung der wirtschaftlichen Einheit nach reg. 3(1)(a) TUPE unterscheidet.

1. Grundlage in Metropolitan Resources Ltd v Churchill Dulwich Ltd

380 In der grundlegenden Entscheidung Metropolitan Ltd v Churchill Dulwich Ltd[692] wechselte ein Auftragnehmer. Ein Unternehmen (Churchill Dulwich Ltd) betrieb ein Asylbewerberheim im Auftrag einer Wohltätigkeitsorganisation. Dieser sah den Betrieb einer Einrichtung für Asylbewerber (Barry House) für einen Zeitraum von sechs Monaten vor. Dazu gehörte eine kurz- bis mittelfristige Unterbringung und Versorgung der Menschen, ihre Registrierung

---

687 Salvation Army Trustee Co v Bahi and ors [2017] IRLR 410 (412) EAT.

688 *Bowers*, Transfer of Undertakings, A2.57.0.

689 *Wynn-Evans*, The Law of TUPE Transfers, 3.45.

690 *Chamberlain/Fraser*, Managing TUPE, S. 8.

691 Siehe Rn. 215 ff.

692 Metropolitan Resources Ltd v Churchill Dulwich Ltd and ors [2009] ICR 1380 EAT.

für das Asylverfahren und Verteilung der Bewerber. Noch bevor dieses Vertragsverhältnis endete, beauftragte die Wohltätigkeitsorganisation einen weiteren Dienstleister (Metropolitan Resources Ltd). Dieser betrieb daraufhin ein anderes Asylbewerberheim (Coombe Farm). Dieses Haus entsprach aufgrund seiner Lage höheren Sicherheitsanforderungen als das Barry House. Der Vertrag beinhaltete ähnliche Dienstleistungen wie bei Churchill Dulwich Ltd in Barry House. Die einzigen Unterschiede waren der Ort der Tätigkeit und dass von vornherein nur eine kurzzeitige Beherbergung (ein bis zwei Nächte) der Asylbewerber geplant war. Die Asylbewerber und Teile der Belegschaft zogen kurz darauf aus dem Barry House nach Coombe Farm.[693]

Das Employment Tribunal beschrieb die relevante Tätigkeit als die Unterbrin- 381
gung und umfangreiche Versorgung für Asylbewerber. Es sei unerheblich, dass die Aufenthaltsdauer in Coombe Farm nur auf kurze Zeit ausgelegt war und, dass es einen Wechsel des Dienstleistungsortes gab. Die Tatsache, dass die Migrant Helpline zwischenzeitlich beide Standorte betreiben ließ, spreche dafür, dass der Ort unerheblich für die Tätigkeit war. Überdies lehnte es eine Parallele zur Rechtssache Cheesman[694] ab, wonach für die Anwendung der TUPE Regulations ein Großteil der Belegschaft hätte übergehen müssen, da in diesem Fall ein Unternehmensübergang nach reg. 3(1)(a) TUPE vorlag.

Das Employment Appeal Tribunal stellte fest, dass der SPC ein gänzlich neues 382
gesetzgeberisches Konzept ist und daher dessen Auslegung speziell bewertet werden müsse. Richter *Burke* entschied sich in dem Fall gegen die zweckgerichtete Auslegung (*purposive approach*) und den multifaktoriellen Ansatz (*multifactorial approach*). Der Wortlaut der Regulation sei klar (*straightforward*) formuliert.[695] Wenn es um die Frage nach der gleichen Tätigkeit gehe, müsse man einen pragmatischen Ansatz (*pragmatic approach*) wählen und mit gesundem Menschenverstand (*common sense*) agieren. Den Anwendungsbereich des SPC wegen kleinen Unterschieden in den Aufgaben zu verneinen, lehne er ab. Stattdessen müsse sich das *tribunal* fragen, ob die Tätigkeiten im Wesentlichen

693 Metropolitan Resources Ltd v Churchill Dulwich Ltd and ors [2009] ICR 1380 (1385) EAT.

694 Cheesman and ors v R Brewer Contracts Ltd [2000] WL 1918515; siehe auch ausführlich Rn. 174.

695 Metropolitan Resources Ltd v Churchill Dulwich Ltd and others [2009] ICR 1380 (1385).

(*fundamentally or essentially the same*) die gleichen sind.[696] Im Fall entschied er, dass die Unterschiede der Tätigkeiten so gering waren, dass ein SPC vorlag.[697]

2. *OCS Group UK Ltd v Jones*

383 Es folgten einige Fälle, in denen die Rechtsprechung aus *Metropolitan* angewandt wurde. In *OCS Group UK Ltd v Jones*[698] hatte der Dienstleister *OCS Group* eine Firmenkantine betrieben. Dabei hatte er eine Großküche mit verschiedenen Essensausgaben. Das Angebot beinhaltete unter anderem Getränke und einen Mittagstisch mit verschiedenen warmen Gerichten. Nachdem der Vertrag geendet hatte, erhielt die *MIS* den Auftrag. Der neue Dienstleister betrieb statt der vorherigen „*Full-Service*"-Kantine mit verschiedenen Essensausgaben lediglich einen Kiosk, in welchem er abgepackte Sandwiches und Salate anbot.

384 Das Employment Appeal Tribunal diskutierte, ob die Tätigkeit im Wesentlichen aus der Verpflegung der Mitarbeiter in der Kantine bestand. Der Rechtsbeistand der Arbeitnehmer argumentierte, dass der Fokus auf die veränderten Details in der Praxis zu Problemen führen würde. Das Gericht widersprach den Ausführungen. Bereits ein Fall unter den TUPE Regulations 1981 habe gezeigt, dass die Tätigkeiten nicht nur grob betrachtet werden könnten, sondern in den entscheidenden Details übereinstimmen müssten.[699] Es sei bspw. unschädlich, wenn im Falle des Kantinenbetriebs das Speisenangebot von englischer zu asiatischer Küche wechseln würde.[700] Wenn aber die Tätigkeit selbst, in diesem Fall die Essensausgabe, sich wesentlich ändere, sei das Kriterium nicht mehr erfüllt. Der Wechsel von einer vollausgestatten Kantine zu einem Kiosk mit vorgefertigten, abgepackten Speisen sei demnach eine so starke Abweichung, dass die Tätigkeit nicht mehr im Wesentlichen die Gleiche sei.[701]

385 Der Fall zeigt, dass die Natur der Tätigkeit selbst bei der Prüfung im Vordergrund steht. Während beim Merkmal der Identitätswahrung nach reg. 3(1)

---

696 Metropolitan Resources Ltd v Churchill Dulwich Ltd and others [2009] ICR 1380 (1385) EAT.

697 Metropolitan Resources Ltd v Churchill Dulwich Ltd and others [2009] ICR 1380 (1385) EAT.

698 OCS Group UK Ltd v Jones [2009] WL 2848113; zusammengefasst in *McMullen*, ILJ 2012, 471 (476).

699 OCS Group UK Ltd v Jones [2009] WL 2848113 Rn. 17; das EAT bezieht sich auf Mathieson & Another v United News Shops Ltd scEAT/554/94 (nicht veröffentlicht).

700 OCS Group UK Ltd v Jones [2009] WL 2848113 Rn. 20.

701 OCS Group UK Ltd v Jones [2009] WL 2848113 Rn. 21 ff.

(a) TUPE das Gleichbleiben der Tätigkeit lediglich ein Indiz von mehreren für einen Unternehmensübergang ist, kommt es im Rahmen des SPC entscheidend darauf an. Darüber hinaus zeigt die Entscheidung durch den Hinweis des Gerichts, dass eine Änderung der kulinarischen Herkunft der Speisen einem SPC nicht entgegensteht, die weite Interpretation der relevanten Tätigkeit. Im Gegensatz dazu hatte das BAG entschieden, dass der Wechsel von gutbürgerlicher Küche hinzu arabischer Küche im Rahmen des *Spijkers*-Tests nicht mehr ausreichend ähnlich für einen Betriebsübergang war.[702] Das verdeutlicht den Unterschied in der Betrachtungsweise. Während in Deutschland die Ähnlichkeit der Tätigkeit vor und nach dem Übergang betrachtet wird, kommt es in Großbritannien bei einem SPC im Rahmen einer Gesamtbetrachtung auf den Kern der Tätigkeit an.

3. *Nottinghamshire Healthcare and NHS Trust*

In *Nottinghamshire Healthcare NHS Trust v Hamshaw*[703] wird der Unterschied 386
in der Prüfung der Ähnlichkeit der Tätigkeit im Rahmen der Identitätswahrung einerseits und der wesentlich gleichen Tätigkeit im Rahmen des SPC anderseits verdeutlicht. Im Fall waren Pfleger in einer Einrichtung für behinderte Menschen beschäftigt. Ihre Aufgaben bestanden darin den Bewohnern bei der Bewältigung ihres Alltags helfen und diese rund um die Uhr zu überwachen. Die staatliche Gesundheitsbehörde hatte das Pflegeheim im Auftrag einer Kommunalverwaltung betrieben. Diese vergab den Auftrag fortan an zwei verschiedene Dienstleister. Die Bewohner zogen daraufhin in eigene Apartments. Unabhängig vom neuen Ort änderten sich weitere Aufgaben der Pfleger. Fortan sollten sie die Bewohner lediglich bei Bedarf, beispielsweise beim Lebensmitteleinkauf, unterstützen.

Das Employment Appeal Tribunal hatte einen Unternehmensübergang 387
geprüft. Mit Verweis auf die Rechtssache *Porter*[704] hatte es bestätigt, dass bei medizinischen Behandlungsmethoden der wissenschaftliche Fortschritt zu berücksichtigen ist. Dessen Auswirkungen dürften einem *transfer* nicht entgegenstehen. Auch der Wechsel von einer Vollbetreuung behinderter Menschen in einem Pflegeheim zu einem eigenständigeren Leben im betreuten Wohnen

---

702 BAG, v. 11.09.1997 – 8 AZR 555/95, NZA 1998, 31 (32).

703 Nottinghamshire Healthcare Trust v Hamshaw and ors [2011] WL 2747652 EAT, zusammengefasst in *McMullen*, ILJ 2012, 471 (476).

704 In diesem Fall ging es um den Wechsel der kinderärztlichen Betreuung in einem Krankenhaus; siehe Rn. 273.

sei diesem Fortschritt geschuldet und müsse beachtet werden. Allerdings seien der Wechsel der Örtlichkeiten sowie die Übernahme nur eines Teils des Pflegepersonals ein Indikator gegen ein *transfer* i.S.v. reg. 3(1)(a) TUPE.[705] Hinsichtlich der Frage nach der wesentlich gleichen Tätigkeit im Rahmen der Prüfung des SPC verwies das Gericht auf die Rechtsprechung in *Metropolitan*. Hierbei bezog es sich aber nicht auf die Ähnlichkeit der beiden Fälle hinsichtlich des Ortswechsels von Dienstleistungen, sondern auf die Ausführungen von Richter *Burke* zur wesentlich gleichen Tätigkeit. So sei die Betreuung in einem Pflegeheim und die Pflege von behinderten Menschen in einem betreuten Wohnen eine im Wesentlichen andere Tätigkeit.[706]

388 Das Gericht hatte also beide Anwendungsfälle der TUPE Regulations abgelehnt. Die Entscheidung verdeutlicht, dass die Tätigkeit bei einer Prüfung des Unternehmensübergangs gemeinsam mit anderen Faktoren betrachtet werden muss, während es beim SPC nur auf die Tätigkeit und deren Natur ankommt. Eine ausführlichere Auseinandersetzung des Gerichts mit der wesentlichen gleichen Tätigkeit wäre hier wünschenswert gewesen. So kommt es bei einem SPC nicht auf die Übernahme der Belegschaft an. Inwiefern deren theoretische Beschäftigungsmöglichkeit beim *transferee* noch vorhanden ist, könnte aber ein Indiz für die wesentlich gleiche Tätigkeit sein. So wären in der Rs. *OCS Group Ltd v Jones* viele Küchenmitarbeiter nach dem Übergang nicht mehr benötigt worden. In dem soeben besprochenen Fall waren jedenfalls mangels 24h-Betreuung weniger Pfleger beim tr*ansferee* eingesetzt.

4. *Johnson Controls Ltd v Campbell*

389 Im Rahmen der Prüfung der „wesentlich gleichen Tätigkeit" müssen die Gerichte häufig aufgrund der Unbestimmtheit des Tatbestandmerkmals eine Gesamtbetrachtung vornehmen. Dies zeigte sich besonders in einer Entscheidung des Employment Appeal Tribunals aus dem Jahr 2012.[707] In *Johnson Controls v UK Atomic Energy Authority*[708] hatte die *Johnson Controls* Taxis für einen Kunden vermittelt. Dazu gehörten unter anderem das Entgegennehmen von

705 Nottinghamshire Healthcare Trust v Hamshaw and others [2011] WL 2747652 Rn. 10 ff. EAT.

706 Nottinghamshire Healthcare Trust v Hamshaw and others [2011] WL 2747652 Rn. 29 ff. EAT.

707 *Bowers*, Transfer of Undertakings, A2.104-15.

708 Johnson Controls v UK Atomic Energy Authority [2012] WL 609214 EAT; zusammengefasst in *McMullen*, ILJ 2012, 471 (476).

Taxiwünschen, die Beauftragung von Taxiunternehmen und die Abrechnung mit diesen. Es handelte sich dabei um ein zentralisiertes System wonach Johnson Controls alle damit im Zusammenhang stehenden Aufgaben übernahm. Der Kunde kündigte den Vertrag mit *Johnson*, um Kosten zu sparen und führte die Tätigkeit schließlich selbst durch.[709] Allerdings lief die Vermittlung nicht mehr über ein zentrales System, sondern die Sekretäre der jeweiligen Abteilungen buchten die Taxis bei Bedarf direkt bei den Taxiunternehmen.

Das Employment Appeal Tribunal entschied, dass dieser Vorgang kein SPC 390 war.[710] Die Dezentralisierung der Tätigkeit nach dem vermeintlichen *transfer* führe dazu, dass die Tätigkeit nicht mehr im Wesentlichen die Gleiche wie zuvor war. Zwar bedürfe die Angelegenheit nach dem Test in *Metropolitan* einer Gesamtbetrachtung. Die Unterschiede zwischen einer zentralen Vermittlung und einem System, in welchem einzelne Mitarbeiter unkoordiniert die Taxibestellungen verwalten, seien wesentlich. Die Laienrichter (*lay judge*)[711] des erstinstanzlichen Gerichts hätten in diesem Fall aufgrund der unterschiedlichen Organisationsstruktur selbst und ihren Erfahrungen aus der Praxis erkannt, dass es sich um grundlegend verschiedene Tätigkeiten gehandelt habe.[712]

Die Entscheidung verdeutlicht, dass es bei der Prüfung, ob die Tätigkeit 391 nach dem vermeintlichen *transfer* gleich ist, nicht auf eine Aufzählung der Gemeinsamkeiten und Unterschiede ankommt.[713] Vielmehr bezog das Gericht alle Umstände der Tätigkeit in die Betrachtung mit ein. Mit Blick auf die Berücksichtigung der Ansicht der Laienrichter zeigt das Tribunal, dass es auf die Perspektive einer durchschnittlichen, am Arbeitsleben teilnehmenden Person ankommt. Dieses Urteil könnte auch ein weiteres Beispiel für *McMullens* Theorie des neuen Auslegungsansatzes – dem *common sense approach* sein.[714]

5. *Anglo Beef Processors UK v Longland*

Eine weitere typische Konstellation in der Praxis dürfte die Elektrifizie- 392 rung bzw. Automatisierung von Tätigkeiten sein. Ob eine Tätigkeit noch im

---

709 Dieser Fall war also eine Rücknahme von zuvor ausgelagerten Tätigkeiten (*back-insourcing*).

710 Johnson Controls v UK Atomic Energy Authority [2012] WL 609214 Rn. 23 EAT.

711 Zu deren Bedeutung und Mitwirkung vor den Employment Tribunals; siehe *Flößer*, EuZA 2021, 443 (445 ff).

712 Johnson Controls v UK Atomic Energy Authority [2012] WL 609214 Rn. 20 EAT.

713 *Bowers*, Transfer of Undertakings, A2/104-14.

714 Siehe Rn. 365.

Wesentlichen gleich ist, wenn sie nach dem Übergang automatisiert ist, hatte das Employment Appeal Tribunal in einem Fall 2016 zu entscheiden.

393 In *Anglo Beef Processors UK v Longland*[715] war ein zertifizierter Inspektor für Tierkadaver bei einem Dienstleister in einem Schlachthof beschäftigt. Zwischen dem Dienstleister und dem Schlachthofbetreiber bestand ein Rahmenvertrag über die Inspektion und Überwachung der geschlachteten Tiere. Die Aufgaben bestanden darin, die Kadaver zu wiegen, zu klassifizieren, sie mit einem Strichcode zu kennzeichnen und mittels eines Wattestäbchens DNA zu entnehmen. Der Schlachthof digitalisierte diesen Vorgang teilweise. So wog eine automatische Waage das Gewicht und klassifizierte mittels der Kamera den Fleischtyp. Der Arbeitnehmer musste jedoch weiterhin diese Informationen in ein System eingeben, um den Preis für Kunden und Erzeuger zu ermitteln. Die Vergabe der Strichcodes und die DNA-Abnahme erfolgten weiterhin händisch. Der Schlachthof kündigte den Vertrag mit dem Dienstleister und informierte diesen, dass er die Klassifikation zukünftig elektronisch durchführe. Ab diesem Zeitpunkt führte eine Maschine die obenstehenden Tätigkeiten durch. Allerdings musste diese weiterhin von einem Arbeiter überwacht werden und täglich neu ausgerichtet werden. Die Maschine erhöhte dadurch den Durchlauf der Kadaver pro Stunde. Für die Nutzung dieses Systems ist gesetzlich vorgeschrieben, dass zu jeder Zeit ein Inspektor mit einer entsprechenden Zertifizierung im Betrieb anwesend ist. Das Employment Appeal Tribunal bejahte einen SPC. Die im Wesentlichen gleiche Tätigkeit bestehe aus der manuellen und elektronischen Inspektion von Tierkadavern. Es komme bei der Frage nach der gleichen Tätigkeit nicht allein auf die Art der Durchführung, sondern auf die Tätigkeit selbst an. Wenn die Maschine lediglich die Tätigkeiten übernimmt, die zuvor der Mensch selbst erledigt hatte, dann sei die Tätigkeit im Wesentlichen gleichgeblieben.[716]

394 Die Entscheidung resultiert aus einem pragmatischen Ansatz.[717] Wenn die Tätigkeit nach dem Übergang teilweise durch eine Maschine ersetzt wird, ändert sie sich nicht. Das Employment Appeal Tribunal hatte dagegen nicht diskutiert, dass dieser typische Fall – die Automatisierung von Arbeitsprozessen – Arbeitnehmer besonders gefährdet und diese daher schützenswert sind. Dies ist überraschend, da diese Frage bei der Einführung des SPC diskutiert

715 Anglo Beef Processors UK v Longland and ors [2016] WL 08944729 EAT.

716 Anglo Beef Processors UK v Longland [2016] WL 08944729 Rn. 24 EAT.

717 So jedenfalls *McMullen*, Business Transfer and Employee Rights, 5–143.

wurde.[718] Es zeigt, dass die Gesamtbetrachtung zwar eine flexiblere Prüfung ermöglicht, der Zweck der TUPE Regulations aber nicht herangezogen wird.

III. Übergang laufender Arbeiten

Die Frage, ob bereits laufende Tätigkeiten für die gleiche Tätigkeit und damit für einen SPC ebenfalls auf einen nachfolgenden Dienstleister übergehen müssen, stellte sich in *Ward Hadaway Solicitors v Love.*[719] Eine Vereinigung für Hebammen und Krankenschwestern hatte eine Kanzlei in einem Rahmenvertrag mit anwaltlichen Tätigkeiten betraut. Als der Vertrag geendet hatte, vergab die Kanzlei diesen Auftrag an eine andere Kanzlei. Man einigte sich darauf, dass die neue Kanzlei ab dem Zeitpunkt des Vertragsbeginns die neuen Fälle übernahm. Die bereits vorhandenen Rechtsstreitigkeiten beendete die vorherige Kanzlei. 395

Das Employment Appeal Tribunal lehnte einen SPC ab. Durch die alleinige Übernahme zukünftiger Fälle habe sich die Tätigkeit geändert. Es gebe einen Unterschied zwischen den Tätigkeiten, die bei einem vermeintlichen *transferor* verbleiben und der Erwartungen zukünftiger Aufgaben innerhalb eines Rahmenvertrages zwischen dem vermeintlichen *transferee* und dem Kunden.[720] 396

Dieser Fall zeigt, dass der Übergang laufender Arbeiten ein Faktor bei der Prüfung der gleichen Tätigkeit ist. Allerdings ist im Hinblick auf den Fall *Lorne Stewart Plc v Hyde*[721] anzuerkennen, dass es im Einzelfall auf alle Kriterien des Sachverhalts ankommt. Nur weil der mögliche *transferee* keine vorherigen laufenden Arbeiten übernimmt, können daher dennoch die Voraussetzungen eines SPC vorliegen.[722] In diesem Fall waren Arbeitnehmer bei einem Instandhaltungsunternehmen beschäftigt. Dieses hatte einen Rahmenvertrag mit einer kommunalen Behörde, der es verpflichtete, im Falle von größeren oder dringenden Ausfällen (z.B. der Heiz- oder Sanitäranlagen) Reparaturen zu übernehmen. Nach Auslaufen dieser Vereinbarungen vergab die Verwaltung diesen Auftrag an einen anderen Dienstleister. Dabei gingen keine laufenden Reparaturprojekte über, sondern lediglich die Erwartung zukünftig Instandhaltungsarbeiten für die Behörde durchzuführen. Die Gerichte entschieden, dass dieser Wechsel ein SPC war. 397

---

718 Siehe Rn. 371.

719 Ward Hadaway Solicitors v Love and ors [2010] WL 1368798 EAT.

720 Ward Hadaway Solicitors v Love and ors [2010] WL 1368798 Rn. 26 EAT.

721 Lorne Stewart Plc v Hyde and ors [2013] WL 5336063.

722 *Wynn-Evans*, The Law of TUPE Transfers, 3.64.

398 Möglicherweise ist daher auch zu unterscheiden, zwischen dem Fall, in welchem laufende Arbeiten beim vormaligen Dienstleister verbleiben, und dem Übergang von Erwartungen zukünftiger Tätigkeiten. Jedenfalls kommt es auf eine Bewertung im Einzelfall an.

IV. Geringeres Arbeitsaufkommen

399 Ein typischer Fall in der Praxis dürfte wohl sein, dass die Tätigkeiten eines Dienstleisters für den Kunden überflüssig werden und dieser daher den Rahmenvertrag beendet. Ob dann die Tätigkeit vor und nach dem vermeintlichen *transfer* noch im Wesentlichen gleich ist, hatte das Employment Appeal Tribunal in mehreren Fällen zu entscheiden.

400 In *Department for Education v Huke*[723] war Herr *Huke* bei einem IT-Dienstleister beschäftigt. Dieser hatte einen Vertrag mit der örtlichen Schulbehörde über die technische Betreuung von Videokonferenzen, Telefonsystemen und allgemeinen IT-Hilfsangeboten. Die Behörde wechselte während der Vertragslaufzeit verschiedene Kommunikationssysteme, wodurch sich die Aufgaben der IT-Servicemitarbeiter reduzierten. Das führte dazu, dass der Dienstleister nach und nach Arbeitnehmer von diesem Auftrag abzog und anderweitig einsetzte. Es verblieb schließlich nur noch ein Arbeitnehmer. Dieser hatte ebenfalls berichtet kaum noch Aufgaben zu erledigen zu haben. Die Behörde reagierte, kündigte den IT-Servicevertrag und betraute einen eigenen Mitarbeiter mit den EDV-Aufgaben. Dessen Arbeitskraft wurde laut Behörde aber nur zu 25 % für diese Tätigkeiten eingesetzt. Herr Huke war der Auffassung im Rahmen eines SPC auf die Schulbehörde übergegangen zu sein.

401 In seiner Entscheidung führte das Employment Appeal Tribunal aus, dass eine Verringerung der Aufgaben einem SPC entgegenstehen könnte. Die Gerichte müssten daher nicht nur die Art der Tätigkeit, sondern auch deren Umfang vergleichen. Darüber hinaus sei die Verringerung des Umfangs der Tätigkeit auch kein Hindernis für die Anwendung der TUPE Regulations.[724] Es müsse im Einzelfall abgewogen werden, inwiefern sie der wesentlich gleichen Tätigkeit entgegensteht.[725] Es hatte den Fall an die erste Instanz zurückverwiesen. Eine zweckgerichtete Auslegung wäre wohl wieder zu dem Ergebnis gekommen, dass der Arbeitnehmer in diesem Fall geschützt werden müsste. Solange die Tätigkeit weitergeführt wird, wäre daher eine Reduzierung unerheblich.

---

723 Departement for Education v Huke [2012] WL 4866858.

724 Departement for Education v Huke [2012] WL 4866858 Rn. 21.

725 Departement for Education v Huke [2012] WL 4866858 Rn. 39.

V. Zusammenfassung

402 Die Analyse der Entscheidungen zeigt, dass das Merkmal der „im Wesentlichen gleichen Tätigkeit“, stets einzelfallabhängig entschieden wird. Die Gerichte nehmen eine Gesamtbetrachtung vor und untersuchen alle Aspekte des Falls. Wesentlich erscheint danach der Kern der Tätigkeit. Allerdings orientieren sie sich nicht am Zweck der TUPE Regulations – was der Rechtsprechung vor Einführung des SPC entgegensteht. Insgesamt erscheint die Rechtslage dadurch unklar. Die Parteien haben keine eindeutigen Anhaltspunkte, ob die Änderungen in der Tätigkeit beim *transferee* einem SPC entgegenstehen und die TUPE Regulations dadurch nicht anwendbar sind.

VI. Rechtsvergleichender Ausblick

403 Bei der Prüfung des deutschen § 613a BGB ist die Ähnlichkeit der Geschäftstätigkeit vor und nach dem Übergang nur ein Indiz im Rahmen der Identitätswahrung der wirtschaftlichen Einheit gewesen.[726] Bei dienstleistungsgeprägten Einheiten ist der Grad der Ähnlichkeit im Rahmen des *Spijkers*-Tests von besonderer Bedeutung.[727] Daher werden die Tätigkeiten vor und nach dem möglichen Betriebsübergang verglichen. Dabei kommt es insbesondere auf die Arbeitsorganisation und die Frage, ob sich die Tätigkeit an den gleichen Kundenstamm richtet, an.[728] Hier zeigt sich ein entscheidender Unterschied: Während beim SPC die Einbeziehung des Kundenstamms irrelevant ist, da der Auftraggeber – bzw. im Fall des *in-sourcing* der vormalige Auftraggeber – der Kunde ist, ist es im Rahmen eines Betriebsübergangs ein Indiz, ob die Tätigkeit gleichgeblieben ist.

C. Organisierte Zusammenfassung von Arbeitnehmern (organised grouping of employees)

404 Ein weiteres Kriterium nach reg. 3(3)(a)(i) TUPE ist, dass unmittelbar vor dem SPC eine in Großbritannien arbeitende, organisierte Zusammenfassung von Arbeitnehmern (*organised grouping of employee*) existierte, deren Hauptzweck es war, Tätigkeiten für den Kunden/Auftraggeber (*client*) durchzuführen. Der Wortlaut des Gesetzes lautet:

---

726 Vgl. *Junker*, Grundkurs Arbeitsrecht, Rn. 134.

727 *Müller-Glöge*, in: MüKoBGB § 613a BGB Rn. 52.

728 *Preis*, in: ErfK § 613a BGB Rn. 33; siehe auch BAG v. 11.09.1997 – 8 AZR 555/95, NZA 1998, 31 (32).

405 *The conditions referred to in paragraph (1)(b) are that—*

(a) immediately before the service provision change—

(i) there is an organised grouping of employees situated in Great Britain which has as its principal purpose the carrying out of the activities concerned on behalf of the client

406 Die organisierte Zusammenfassung der Arbeitnehmer ist ein unbestimmtes Merkmal und bedurfte daher der Konkretisierung durch die britischen Gerichte. Die folgenden Ausführungen untersuchen ausgewählte Entscheidungen und ermitteln die Kernelemente der Definition.

I. Zusammenstellung zum Zwecke der Vertragserfüllung

407 Eine wesentliche Frage in diesem Zusammenhang ist, wodurch Arbeitnehmer organisiert zusammengefasst sind bzw. was eine solche Zusammenfassung auszeichnet. Das diskutierte das schottische Employment Appeal Tribunal in *Argyll Coastal Services Ltd v Stirling*. Das britische Verteidigungsministerium (im Folgenden: „MOD“[729]) hatte die Firma *JAG* beauftragt Fracht zu den Falklandinseln transportieren, um die dort stationierten Truppen zu versorgen. *JAG* stellte sowohl das Schiff als auch die Crew. Während des Vertrages übertrug *JAG* die Arbeitnehmer auf die *GSML*. Diese beschäftigte die Arbeitnehmer zu einem niedrigeren Lohn und *JAG* sparte so Kosten für Lohn und Sozialversicherungen ein. An diesem Auftrag für das Ministerium waren insgesamt elf Arbeitnehmer an Bord des Versorgungsschiffes und zwei Büromitarbeiter beteiligt. Letztere arbeiteten ausschließlich an diesem Auftrag. Die *GSML* übertrug die beiden Angestellten auf die *JAGM*, welche eine hundertprozentige Tochtergesellschaft von *JAG* war. Im Januar 2009 vergab das Ministerium den Auftrag nach einer Ausschreibung anderweitig. Der Übergang der Arbeitsverhältnisse der Besatzungsmitglieder und der Büromitglieder auf den neuen Anbieter war fraglich.

408 Das Employment Tribunal sah in dieser Konstellation einen SPC. Die Büromitarbeiter hätten eine organisierte Zusammenfassung von Arbeitnehmern mit den Frachtmitgliedern gebildet. Außerdem sei es unerheblich, ob es mehrere *transferor* gebe.[730] Das schottische Employment Appeal Tribunal verneinte einen SPC. Es definierte die organisierte Zusammenfassung von

729 Die Abkürzung steht für *Ministry of Defence*.

730 Argyll Coastal Services Ltd v Stirling [2012] WL 1067788, Rn. 25 ff.

Arbeitnehmern als eine Zahl von Arbeitnehmern, die nicht die gesamte Belegschaft des *transferor* ausmacht und für den Zweck der Vertragserfüllung für den Kunden zusammengestellt wurde. Außerdem müssten die betroffenen Arbeitnehmer als Gruppe zusammenarbeiten.[731] Der Begriff der Tätigkeiten (*activities*) in reg. 3(3)(b) und reg. 3(3)(a)(i) TUPE meine dabei die vertraglich festgelegten Aufgaben.[732] Daher kommt es darauf an, dass die zusammengefassten Arbeitnehmer zum Zwecke der Vertragserfüllung tätig werden. Das Berufungsgericht führte weiter aus, dass es bei der Auslegung des Merkmals sowie aller Merkmale des SPC grundsätzlich nicht auf Rechtsprechung des EuGH ankommen könne, da der SPC eine rein britische Erweiterung des Anwendungsbereichs ist und die Richtlinie daher darauf keinen Einfluss haben sollte.[733] Außerdem sei es problematisch, wenn Arbeitnehmer nicht für den gleichen Arbeitgeber arbeiten würden. Dies hindere eine organisierte Zusammenfassung von Arbeitnehmern, da es auf die Kontrolle des Arbeitgebers und dessen Entscheidung zur Zusammenfassung der Arbeitnehmer ankomme. Bei mehreren Arbeitgebern sei dies nicht gegeben.[734]

Der letzte Punkt erscheint auf den ersten Blick plausibel, bietet jedoch Mög- 409
lichkeiten für einen Konzernarbeitgeber die Regelungen zu umgehen. Er kann Arbeitnehmer jeweils bei anderen Tochtergesellschaften anstellen und so seinen Verpflichtungen aus den TUPE Regulations entgehen. Dies zeigt erneut, dass die britischen Arbeitsgerichte die Regelungen des SPC nicht mehr am Zweck der Richtlinie – dem Arbeitnehmerschutz – orientieren und auch im Übrigen nicht zweckgerichtet auslegen. Zusammengefasst müssen die Arbeitnehmer daher durch die bewusste Zusammenstellung ihres Arbeitgebers für den bestimmten Auftrag zusammenarbeiten.[735]

II. Schichtarbeit und Arbeit für einen Kunden in Eddie Stobart v Moreman

Das Problem, ob die Arbeitnehmer bewusst zusammengestellt wurden, ergibt 410
sich auch bei Schichtarbeitern. Diese arbeiten zur gleichen Zeit zusammen und führen möglicherweise auch immer die zu dieser Zeit anfallenden Aufträge

731 Argyll Coastal Services Ltd v Stirling [2012] WL 1067788, Rn. 18.
732 Argyll Coastal Services Ltd v Stirling [2012] WL 1067788, Rn. 20.
733 Argyll Coastal Services Ltd v Stirling [2012] WL 1067788, Rn. 14.
734 Argyll Coastal Services Ltd v Stirling [2012] WL 1067788, Rn. 52; siehe auch *Bowers*, Transfer of Undertakings, A2/124-25.
735 *Bowers*, Transfer of Undertakings, A2/104-25.

durch. In *Eddie Stobart v Moreman*[736] klagten 35 Arbeitnehmer eines Kühlhauses, welches für verschiedene Kunden Fleisch lagerte und dessen Mitarbeiter dieses bei Bedarf auslieferten. Die Arbeitnehmer waren in einer bestimmten Kühlhalle eingesetzt. Sie arbeiteten dort im Schichtbetrieb. Bei Bestellungen der Kunden sortierten sie die Waren mithilfe von Strichcodes und lieferten diese aus. Der Betreiber des Kühlhauses verlor 2009 seinen letzten Kunden *Vion* und entließ die 35 Kläger. Diese hatten vor ihrer Entlassung entweder vollständig oder mind. 50 % ihrer Arbeitszeit die Aufträge des Kunden *Vion* erfüllt. *Vion* beauftragte anschließend einen anderen Dienstleister mit der Fleischlagerung und Lieferung. Dieser lehnte eine Übernahme der Arbeitnehmer ab.

411 Das Employment Tribunal lehnte einen SPC mangels organisierter Zusammenfassung von Arbeitnehmern ab. Es genüge nicht, dass die Arbeitnehmer ausschließlich an einem Auftrag arbeiten. Die Organisation in Schichten spreche gegen einen SPC. Die Arbeitnehmer arbeiteten nur deswegen für *Vion*, weil sie durch die Verteilung der Schichten immer dann eingesetzt waren, wenn *Vion* seinen Auftrag erteilte. Somit sei es reiner Zufall, dass die Kläger dauerhaft die gleiche Tätigkeit für denselben Kunden durchführten. Schließlich lag der gesamte Arbeitseinsatz im Kühlhaus, sodass die Arbeitnehmer sich kaum selbst als Team von *Vion* identifiziert hätten.[737]

412 Der Richter *Underhill* des Employment Appeal Tribunal diskutierte die gleichen Aspekte. Er ergänzte, dass der Wortlaut der reg. 3(3)(a)(i) TUPE[738] mehr verlange als nur das alltägliche Arbeiten einer Gruppe von Arbeitnehmern für den Auftraggeber. Die Wortwahl „*grouping*" statt „*group*" suggeriere, dass die Mitarbeiter als „Team Kunde 1" zusammenarbeiten müssten, um eine organisierte Zusammenfassung zu sein.[739] Er wendete ein, dass die TUPE Regulations 2006 auf den Schutz der Interessen der Arbeitnehmer gerichtet sind. Dies bedeute aber nicht, dass der Wortlaut der Norm beliebig ausgedehnt werden könne. Er sah Probleme in der Praxis, die Arbeitnehmer zuzuordnen, wenn diese vorher nicht in für einen Auftrag zusammengestellt wurden.[740] Der Rechtsbeistand des vormaligen Kühlhausbetreibers in seiner Argumentation eine Parallele zur Rechtsprechung im Fall *Fairhurst Ward Abbotts Ltd v Botes*

---

736 Eddie Stobart v Moreman and ors [2012] ICR 919 EAT.

737 Eddie Stobart v Moreman and ors [2012] ICR 919 (923) EAT.

738 Siehe Rn. 405.

739 Eddie Stobart v Moreman and ors [2012] ICR 919 (926) EAT.

740 Eddie Stobart v Moreman and ors [2012] ICR 919 (926) EAT.

Building Ltd[741] gezogen. Richter *Underhill* hielt dem entgegen, dass dieser Fall eine ganz andere Konstellation betraf. Es sei ein großer Unterschied, ob die wirtschaftliche Einheit zum Zweck des Unternehmensteils gebildet werde oder ob – mit Blick auf den SPC – vor dem transfer ein *organised grouping of employees* vorlag.[742]

Auch dieser Fall zeigt die Vermeidung einer zweckgerichteten Auslegung. Anhand des Wortlauts der reg. 3(3)(a)(i) TUPE beschränkt das Gericht die Anwendung des SPC auf Fälle in welchen ein bewusstes Zusammenstellen (*grouping*) und nicht einfach nur eine Gruppe an Arbeitnehmern vorlag.[743] Die Anforderungen hieran sind unklar und bieten einem *transferor* zahlreiche Umgehungsmöglichkeiten der TUPE Regulations. In Gesprächen mit britischen Juristen ergab sich der Eindruck, dass diese Umgehungsmöglichkeit auch in der Praxis zu Problemen führt. Dadurch sei auch der Zweck des SPC die Fairness des Wettbewerbs zu fördern und Rechtssicherheit zu schaffen gefährdet. 413

III. Zwischenergebnis

Die beiden Entscheidungen verdeutlichen erneut, dass die britischen Gerichte mit der Einführung des SPC auf eine zweckgerichtete Auslegung verzichten. Zudem bieten sie dadurch Arbeitgebern die Möglichkeit, die TUPE Regulations durch entsprechenden Einsatz der Arbeitnehmer zu umgehen. 414

D. Ergebnis

Die Tatbestandsmerkmale des SPC sind nicht einfach zu fassen. Sie begründen auf einem völlig neuen Konzept und sind nicht mit denen des Unternehmensübergangs nach reg. 3(1)(a) TUPE gleichzusetzen. Die Auslegung durch die Gerichte orientiert sich vor allem an dem Wortlaut der Regelungen, den Umständen des Einzelfalls und einer Gesamtbetrachtung. Eine zweckorientierte Auslegung wird dagegen kaum vorgenommen. Insgesamt führt die Beschränkung des Anwendungsbereichs durch die restriktive Wortlautauslegung der Merkmale „gleicher Kunde", „im Wesentlichen gleiche Tätigkeit" und 415

741 Siehe Rn. 417; Im Fall hatte der Court of Appeal entschieden, dass ein *transfer* auch dann vorliege, wenn die wirtschaftliche Einheit erst durch den *transfer* als *part of an undertaking* besteht.

742 Eddie Stobart v Moreman and others [2012] ICR 919 (927) EAT.

743 *Wynn-Evans*, The Law of TUPE Transfers, 3.153.

„organisierte Zusammenfassung“ von Arbeitnehmern wieder zu Rechtsunsicherheit, da der Wortlaut an sich viel Raum für Interpretation lässt Sie bietet den Arbeitgebern dadurch die Möglichkeit einen relevanten *transfer* zu umgehen. Ob diese Auslegung der Kriterien noch der gesetzgeberischen Intention und der Gesetzesbegründung entspricht, ist mehr als zweifelhaft.

§ 8 Vergabe an mehrere Anbieter (fragmentation)

Wenn eine Tätigkeit, die zuvor durch einen Auftragnehmer bzw. den Kunden durchgeführt wurde, an mehrere Auftragnehmer vergeben[744] wird, ist die Anwendung der TUPE Regulations aus mehreren Gründen problematisch. Im Gesetz finden sich hierzu keine Anhaltspunkte. Die Rechtsprechung hat hierzu bereits in mehreren Fällen Stellung genommen. Fraglich ist, ob und wie eine Tätigkeit geteilt werden kann (A.). Weiterhin ist unklar, ob es einen Unterschied in der rechtlichen Beurteilung einer quantitativen oder einer funktionalen Teilung gibt (B.). Darüber hinaus wird in diesem Kapitel untersucht, wie Fälle behandelt werden, in denen die Tätigkeit so zersplittert wird, dass sich weder quantitativ noch funktional eine Abgrenzung vornehmen lässt (C.). Schließlich kann ein Arbeitnehmer nach britischem Recht grundsätzlich nicht zwei Arbeitgeber gleichzeitig haben.[745] Daher ist die Auswirkung der EuGH-Entscheidung in der Rs. *Govaerts*, in welcher der EuGH genau diese Frage thematisiert hat, auf die britische Rechtsprechung von besonderem Interesse (D.). 416

A. Grundsatzentscheidung: Teilung der Tätigkeit in Fairhurst Ward Abbots v Botes Building Ltd 2004

Noch vor der Einführung des *service provisision change* (SPC) hatte der Court of Appeal *in Fairhurst Ward Abbotts Ltd v Botes Building Ltd*[746] zu entscheiden, ob ein Unternehmensübergang i.S.d. TUPE Regulations 1981 vorliegt, wenn bei einem Auftragnehmerwechsel die Tätigkeit auf zwei Dienstleister aufgeteilt wird. Im Fall hatte ein Instandhaltungsunternehmen einen Vertrag mit einer Gemeinde. Nach Ende der Vertragslaufzeit teilte die Gemeinde den vertraglich zu betreuenden Bereich in zwei Gebiete und beauftragte für das größere der beiden die *Fairhurst Ward Abbotts Ltd.* Daraufhin entließ der vormalige Dienstleister die Mitarbeiter, die auf diesem Gebiet gearbeitet hatten. Fraglich 417

744 Diese Kategorisierung wird häufig im Schrifttum vorgenommen; siehe beispielsweise: *Bowers*, Transfer of Undertakings, A2/108-6; *McMullen*, Business Transfer and Employee Rights, 5-129.

745 Siehe Argumentation in Kimberley Group Housing Ltd v Hambley and ors/ Angel Services (UK) Ltd v Same [2008] ICR 1030 (1041) EAT.

746 Fairhurst Ward Abbotts Ltd v Botes Building Ltd [2004] ICR 919 CA.

war, gegen wen die Arbeitnehmer einen Anspruch auf Abfindungszahlungen hatten.[747]

418 Das Employment Appeal Tribunal bejahte eine Ähnlichkeit zwischen den Tätigkeiten vor und nach dem Wechsel des Auftragnehmers (*contractor*).[748] Das Gericht sah eine Parallele zum Unternehmensteilübergang (*transfer of part of an undertaking*). Dieser falle nur dann unter die TUPE Regulations, wenn ein Teil zum Zwecke des *transfer* übertragen würde. Wenn dieser Teil schon vorher existierte, hätte man wieder eine eigenständige wirtschaftliche Einheit (*economic entity*) und die Regelung über den Unternehmensteilübergang sei überflüssig.[749] Der Court of Appeal ergänzte, dass es mit dem Ziel der Richtlinie und den TUPE Regulations 1981 nicht vereinbar sei, zwischen Fällen zu unterscheiden, in welchen bei einem Unternehmensteilübergang der betroffene Part schon vor dem *transfer* existiert oder erst durch den *transfer* seine Eigenständigkeit erreicht.[750,751]

419 Dieser Fall zeigt, dass eine Aufteilung der Tätigkeit in den Anwendungsbereich der TUPE Regulations fallen kann. Überzeugend argumentiert das Gericht mit der Parallele zum Unternehmensteilübergang. Dort wird die Tätigkeit in der Regel noch beim *transferor* geteilt. Es würde gegen den Zweck der TUPE Regulations und auch der Richtlinie sprechen diese beiden Fälle unterschiedlich zu behandeln, da die Rechte der Arbeitnehmer gleichermaßen gefährdet sind. Auch wenn es sich in diesem Fall um einen Übergang i.S.d. TUPE Regulations 1981 handelte, lässt sich der Grundgedanke auf die später eingefügten Regelungen zum SPC übertragen.

B. Quantitative Aufteilung der Tätigkeit

I. Quantitative Teilung in Kimberly Group Housing Ltd v Hambley

420 Die Frage, ob bei einer quantitativen Aufteilung ein SPC vorliegt, stellte sich dem Employment Appeal Tribunal in *Kimberly Group Housing Ltd v Hambley*.[752]

---

747 Siehe Rn. 242.

748 Fairhurst Ward Abbotts Ltd v Botes Building Ltd [2004] ICR 919 (924 f.) CA.

749 Fairhurst Ward Abbotts Ltd v Botes Building Ltd [2004] ICR 919 (926) CA.

750 Fairhurst Ward Abbotts Ltd v Botes Building Ltd [2004] ICR 919 (929 f.) CA.

751 Siehe hierzu auch Ausführungen in § 5 Rn. 241.

752 Kimberley Group Housing Ltd v Hambley and ors/ Angel Services (UK) Ltd v Same [2008] ICR 1030 EAT.

1. *Sachverhalt*

Die *Leena Homes Ltd* betrieb zwei Asylbewerberheime im Auftrag des Innenministeriums. Als dieses Vertragsverhältnis endete, erhielten nach der Neuausschreibung die *Kimberley Group Housing Ltd* und *die Angel Services Ltd* den Zuschlag. Die *Leena* kündigte den Arbeitnehmern, die in den beiden Heimen gearbeitet hatten. Diese klagten daraufhin auf Entschädigungszahlungen wegen *unfair dismissal.* 421

2. *Entscheidung*

Das Employment Tribunal hatte vier Lösungsmöglichkeiten entwickelt: Erstens könnte die Anwendung der TUPE Regulations ausgeschlossen sein. Zweitens könnten die Gerichte die Arbeitnehmer willkürlich den beiden *transferees* zuordnen. Drittens könnte man die Arbeitnehmer dem *transferee* zuordnen, der den größeren Teil der Tätigkeit übernimmt. Viertens ist eine Teilung der Arbeitsverhältnisse zwar nicht möglich, man könne aber die Haftung aus diesen Verträgen verteilen.[753] Das Employment Tribunal entschied sich für die letztere Option. Es führte aus, dass die zweite Variante absurd wäre. Die dritte Möglichkeit sei ungerecht und würde den Wettbewerb zwischen Unternehmen beeinträchtigen. Das Gericht begründete seine Entscheidung damit, dass eine zweckgerichtete Auslegung (*purposive approach*) der Regulations notwendig sei. Das führte zu folgenden Ergebnissen: Die *Angel Services Ltd* haftete für in 3 % der Arbeitsverträge in Stockton und 29 % in Middlesborough. Die *Kimberley Group Housing Ltd* haftete für die übrigen Arbeitsverträge. 422

Das Employment Appeal Tribunal bejahte einen SPC wählte aber die dritte der oben erläuterten Varianten. Es sei eine Parallele zu dem klassischen *transfer* nach reg. 3(1)(a) TUPE zu ziehen. Dort sei schon in den Erwägungsgründen (*recitals*) in der Richtlinie von 1976 der Übergang von einem Veräußerer auf zwei Erwerber vorgesehen gewesen.[754] Das Gericht wies in seiner Entscheidung aber auch daraufhin, dass es Fälle gebe, in denen die vorherige Tätigkeit beim Übergang derart aufgesplittert wird, dass kein SPC mehr vorliegen könne. Das Ziel der TUPE Regulations sei es aber die Arbeitnehmer zu schützen. Das Employment Tribunal habe eine gerechte Verteilung für die Arbeitgeber angestrebt 423

753 Kimberley Group Housing Ltd v Hambley and ors/ Angel Services (UK) Ltd v Same [2008] ICR 1030 (1036) EAT.

754 Kimberley Group Housing Ltd v Hambley and ors/ Angel Services (UK) Ltd v Same [2008] ICR 1030 (1040) EAT.

und dabei den Schutz der Arbeitnehmer aus dem Blick verloren. Die Arbeitnehmer erlitten dadurch verschiedene Nachteile, unter anderem müssten sie sich bei einer Kündigung im Zusammenhang mit dem *transfer* gegen beide Arbeitgeber wenden um Entschädigungszahlungen geltend zu machen.[755] Für eine Übertragung der Arbeitsverhältnisse auf den *transferee* mit dem größeren Anteil an dem Auftrag spreche der Schutz der Arbeitnehmer. Dieser sei im Übrigen auch der wesentliche Zweck der TUPE Regulations, weshalb eine Benachteiligung des betroffenen *transferee* nicht entgegengehalten werden könne.[756]

424 Rubenstein resümierte dazu, dass dieses Urteil nichts über die Anwendbarkeit des SPC aussagt, wenn die Tätigkeit eines Arbeitnehmers auf mehrere *transferees* aufgesplittet wird.[757] Das Urteil zeigt aber, dass Gerichte in Fällen, in denen sie keine Anhaltspunkte im Wortlaut des Gesetzes finden, eine zweckgerichtete Auslegung vornehmen müssen. Hier müssen dann die Interessen der Parteien mit dem Zweck der TUPE Regulations in Einklang gebracht werden.

II. Zersplitterung der Tätigkeit in Enterprise Management Service Ltd v Connect-Up Ltd 2012

425 In *Enterprise Management Services Ltd v Connect-Up Ltd*[758] dagegen entschieden sowohl das erstinstanzliche Gericht als auch das Employment Appeal Tribunal, dass kein SPC vorlag. Die IT-Dienstleistungen in einem Schulbezirk waren nach einer Neuausschreibung auf fünf nachfolgende Anbieter aufgeteilt worden. Zuvor hatte nur ein Dienstleister den Auftrag. Einer der Dienstleister war wie die vorherige Auftragnehmerin für alle Schulen gleichermaßen zuständig.[759] Die anderen vier Anbieter waren bestimmten Schulen zugeordnet, konnten aber gleichfalls von den einzelnen Schulen ausgewählt werden. Das Employment Appeal Tribunal lieferte keine weitere Erklärung, weshalb ausgerechnet in diesem Fall die Tätigkeit derart aufgesplittert sei, dass kein SPC

755 Kimberley Group Housing Ltd v Hambley and ors/ Angel Services (UK) Ltd v Same [2008] ICR 1030 (1041 f.) EAT.

756 Kimberley Group Housing Ltd v Hambley and ors/ Angel Services (UK) Ltd v Same [2008] ICR 1030 (1042 ff). EAT.

757 *Rubenstein*, [2008] IRLR, 671.

758 Enterprise Management Services Ltd v Connect-Up Ltd [2012] IRLR 190 EAT.

759 Enterprise Management Services Ltd v Connect-Up Ltd [2012] IRLR 190 (192) EAT.

mehr vorliege. Es argumentierte, dass die Tätigkeit derart aufgeteilt wurde, dass keine Elemente mehr erkennbar waren.

C. Funktionale Teilung der Tätigkeit in Arch Initiatives v Greater Manchester

Eine Gemeinde hatte die Hilfsangebote für alkohol- und drogenabhängige 426 Erwachsene an eine Stiftung fremdvergeben. Nach einigen Jahren entschied sich die Behörde den Auftrag neu auszuschreiben und künftig auf zwei Dienstleister zu verteilen. Dabei teilte es die Tätigkeiten in fünf verschiedene Kategorien auf. Die erste Kategorie umfasste die Begleitung der erkrankten Menschen, deren Rehabilitationsplanung und die Verwaltung der einzelnen Fälle. Die Bereiche zwei, drei, vier und fünf beinhalteten die Planung und Begleitung verschiedener Interventionsmaßnahmen, welche im Rehabilitationsplan festgehalten wurden. Die erste Säule sollte dabei unabhängig von den Übrigen vergeben werden. So erhielt die Organisation *Arch Initiatives* den Auftrag für die erste Kategorie, während die *Lifeline Project Ltd* den Auftrag für die Übrigen Aufgaben erhielt. Die Arbeitnehmer der Stiftung waren der Auffassung, dass ihre Arbeitsverhältnisse im Rahmen eines SPC auf die *Arch Initiatives* übergegangen zu seien. Letztere weigerte sich die Arbeitnehmer zu übernehmen.[760]

Das Emplyoment Appeal Tribunal bejahte in diesem Fall einen SPC auf die 427 *Arch Iniatives Ltd*. In Kimberley Group Housing hätte das Gericht eine Tür für die Anwendung der TUPE Regulations bei der Zersplitterung von Aufgaben geöffnet. Zwar handelte es sich in diesem Fall um eine quantitative Teilung, jedoch könnten die Argumente auf eine funktionelle Teilung übertragen werden.[761] Das Gericht betonte, dass es keine zweckgerichtete Auslegung der Regelungen des SPC vornehme, sondern versuche, sich an deren Wortlaut zu orientieren.[762] Überdies lagen nach Ansicht des Gerichts von vornherein mehrere organisierte Zusammenfassungen von Arbeitnehmern vor, die jeweils unterschiedlichen Tätigkeiten nachgegangen waren. Es gebe keinen Grund,

760 Arch Initiatives v Greater Manchester West Mental Health NHS Foundation Trust and ors [2016] ICR 607 (609 f). EAT.

761 Arch Initiatives v Greater Manchester West Mental Health NHS Foundation Trust and ors [2016] ICR 607 (616 f.) EAT.

762 Arch Initiatives v Greater Manchester West Mental Health NHS Foundation Trust and ors [2016] ICR 607 (617) EAT.

weshalb mehrere Einheiten aus Arbeitnehmern nicht von einem SPC erfasst werden sollten.[763]

428 Der Fall zeigt daher, dass TUPE auch bei einer funktionalen Teilung von Tätigkeiten Anwendung findet, solange diese nicht so zersplittert sind, dass eine Zuordnung nicht mehr möglich ist. Außerdem verdeutlicht er, dass die britische Rechtsprechung darauf ausgelegt war, den SPC möglichst wörtlich und nicht zweckgerichtet auszulegen.

D. Anwendung der EuGH-Rechtsprechung in Govaerts in McTear Contracts Ltd v Benett 2021

429 Kurz nach dem Austrittsdatum Großbritanniens aus der EU erging die Entscheidung des EuGH in der Rs. *Govaerts* zur Anwendung der Betriebsübergangsrichtlinie bei der Aufteilung von Tätigkeiten.[764] Diese Entscheidung war für die britischen Gerichte daher nicht mehr bindend. Sie waren aber nach s. 6 EUWA 2018 zu deren Berücksichtigung verpflichtet.[765] Die folgenden Ausführungen untersuchen die Rs. *Govaerts* und die Folgeentscheidung der britischen Gerichte.

I. Rechtssache Govaerts

1. Sachverhalt

430 Im Fall war Frau *Govaerts* als Projektleiterin bei einem Reinigungsunternehmen beschäftigt. Im Rahmen ihrer Tätigkeit betreute sie einen Auftrag des Dienstleisters mit einer Gemeinde. Dieser bestand aus der Reinigung und Instandhaltung dreierlei Arten von städtischen Gebäuden: erstens Museen und historische Gebäude, zweitens Gemeindezentren und Bibliotheken und drittens Verwaltungsgebäude. Nach einer Neuausschreibung erhielt zukünftig die *Atalian NV* den Reinigungsauftrag für die erste und dritte Kategorie; die *Cleaning Masters NV* war fortan für die Gemeindezentren und Bibliotheken zuständig. Frau *Govaerts* Arbeitgeber informierte sie, dass ihr Arbeitsverhältnis aufgrund der belgischen Vorschriften zum Betriebsübergang auf die *Atalian NV* übergegangen sei. Diese weigerte sich die Arbeitnehmerin zu übernehmen. Vor den belgischen Gerichten war unklar wer für die Ansprüche von Frau *Govaerts* auf

---

763 Arch Initiatives v Greater Manchester West Mental Health NHS Foundation Trust and ors [2016] ICR 607 (625 ff.) EAT.

764 EuGH v. 26.03.2020 – Rs. C-344/18 – Govaerts, NZA 2020, 503.

765 Siehe Rn. 83.

Entschädigung und Urlaubsabgeltungsansprüche haften muss. Das belgische Gericht legte dem EuGH die Frage vor, ob Art. 3 Abs. 1 UAbs. 1 der RL 2001/23/EG im Fall eines Unternehmensübergangs nach Art. 1 Abs. 1 der Richtlinie auf mehrere Erwerber, dahingehend auszulegen ist, dass die Rechte und Pflichten aus dem zum Zeitpunkt des Übergangs bestehenden Arbeitsvertrag auf jeden der Erwerber anteilig entsprechend der vom Arbeitnehmer wahrgenommenen Aufgaben übergehen oder nur auf den Erwerber, für den der Arbeitnehmer seine Aufgaben hauptsächlich wahrzunehmen hat. Hilfsweise fragte das vorlegende Gericht, ob in diesem Fall keiner der Erwerber eine Verpflichtung aus Art. 3 Abs. 1 RL 2001/23/EG hat.

2. Entscheidung

Der EuGH entschied, dass bei einem Unternehmensübergang auf mehrere Erwerber grundsätzlich eine Aufspaltung des Arbeitsverhältnisses vorgenommen werden kann und eine solche Konstellation in den Anwendungsbereich der Richtlinie 2001/23/EG fällt.[766] Es sei aber zu beachten, dass sich die Arbeitsbedingungen des Arbeitnehmers im Zuge der Aufspaltung nicht verschlechtern dürfen und die Wahrung seiner Rechte und Pflichten aus dem Arbeitsvertrag sichergestellt sein muss. Sollte eine Aufspaltung des Arbeitsverhältnisses nicht möglich sein und das Arbeitsverhältnis enden, gilt der Arbeitnehmer als durch die Erwerber gekündigt.[767] Der EuGH argumentierte mit dem Zweck der Richtlinie. Zum einen sollen die Arbeitnehmer vor einem Verlust oder einer Verschlechterung ihres Arbeitsverhältnisses geschützt werden. Daher müsse die Betriebsübergangsrichtlinie auch bei einem Übergang auf mehrere Erwerber Anwendung finden. Ein genereller Ausschluss solcher Fälle, stünde daher dem Zweck der Richtlinie entgegen.[768] Zum anderen sei es Zweck der Richtlinie auch einen Interessenausgleich zwischen den Arbeitnehmern und dem Erwerber zu erzielen. Wenn aber der Arbeitnehmer nur auf den Erwerber mit dem größeren Anteil übergeht, seien die Interessen des Letzteren nicht angemessen gewahrt. Dann übernehme er nämlich die Pflichten aus einem Vollzeitarbeitsverhältnis, während der Arbeitnehmer nach dem Arbeitsvertrag nur zu der 431

766 EuGH v. 26.03.2020 – Rs. C-344/18 Rn. 38 – Govaerts, NZA 2020, 503 (504).

767 Dies kann auch durch eine arbeitnehmerseitige Kündigung erfolgen nach Art. 4 Abs. 2 der Richtlinie, siehe EuGH v. 26.03.2020 – Rs. C-344/18 Rn. 38 – Govaerts, NZA 2020, 503 (504).

768 EuGH v. 26.03.2020 – Rs. C-344/18 Rn. 27 f. – Govaerts, NZA 2020, 503 (504).

Erbringung einer Teilzeitleistung verpflichtet wäre. Daher verwarf der EuGH diese Alternative.[769]

432 Im Hinblick auf die Aufspaltung betonte der EuGH einerseits, dass Teilzeitarbeitsverhältnisse, die mitunter durch die Teilung des Arbeitsverhältnisses entstehen, vom Anwendungsbereich der Richtlinie 2001/23/EG umfasst sind. Es sei zudem Aufgabe der mitgliedstaatlichen Gerichte eine Aufspaltung der Arbeitsverhältnisse vorzunehmen, da die Richtlinie das mitgliedstaatliche Arbeitsvertragsrecht unberührt lasse. Durch die Aufteilung werde damit ein Interessenausgleich zwischen dem Arbeitnehmerschutz und den Anliegen der Erwerber erzielt. Dies entspreche dem Zweck der Richtlinie.[770]

3. Rezeption

a) Deutschland

433 In Deutschland wurde das Problem des Falles bis dahin bei der Zuordnung der Arbeitnehmer zu der wirtschaftlichen Einheit diskutiert. Ein anteiliger Übergang von Arbeitsverhältnissen stand bislang nicht zur Diskussion.[771] Dieser neuartige Lösungsansatz des EuGH wurde in weiten Teilen im Schrifttum kritisiert. Die Begründung des Gerichtshofes erfolge zu pauschal. Auch habe er die Spaltungslösung nicht hinreichend konkretisiert. Unklar sei daher, inwiefern die Entscheidung von dem konkreten Sachverhalt beeinflusst war und wie sie sich auf andere Teilungssachverhalte auswirkt. Der EuGH habe weder die Unmöglichkeit der Aufspaltung des Arbeitsverhältnisses definiert noch klargestellt ab wann das Verschlechterungsverbot greife.[772] Letzteres ist insbesondere problematisch, da sich für den Arbeitnehmer bei einer Aufspaltung des Arbeitsverhältnisses in der Regel Nachteile ergeben.[773]

b) Großbritannien

434 Mit Blick auf die vorherige Rechtsprechung war auch die Kritik aus dem britischen Schrifttum nicht überraschend. In einem Gespräch mit einem britischen

769 EuGH v. 26.03.2020 – Rs. C-344/18 Rn. 30 f. – Govaerts, NZA 2020, 503, (504).

770 EuGH v. 26.03.2020 – Rs. C-344/18 Rn. 32 ff. – Govaerts, NZA 2020, 503 (504).

771 So Einschätzung *Franzen*, EuZA 2021, 143 (155); siehe Diskussion zum Übergang von Arbeitnehmern mit übergreifenden Funktionen *Preis*, in: ErfK § 613a BGB Rn. 71 f.

772 *Bömer*, EuZA 2021, 73 (83).

773 *Benkert*, NJW-Spezial, 2020, 274; siehe auch die identifizierten Probleme von *Löw/Stolzenberg*, NZA 2020, 1279 (1282).

Juristen hatte dieser die Entscheidung sarkastisch als „Geschenk des EUGH zum Brexit“. Zuvor war dem britischen Recht bei einer Zersplitterung von Tätigkeiten die Aufteilung des Arbeitsverhältnisses fremd.[774] Entweder blieb der Arbeitnehmer im Unternehmen des Veräußerers, da seine Aufgaben derart zersplittert waren, dass sie nicht mehr konkret einem *transferee* zugeordnet werden konnten oder das Arbeitsverhältnis des Arbeitnehmers ging auf den Arbeitgeber mit dem größeren Anteil über. Betont wurde erneut, dass nach britischem Recht ein Arbeitnehmer lediglich einen Arbeitgeber haben kann.[775]

Weiterhin kritisierte *McMullen,* dass der *transferee* bzw. die *transferees* haftbar für Entschädigungszahlungen an betroffene Arbeitnehmer ist bzw. sind, da sie für die Beendigung des Arbeitsverhältnisses verantwortlich sind. In diesem Fall könnten sie sich dann auch nicht auf einen wirtschaftlichen, technologischen oder organisatorischen Kündigungsgrund im Zusammenhang mit dem *transfer* berufen, wodurch die Kündigung automatisch ungerechtfertigt wäre. Daher sei dies eine ungerechte Belastung für die Arbeitgeber.[776] Weiterhin kritisierte *Wynn-Evans* dass der EuGH in der Entscheidung keine Stellung zur Zuordnung der Arbeitnehmer bezogen hatte und insbesondere nicht das Verhältnis zur *Botzen*-Entscheidung geklärt hatte.[777] Schließlich kritisierte das Schrifttum, dass der EuGH den Ausgleich der Interessen zwischen Arbeitnehmern und Arbeitgebern als Zweck der Richtlinie sieht. Dadurch gerate die Achtung der unternehmerischen Freiheit innerhalb der Mitgliedstaaten in Gefahr.[778] 435

II. McTear Contracts Ltd v Benett

In *McTear Contracts Ltd v Benett*[779] reagierte ein schottisches Berufungsgericht auf die Rs. *Govaerts* und diskutierte deren Auswirkungen auf das britische Recht. 436

774 Kimberley Group Housing Ltd v Hambley and ors/ Angel Services (UK) Ltd v Same [2008] ICR 1030 EAT.
775 *McMullen,* ILJ 2021, 130 (154).
776 *McMullen,* ILJ 2021, 130 (155).
777 *Wynn-Evans,* The Law of TUPE Transfers, 4.155.
778 *McMullen,* ILJ 2021, 130 (156).
779 McTear Contracts Limited v Mr B Bennett and ors, Mitie Property Services UK Limited, Amey Services Limited Respondents [2021] WL 00827709 scEAT.

1. Sachverhalt

437 Die Kläger des Ausgangsverfahrens waren bei einem Montageunternehmen beschäftigt. Dieses hatte einen Vertrag mit einer Kommunalbehörde über den Einbau bzw. den Austausch von Küchen in Sozialwohnungen. Die Arbeitnehmer waren in zwei verschiedene Teams aufgeteilt und arbeiteten über das gesamte Gemeindegebiet verteilt. Nachdem die Gemeinde den Auftrag neu ausgeschrieben hatte, teilte sie ihn auf zwei andere Montageunternehmen auf. Dabei unterteilte sie das Gemeindegebiet in zwei abgrenzbare Flächen und wies den beiden Dienstleistern jeweils einen Teil des Gebiets zu. Der vormalige Auftragnehmer kündigte den Arbeitnehmern aus wirtschaftlichen Gründen und erklärte ihnen sie seien fortan bei den beiden Nachfolgern angestellt. Vor dem erstinstanzlichen Arbeitsgericht hatten die Arbeitnehmer auf verschiedene Entschädigungszahlungen geklagt. Es stellte sich die Frage gegen wen sie einen Anspruch hatten. Dies hing davon ab, ob ihre Arbeitsverhältnisse im Rahmen eines SPC übergegangen waren.

2. Entscheidung

438 Das Employment Appeal Tribunal bejahte eine Anwendung der Rs. *Govaerts* in diesem Fall und verwies ihn zurück an die erste Instanz zur Ermittlung des jeweiligen für den Übergang relevanten Anteils der Arbeitsverhältnisse. Zunächst diskutierte es die Verpflichtung zur Anwendung der EuGH-Entscheidung. Das Gericht stellte fest, dass es nunmehr nach s. 6 EUWA 2018 zu einer Berücksichtigung im Rahmen der EuGH-Entscheidung *EU Retained Law* verpflichtet sei. Allerdings gelte dies grundsätzlich nur für einen transfer nach reg. 3(1)(a) TUPE.[780] Hinsichtlich des SPC sei es auch vor dem Brexit nicht zur richtlinienkonformen Auslegung verpflichtet gewesen. Es sei jedoch widersprüchlich in diesem Fall zwischen einem Unternehmensübergang und einem SPC zu unterscheiden. Dies spreche für eine Übertragung der Rs. *Govaerts* auf den vorliegenden Fall.[781] Es spreche zudem nichts dagegen, dass ein Arbeitnehmer zwei unterschiedliche Arbeitgeber gleichzeitig hat, solange seine Tätigkeitsbereiche klar abgrenzbar sind. Vorliegend sei dies durch die geographische Trennung der Aufgabenbereiche vorhanden.[782] Daher läge ein SPC vor und das

---

780 McTear Contracts Limited v Mr B Bennett and ors, Mitie Property Services UK Limited, Amey Services Limited Respondents [2021] WL 00827709 Rn. 34 f. scEAT.

781 McTear Contracts Limited v Mr B Bennett and ors, Mitie Property Services UK Limited, Amey Services Limited Respondents [2021] WL 00827709 R. 36 scEAT.

782 McTear Contracts Limited v Mr B Bennett and ors, Mitie Property Services UK Limited, Amey Services Limited Respondents [2021] WL 00827709 Rn. 41 ff. scEAT.

Employment Tribunal müsse das Verhältnis der Anteile nach dem Übergang ermitteln.

3. *Kritik*

439 In Gesprächen mit britischen Juristen ergab sich der Eindruck, dass diese Entscheidung überwiegend abgelehnt wird.[783] Es ist unklar, ob es sich in diesem Fall um eine Einzelfallentscheidung handelt oder ob dies ein neuer Maßstab für die Employment Tribunals im Falle einer Zersplitterung des Auftrags ist. In diesem Fall ging es lediglich um die Haftungsverteilung. Während diese noch relativ unkompliziert ermittelt werden kann, so ist bei einer tatsächlichen Übernahme und Aufnahme der Tätigkeit bei den *transferees* die Konstellation schwierig. In der Praxis dürfte wohl insbesondere die Abstimmung der Arbeitszeiten schwierig werden. Man vermag sich eine solche Abstimmung noch einfacher vorzustellen, wenn der Arbeitnehmer jeweils tageweise konstant bei bestimmten Projekten eingesetzt war.[784] Aber selbst in dem hier entschiedenen Fall würde die Verteilung der Arbeitszeit schwierig werden. Der Einbau der Küchen richtete sich immer nach dem aktuellen Bedarf. Daher war wohl nicht klar, wann wie viel Arbeit in welchem Gebiet anfällt. Es bleibt festzuhalten, dass diese Lösung im Hinblick auf die Haftungsverteilung für Entschädigungszahlungen, die sich aus der Beendigung des Arbeitsverhältnisses ergeben, in den meisten Fällen hilfreich ist.[785]

E. Ergebnis

440 Die Teilung von Tätigkeiten im Rahmen eines Auftragnehmerwechsels hindert die Anwendung der TUPE Regulations nicht. Eine Ausnahme ist dann gegeben, wenn die Aufgabenbereiche aufgrund der völligen Zersplitterung nicht mehr abgrenzbar sind. Bis zur Entscheidung des Employment Appeal Tribunal in *McTear Contracts v Bennett* war dann ein Übergang der Arbeitsverhältnisse auf den *transferee*, welcher den größeren Teil übernommen hatte möglich. Mit der neuen Rechtsprechung hatte das Gericht eine Teilung des Arbeitsverhältnisses angenommen. Es bleibt abzuwarten, ob es an dieser Rechtsprechung festhält.

783 Sowohl telefonisch als auch während eines Forschungsaufenthaltes in London vom 09.05.2022–15.05.2022.
784 Siehe auch *Wynn-Evans*, The Law of TUPE Transfers, 4.168.
785 Siehe dann aber Bedenken *McMullens* in *McMullen*, ILJ 2021, 130 (156).

§ 9 Würdigung

Das Konzept des *service provision change* ist aus deutscher Sicht ungewöhnlich. 441
Bei verschiedenen Gesprächen mit britischen Juristen ergab sich der Eindruck, dass sich die Praxis mittlerweile an dieses Konzept gewöhnt hat. Bei dessen Einführung gab es allerdings auch überraschte Stimmen. Seltsamerweise habe das Vereinigte Königreich, welches für seinen wenig regulierten Markt bekannt ist, eines der umfassendsten Arbeitnehmerschutzgesetze in der EU bei der Auslagerung von Tätigkeiten.[786] In diesem Kapitel werden abseits der in § 6 erläuterten Rechtsprechung mögliche Gründe für diesen wesentlichen Unterschied im Anwendungsbereich der deutschen und britischen Regelungen zum Betriebsübergang untersucht.

A. Gesellschaftlicher und rechtspolitischer Hintergrund

Ein großes Problem in Großbritannien war die Outsourcing-Strategie der briti- 442
schen Regierung in 1980er-Jahren.[787] Die Thatcher-Regierung[788] hatte begonnen im öffentlichen Dienst Stellen abzubauen. Dabei verlagerte sie Dienstleistungen, die zuvor durch die Behörde selbst durchgeführt wurden, auf dritte Anbieter (*outsourcing*). Die Kommunen waren dazu durch das *compulsory competitive tendering* (CCT) verpflichtet;[789] auf staatlicher Ebene übte die Regierung Druck aus (*governmental encouragement to market test*). Dabei einigten sich die staatlichen Behörden und die Dienstleister häufig über den Übergang der Arbeitnehmer. Als Serviceverträge neu ausgeschrieben wurden (*re-tender*) und Auftragnehmer wechselten, war das Schicksal der Arbeitsverhältnisse umstritten. Es bestand keinerlei Beziehung zwischen dem vormaligen Auftragnehmer (*outgoing contractor*) und dem nachfolgenden Auftragnehmer (*incoming contractor*). Daher war es auch unwahrscheinlich, dass sie Vereinbarungen über den Übergang der Arbeitsverhältnisse treffen würden. Die Arbeitnehmer waren

---

786 *Collins*, Employment Law, S. 202.

787 *Hardy*, Understanding TUPE, S. 9.

788 Die von der Conservative Party geführte Regierung unter Premierministerin Margaret Thatcher zwischen 04.05.1979 und 28.11.1990.

789 Siehe Local Government Planing and Land Act 1980; Local Government Act 1988; Local Government Act 1992; Deregulation and Contracting Out Bill 1994; siehe auch *Napier*, CCT, Market Testing and Employment Rights, S. 1.

in dieser Konstellation schutzlos. Die TUPE Regulations 1981[790] enthielten zu diesem Zeitpunkt keine Regelung für die Auftragsnachfolge, weshalb die britischen Gerichte sie in den Fällen der Fremdvergabe und der Auftragsnachfolge in den 1980er-Jahren unterschiedlich und einzelfallabhängig anwendeten.[791] Ein Grund hierfür war auch, dass die TUPE Regulations 1981 in reg. 2(1) nichtgewerbliche Tätigkeiten vom Anwendungsbereich ausschlossen. Da sowohl im öffentlichen als auch im privaten Sektor Dienstleistungen im Unternehmen selbst und nicht als eigene gewerbliche Tätigkeit eingegliedert waren, verneinte die britische Rechtsprechung häufig den Anwendungsbereich.[792] Daher ergab sich aus diesem System das Bedürfnis nach einem klaren Anwendungsbereich der TUPE Regulations, um Rechtssicherheit für alle Beteiligten zu schaffen.

B. Umsetzung der Richtlinie auf der Rechtsfolgenseite

443 „Der Anwendungsbereich der TUPE Regulations ist maximal groß, dafür haben wir rechtsfolgenseitig nur die Mindeststandards umgesetzt.“, dieser Satz fiel in einem Gespräch mit dem Anwalt *David Reade*[793] über die TUPE Regulations. Besonders deutlich wird der Unterschied zu den deutschen Regelungen beim Kündigungsverbot. Während nach § 613a Abs. 4 BGB eine Kündigung im Zusammenhang mit dem Betriebsübergang unwirksam ist, sieht reg. 7(2) TUPE vor, dass eine Kündigung gerechtfertigt ist, wenn sie aufgrund von wirtschaftlichen, technischen oder organisatorischen Gründen (*ETO-reasons*) im Zusammenhang mit dem *transfer* ausgesprochen wird. Hierbei ist auch noch zu beachten, dass das britische Kündigungsschutzrecht auf die finanzielle Entschädigung des Arbeitnehmers abzielt. Zwar hat ein Arbeitnehmer bei ungerechtfertigten Kündigungen (*unfair dismissal*) nach s. 114 ERA einen Anspruch auf Wiedereinstellung, dies wird aber in weniger als 1 % der Fälle entschieden, in den übrigen Fällen wird ihm ein Anspruch auf Entschädigung zugesprochen.[794] Bei einer unfair dismissal ist dies ein Anspruch auf Kompensation (*remedies*). Wenn der *transferee* den Arbeitnehmer aus *ETO-reasons* kündigt, steht diesem nach reg. 7(3)(b)(i) TUPE nur ein Anspruch auf Abfindung bei

---

790 Siehe Rn. 46.

791 Siehe Rn. 304 ff.

792 Reg. 2(1) TUPE Regulations 1981, Siehe auch *McMullen*, ILJ 1994, 230 (231).

793 Telefongespräch mit *David Reade* (*Barrister*) am 12.05.2022. *David Reade* ist ein englischer Anwalt mit zahlreicher Praxiserfahrung hinsichtlich TUPE und Veröffentlichungen in namhaften Zeitschriften.

794 *Phillips/Scott*, Employment Law, S. 212.

einer Kündigung aus wirtschaftlichen Gründen (*redundancy payments*) zu.[795] Diese Abfindungszahlungen sind für den Arbeitgeber kostengünstiger als die Kompensation.[796] Die Erleichterungen für Arbeitgeber bei Kündigungen sind nur beispielhaft zu verstehen. Die geringe Bedeutung von Kollektivverträgen in der britischen Praxis ist rechtsfolgenseitig, trotz des ähnlichen Wortlauts zu § 613a Abs. 1 S. 2 BGB in reg. 5 TUPE, ebenfalls positiv für den *transferee*.[797]

C. Gesetzesbegründung

Einen weiteren Anhaltspunkt gibt die Gesetzesbegründung der TUPE Regulations 2006. Wie bereits in § 6 (siehe Rn. 339) erwähnt, war ein Grund für die Einführung des SPC faire Wettbewerbsbedingungen unter den Dienstleistern zu schaffen.[798] Die Entscheidung über die Vergabe von Aufträgen soll anhand der wirtschaftlichen Leistungsfähigkeit und nicht auf unterschiedlichen Auffassungen über die Übernahme von Arbeitsverhältnissen getroffen werden. Die Übernahme der Arbeitnehmer soll bei der Auftragsvergabe keine Rolle spielen. Dadurch würden auch die Transaktionsrisiken und Kosten reduziert werden. Bei verschiedenen Gesprächen mit britischen Juristen ergab sich der Eindruck, dass dies ein zentraler Grund für die Einführung des SPC war. Man hatte gehofft, dass dadurch die Beraterpraxis erleichtert werden würde. In Deutschland ist dagegen der Schutz der Arbeitnehmer das zentrale Ziel des § 613a BGB.[799] Sofern die Haftungsverteilung in Urteilen genannt werde, ist sie nur ein Ausfluss des Arbeitnehmerschutzes.[800] 444

D. Ergebnis

Der weite Anwendungsbereich der TUPE Regulations im Verhältnis zur Richtlinie und zu § 613a BGB ist auf drei wesentliche Gründe zurückzuführen: Erstens muss der rechtspolitische Hintergrund betrachtet werden: In den 445

795 Siehe auch *Smith/Baker/Warnock*, Smith & Woods, Employment Law, S. 641; wenn kein wirtschaftlicher Grund vorliegt, kann der Arbeitgeber noch über einen „substantial reason" kündigen.

796 *Smith/Baker/Warnock*, Smith & Woods, Employment Law, S. 555 und S. 641.

797 *Roß/Tröger-Kirsch*, Arbeitsrecht in Großbritannien, S. 162; *Smith/Baker/Warnock*, Smith & Woods, Employment Law, S. 636.

798 Explanatory Memorandum to the Transfer of Undertaking (Protection of Employment) Regulations 2006 No. 246, Rn. 7.6.

799 *Kokott*, in: BeckOGK § 613a BGB Rn. 68.

800 So jedenfalls *Kokott*, in: BeckOGK § 613a BGB Rn. 68

1980er-Jahren verfolgte die britische Regierung eine Strategie des Stellenabbaus im öffentlichen Dienst und vergab viele Dienstleistungen fremd. Nachdem die Verträge mit den Dienstleistern abgelaufen waren und neuvergeben mussten, war aber unklar was mit den Arbeitsverhältnissen geschieht. Die TUPE Regulations 1981 hatten hierzu keine Regelung getroffen. Das führte zu einer erheblichen Rechtsunsicherheit. Zweitens hat Großbritannien die Betriebsübergangsrichtlinie rechtsfolgenseitig nur mit den Mindeststandards umgesetzt. Daher kann der *transferee* den Arbeitnehmern leicht kündigen. Er ist, bei entsprechender Begründung, dann auch nur zur Zahlung einer Abfindung bei einer Kündigung aus wirtschaftlichen Gründen, im Gegensatz zu einer sehr vielen höheren Kompensationssumme bei einer ungerechtfertigten Kündigung, verpflichtet. Ferner gibt es nur theoretisch einen Weiterbeschäftigungsanspruch; in der Praxis kommt dieser in weniger als 1 % der Gerichtsentscheidungen zum Tragen. Drittens zielen die TUPE Regulations im Gegensatz zur Richtlinie und den deutschen Regelungen nicht allein auf den Schutz der Arbeitnehmer, sondern auch auf die Förderung des Wettbewerbs unter Dienstleistern ab. Aufträge sollten anhand der Leistungsfähigkeit vergeben werden und nicht an den Dienstleister, welcher bereit ist, die Haftung für die Arbeitsverhältnisse des *transferor* zu übernehmen.

§ 10 Ergebnis

1. In Großbritannien gab es vor der Umsetzung der ersten Betriebsübergangsrichtlinie (Richtlinie 77/187/EWG) in die TUPE Regulations 1981 bei einer Geschäftsveräußerung (*business transfer*) keinen gesetzlichen Übergang der Arbeitsverhältnisse. Der Arbeitnehmerschutz beschränkte sich auf positive Auswirkungen bei Entschädigungszahlungen und im Falle der freiwilligen Übernahme der Arbeitnehmer auf eine Anrechnung der Beschäftigungsjahre beim Veräußerer. Der Arbeitnehmer konnte sich zudem weigern für den Erwerber zu arbeiten, ohne sich wegen eines Vertragsbruchs entschädigungspflichtig zu machen. Die Umsetzung der Richtlinie 77/187/EWG war in Großbritannien daher ein schwieriges Unterfangen. Das Resultat waren die TUPE Regulations 1981. In Deutschland dagegen war bereits 1972 der Übergang der Arbeitsverhältnisse bei einem Betriebsinhaberwechsel normiert worden. Die Umsetzung der ersten Betriebsübergangsrichtlinie erforderte somit nur Ergänzungen. 446
2. Die TUPE Regulations haben im Laufe der Zeit zahlreiche Änderungen erfahren. Die Änderungen 1993 waren die Folge eines Vertragsverletzungsverfahrens der Kommission. In der Novellierung von 2006 setzte Großbritannien Neuerungen der Richtlinie 2001/23/EG um und übernahm den Wortlaut der Betriebsübergangsrichtlinie hinsichtlich des Anwendungsbereichs bei einem Unternehmensübergang. Grundlegend war bei dieser Reform die Einführung eines weiteren Anwendungsfalls: dem *service provision change*. Dieser erweitert die TUPE Regulations um die Fälle der Fremdvergabe von Tätigkeiten, der Auftragsnachfolge und die Wiedereingliederung von zuvor fremdvergebenen Tätigkeiten. Damit ist der Anwendungsbereich der TUPE Regulations deutlich weiter als der Anwendungsbereich der Richtlinie und des § 613a BGB. 447
3. Die TUPE Regulations gelten nach dem Austritt des Vereinigten Königreichs aus der EU unverändert weiter. Die Betriebsübergangsrichtlinie sowie sämtliche EuGH-Entscheidungen vor dem Austrittszeitpunkt sind für die Auslegung der TUPE Regulations weiter bindend für die britischen Gerichte. Die Zukunft der Regelungen ist allerdings offen. Die britische Regierung plant sämtliches verbleibendes EU-Recht aus dem britischen Gesetzeskatalog zu entfernen. 448
4. Der persönliche Anwendungsbereich der TUPE Regulations umfasst nach reg. 2(1) TUPE *employees*. Diese sind definiert als Personen, die für eine 449

andere Person aufgrund eines *contract of service*, eines Ausbildungsverhältnisses oder auf andere Weise arbeiten. Diese Definition ist weit auszulegen. Sie bezieht sich sowohl auf *employees* als auch auf *limb(b)worker* i.S.d. Employment Rights Act. Erstere sind Personen, die aufgrund eines Arbeitsvertrags tätig werden. Letzterer ist eine besondere, mit weniger Schutzrechten als ein *employee* ausgestatte Arbeitnehmerkategorie im britischen Recht. Für eine Anwendung der TUPE Regulations auf *limb(b) worker* spricht vor allem der Zweck der Richtlinie 2001/23/EG, die Arbeitnehmer zu schützen. Eine Entscheidung der Berufungsgerichte zu dieser Frage ist noch nicht erfolgt. Die Entwicklung bleibt abzuwarten.

450 5. Wie im deutschen Recht sind Leiharbeitnehmer bei einem Übergang des entleihenden Unternehmens nicht vom Anwendungsbereich der TUPE Regulations umfasst. Der Wortlaut von reg. 2(1) TUPE verlangt ein Vertragsverhältnis zwischen dem Arbeitnehmer und dem *transferor*. Bei Arbeitnehmern in Konzernstrukturen gilt dies ausnahmsweise nicht. Früher haben sich britische Gerichte in diesem Fall über einen Unternehmensteilübergang des vertraglichen Arbeitgeberunternehmens beholfen. Nach der *Albron*-Entscheidung des EuGH kommt es im Rahmen von Konzernstrukturen lediglich auf ein Arbeitsverhältnis – im Gegensatz zu einem Arbeitsvertrag – mit dem übergehenden Unternehmen an. Das erleichtert den britischen Gerichten die Handhabe, es widerspricht aber grundlegenden Haftungswertungen im britischen Arbeits- und Gesellschaftsrecht.

451 6. Damit ein Arbeitsverhältnis gesetzlich übergeht, muss der Arbeitnehmer der übergehenden Einheit zugeordnet sein. Zur Auslegung dieses Merkmals folgten die britischen Gerichte – ebenso wie die deutsche Rechtsprechung – der EuGH-Entscheidung in der Rs. *Botzen*. Danach muss der Arbeitnehmer der Einheit angehören, die den organisatorischen Rahmen seines Arbeitsverhältnisses bildet. Die britische Rechtsprechung ergänzte, dass die TUPE Regulations nicht anwendbar sind, wenn der Arbeitnehmer in der fraglichen Einheit nur vorübergehend eingesetzt war. Dann scheidet eine Zuordnung zu der Einheit von vornherein aus. Anders prüfte das LAG Köln für das deutsche Recht den zeitlich begrenzten Einsatz in der betreffenden Einheit im Rahmen der organisatorischen Einbindung des Arbeitnehmers und kam zu dem Schluss, dass ab einem Einsatz von mindestens sechs Monaten von einer Zuordnung auszugehen ist.

452 7. Die britischen Gerichte legen den sachlichen Anwendungsbereich der TUPE Regulations im Bereich des Unternehmensübergangs (*transfer of an undertaking*) nach reg. 3(1)(a) TUPE weit aus. Sie orientieren sich dabei an den *Spijkers*-Kriterien, prüfen diese aber nicht, sondern stellen

auf die Weiterführung der Tätigkeit nach dem *transfer* im Rahmen einer Gesamtbetrachtung ab. Dies wirkt sich insbesondere bei der Abgrenzung zwischen betriebsmittel- und dienstleistungsgeprägten Einheiten beim Merkmal „Art des betreffenden Unternehmens" aus. In der britischen Rechtsprechung zeigte sich, dass die Gerichte eine solche Differenzierung und die damit einhergehende Gewichtung der Faktoren nicht vornehmen. Bei dienstleistungsgeprägten Einheiten hindert die Nichtübernahme der Belegschaft den *transfer* nicht. Die Grundvoraussetzungen des Übergangs einer identitätswahrenden, wirtschaftlichen Einheit entsprechen im Übrigen der deutschen Rechtsauffassung.

8. Bei einem Unternehmensteilübergang gem. reg. 3(1)(a) TUPE erfassen die TUPE Regulations mehr Fälle als der deutsche Anwendungsbereich, da der Unternehmensteil nicht vor dem Übergang als selbstständige organisatorische Einheit existiert haben muss. Die britischen Gerichte begründen dies überzeugend mit dem Wortlaut der TUPE Regulations und dem Schutz der Arbeitnehmer als Zweck der Richtlinie. War vor dem Übergang bereits eine selbstständige Einheit vorhanden, läge ohnehin eine wirtschaftliche Einheit vor und die Erwähnung des Unternehmensteilübergangs im Wortlaut der reg. 3(1)(a) TUPE sei überflüssig. Der Anteilskauf ist wie in Deutschland auch in den TUPE Regulations vom Anwendungsbereich ausgeschlossen. Insgesamt ist festzustellen, dass die britischen Gerichte im Rahmen des Unternehmensübergangs häufig auf den Zweck der Richtlinie, die Arbeitnehmer zu schützen, rekurrieren. 453

9. Die Einführung des *service provision change* zeichnete sich bereits in den 1990er- und 2000er-Jahren in der britischen Rechtsprechung ab. Geprägt von den zwei Grundsatzentscheidungen des EuGH in den Rs. *Schmidt* und *Süzen* entwickelten die Gerichte immer wieder neue Prüfungsmaßstäbe zur Anwendung der TUPE Regulations bei der Funktionsnachfolge von dienstleistungsgeprägten Einheiten. Dies führte erstens zu einer zweckgerichteten Auslegung, wobei kein Übergang eines wesentlichen Bestandteils der Belegschaft notwendig war, wenn der *transferee* keine Arbeitnehmer übernommen hatte, um die Anwendung von TUPE zu verhindern. Im weiteren Verlauf entwickelten die Gerichte eine Gesamtbetrachtung. Diese sollte alle Umstände des Einzelfalls berücksichtigen und dabei unter anderem die Übernahme eines wesentlichen Teils der Belegschaft, die Motive des *transferee* im Falle einer Nichtübernahme der Belegschaft sowie die Weiterführung der Tätigkeit vor und nach dem *transfer* berücksichtigen. 454

10. Die ständigen Rechtsprechungsänderungen hinsichtlich der Anwendung der TUPE Regulations bei der Funktionsnachfolge und die 455

Einzelfallbetrachtung hatten zu einer erheblichen Rechtsunsicherheit geführt. Daher hatte die britische Regierung die Einführung des *service provision change* mit der Schaffung von Rechtsklarheit und der Senkung von Transaktions- und Prozesskosten begründet. Weitere Argumente waren der Schutz der Arbeitnehmer und faire Wettbewerbsbedingungen für die konkurrierenden Dienstleister zu schaffen.

456 11. Die Voraussetzungen des *service provision change* unterscheiden sich wesentlich von denen des Unternehmensübergangs nach reg. 3(1)(a) TUPE. Die wesentlichen Voraussetzungen des *service provision change* sind eine organisierte Zusammenfassung von Arbeitnehmern unmittelbar vor dem *transfer*, dass der Kunde gleich und die Tätigkeit im Wesentlichen gleich bleibt, dass es sich nicht nur um einen kurzzeitigen oder einmaligen Auftrag handelt und dass der Auftrag nicht nur oder überwiegend aus der Lieferung von Ware für den Kunden besteht.

457 12. Die Tatbestandsmerkmale des *service provision change* sind unbestimmt formuliert und daher auslegungsbedürftig. Der *service provision change* ist ein völlig neues Konzept. Die Gerichte können daher bei der Auslegung nicht auf die Rechtsprechung zu den Kriterien des Unternehmensübergangs nach reg. 3(1)(a) TUPE zurückgreifen. Dadurch ergeben sich insbesondere Unterschiede bei der Betrachtung der Tätigkeit. Während bei einem Unternehmensübergang die Ähnlichkeit der Tätigkeit vor und nach dem *transfer* gemeinsam mit den anderen *Spijkers*-Faktoren (bspw. Übergang von Betriebsmitteln oder Übergang des Personals) betrachtet wird, beschränkt sich beim SPC die Prüfung darauf, ob der Kern der Tätigkeit gleichgeblieben ist.

458 13. Die Auslegung durch die Gerichte orientiert sich vor allem an dem Wortlaut der Regelungen, den Umständen des Einzelfalls und einer Gesamtbetrachtung. Eine zweckorientierte Auslegung wird dagegen kaum vorgenommen. Dadurch ist der Anwendungsbereich kleiner als bei der Einführung gedacht. Insgesamt führt die Beschränkung des Anwendungsbereichs durch die teils restriktive Wortlautauslegung der Merkmale „gleicher Kunde“, „im Wesentlichen gleiche Tätigkeit“ und „organisierte Zusammenfassung“ von Arbeitnehmern wieder zu Rechtsunsicherheit, da der Wortlaut selbst viel Raum für Interpretation lässt. Das wiederum bietet den Arbeitgebern dadurch die Möglichkeit die TUPE Regulations zu umgehen. Ob die Auslegung der Kriterien noch der gesetzgeberischen Intention und der Gesetzesbegründung entspricht, ist mehr als zweifelhaft.

459 14. Die Teilung von Tätigkeiten im Rahmen eines Auftragnehmerwechsels hindert die Anwendung der TUPE Regulations nicht. Eine Ausnahme ist dann gegeben, wenn die Tätigkeitsbereiche aufgrund der völligen Zersplitterung

nicht mehr abgrenzbar sind. Bis zur Entscheidung des Employment Appeal Tribunal in *McTear Contracts v Bennett* im Jahr 2021 war dann ein Übergang der Arbeitsverhältnisse auf den *transferee*, welcher den größeren Teil übernommen hatte, möglich. Mit der neuen Rechtsprechung hatte das Gericht eine Teilung des Arbeitsverhältnisses angenommen. Dabei orientierte es sich an der EuGH-Entscheidung in der Rs. *Govaerts*, in welcher dieser eine Teilung des Arbeitsverhältnisses im Zuge eines Betriebsübergangs bejaht hatte. Kritikwürdig ist die Anwendung der EuGH-Rechtsprechung auf den *service provision change*. In der Praxis dürfte es schwierig zu ermitteln sein, wann der Arbeitnehmer welcher Tätigkeit im Rahmen des Auftrages nachgegangen ist und ihn dann anteilig einem der *transferees* zuzurechnen. Es bleibt abzuwarten, ob die Gerichte an der neuen Rechtsprechung festhalten.

15. Die Erweiterung des Anwendungsbereichs der TUPE Regulations 2006 in Großbritannien ist mit Blick auf dessen Ruf als wenig regulierte Marktwirtschaft überraschend. Diese Entwicklung ist allerdings durch drei wesentliche Faktoren erklärbar. Erstens verfolgte die britische Regierung in den 1980er-Jahren eine Strategie des Stellenabbaus im öffentlichen Dienst und vergab viele Dienstleistungen fremd. Dabei konnte man sich häufig noch über die Übernahme der Arbeitnehmer einigen. Nachdem die Verträge mit den Dienstleistern abgelaufen waren und neuvergeben mussten, war aber unklar, was mit den Arbeitsverhältnissen geschieht. Die TUPE Regulations 1981 hatten hierzu keine Regelung getroffen. Das führte zu einer erheblichen Rechtsunsicherheit. Zweitens hat Großbritannien die Betriebsübergangsrichtlinie rechtsfolgenseitig nur mit den Mindeststandards umgesetzt. Daher kann der *transferee* den Arbeitnehmern leicht kündigen. Er ist, bei entsprechender Begründung, auch nur zur Zahlung einer Abfindung bei einer Kündigung aus wirtschaftlichen Gründen, im Gegensatz zu einer sehr vielen höheren Kompensationssumme bei einer ungerechtfertigten Kündigung, verpflichtet. Ferner gibt es nur theoretisch einen Weiterbeschäftigungsanspruch; in der Praxis kommt dieser in weniger als 1 % der Gerichtsentscheidungen zum Tragen. Drittens zielen die TUPE Regulations im Gegensatz zur Richtlinie und den deutschen Regelungen nicht allein auf den Schutz der Arbeitnehmer, sondern auch auf die Förderung des Wettbewerbs unter Dienstleistern ab. Aufträge sollten anhand der Leistungsfähigkeit vergeben werden und nicht an den Dienstleister, welcher bereit ist, die Haftung für die Arbeitsverhältnisse des *transferor* zu übernehmen. Die Gründe sind nicht isoliert voneinander zu betrachten, sondern bedingen sich gegenseitig. 460

Literaturverzeichnis

Allenberg, Tina Luise; Rauch, Manuela, Der Betriebsübergang in Frankreich und Großbritannien, EuZA 2009, 257–278.

Annuß, Georg, Der Betriebsübergang nach „Ayse Süzen", NZA 1998, 70–77.

Annuß, Georg, Betriebsübergang bei Auftragsnachfolge – Wie erfolgt die umfassende Gesamtbewertung?, EuZA 2021, 85–94.

Arthur, Richard, TUPE 2014, Institute of Employment Rights.

Barnard, Catherine, EU employment law, 4th ed. 2012, Oxford.

Bauer, Jobst-Hubertus; von Medem, Andreas, § 613a BGB: Übergang von Leiharbeitsverhältnissen bei Übertragung des Entleiherbetriebs?, NZA 2011, 20–23.

Beck'scher Online-Kommentar Arbeitsrecht, Rolfs, Christian/Giesen, Richard/Meßling, Miriam/Udsching, Peter (Hrsg.), 66. Edition (Stand: 01.12.2022), München 2023 [zitiert als *Bearbeiter*, in: BeckOKArbR].

Beck-online.Großkommentar zum Zivilrecht, Gsell, Beate/Krüger, Wolfgang/Lorenz, Stephan/Reymann, Christoph (Gesamthrsg.), Stand: 01.02.2023, München 2023 [zitiert als *Bearbeiter*, in: BeckOGK].

Beltzer, Ronald, The Transfer of Undertakings and the Importance of Taking Over Personnel – A Vicious Circle, IJCLLIR 2007, 139–155.

Boecken, Winfried; Düwell, Franz Josef; Diller, Martin; Hanau, Hans (Hrsg.) (2022): Gesamtes Arbeitsrecht, Nomos Kommentar, 2. Auflage 2022 Baden-Baden. [zitiert als *Bearbeiter*, in: NK-GA].

Bömer, Alexander (2021): Aufteilung eines einheitlichen Arbeitsverhältnisses in zwei Teilzeitbeschäftigungen, EuZA 2021, 73–84.

Bowers, John, Transfer of Undertakings, Stand Oktober 2022, London.

Bowers, John, A practical approach to employment law, 9th ed. 2017, Oxford.

Buchner, Herbert, Lösung der Kontroverse um den Betriebsübergang – Eine konsensfähige Entscheidung des EuGH, NZA 1997, 408–409

Chamberlain, Stuart; Fraser, Gillian, Managing TUPE, Kingston Upon Thames 2014.

Collins, Hugh, Dismissals on Transfer of a Business, ILJ 1986, 244–255.

Collins, Hugh, Employment Rights in Connection with Transfers of Parts of Groups of Companies, ILJ 1996, 55–59.

Collins, Hugh, Employment Law, 2nd ed. 2010, New York.

Collins, Hugh; Ewing, Keith David; McColgan, Aileen, Labour law, 2nd ed. 2019, Cambridge.

Craig, Victor, The Acquired Rights Directive after Suzen, Emp. Law 1997, Vol. 20, S. 2–4.

Dauner-Lieb, Barbara; Langen, Werner, Kommentar zum Bürgerlichen Gesetzbuch, Schuldrecht §§ 488–661a Band 2/2. 4. Auflage 2021, Baden-Baden. [zitiert als *Bearbeiter*, in: *Dauner-Lieb/Langen*].

Davies, Paul L.; Freedland, Mark R., Transfer of employment. The Transfer of Undertakings (Protection of Employment) Regulations 1981, London 1982.

Davies, Paul L.; Freedland, Mark R., Labour law. Text and materials. 2nd ed. 1984 London.

Davies, Paul L., Transfer Regulations. Employment Protection rights on transfers of business, ILJ 1988, 249–253.

Davies, Paul L., Opting out of Transfers ILJ 1996, 247–254.

Davies, Paul L., Taken to the Cleaners? Contracting out of Services yet again, ILJ 1997, 193–197.

Deakin, Simon F.; Morris, Gillian S., Labour law. 6th ed., Oxford 2012.

Debong, Bernhard, Die EG-Richtlinie über die Wahrung der Arbeitnehmeransprüche beim Betriebsübergang, Pfaffenweiler 1988.

Derbyshire, Wyn; Hardy, Stephen, TUPE: Law & Practice, A Guide to the TUPE Regulations, 4th ed., 2014 Portland. [zitiert als *Derbyshire/Hardy*, TUPE: Law & Practice].

Duhs, Eleonor; Rao, Indira, Retained EU law, A practical guide, London 2021.

Eisele, Birgit, Die Richtlinie zum Betriebsübergang und ihre Umsetzung im englischen Recht – eine rechtsvergleichende Analyse, Tübingen 2003.

Emir, Astra, Selwyn's law of employment, 21st ed. 2022 Oxford.

Employment Lawyers Association, A briefing of the effect of the Retained EU Law (Revocation and Reform) Bill upon Employment Law Rights and Obligations (2022), online verfügbar unter: https://www.elaweb.org.uk/sites/default/files/docs/ELA_REU_Bill_BriefingPaper_21Oct22_MPsFINAL.pdf; zuletzt geprüft am 06.02.2023.

Erfurter Kommentar zum Arbeitsrecht, Müller-Glöge, Rudi/Preis, Ulrich/Schmidt, Ingrid (Hrsg.), 23. Auflage, München 2023 [zitiert als *Bearbeiter*, in: ErfK].

Flößer, Monika, Laienbeteiligung an den englischen Employment Tribunals, EuZA 2021, 443–449.

Forst, Gerrit, EuGH EWiR § 613a BGB 10/10 Kurzkommentar, EWiR 2010, 737–738.

Forst, Gerrit, Leiharbeitnehmer im Betriebsübergang, RdA 2011, 228–236.

Forst, Gerrit, Arbeitnehmer – Beschäftigte – Mitarbeiter, RdA 2014, 157–165.

Franzen, Martin, Die Richtlinie 98/50/EG zur Änderung der Betriebsübergangsrichtlinie 77/187/EWG und ihre Auswirkungen auf das deutsche Arbeitsrecht, RdA 1999, 361–374.

Franzen, Martin, Die Rechtsprechung des Europäischen Gerichtshofs im Arbeitsrecht seit 2008, EuZA 2010, 306–347.

Franzen, Martin, Die Rechtsprechung des Europäischen Gerichtshofs im Arbeitsrecht in den Jahren 2010 und 2011, EuZA 2012, 295–345.

Franzen, Martin, Die Rechtsprechung des Europäischen Gerichtshofs im Arbeitsrecht im Jahr 2020, EuZA 2021, 143–166.

Franzen, Martin; Gallner, Inken; Oetker, Hartmut (Hrsg.), Kommentar zum europäischen Arbeitsrecht, 4. Auflage 2022, München. [zitiert als *Bearbeiter*, in: *Franzen/Gallner/Oetker*, Kommentar zum europäischen Arbeitsrecht]

Freedland, Mark R., The contract of employment. Oxford 1976.

Fuchs, Maximilian; Marhold, Franz; Friedrich, Michael, Europäisches Arbeitsrecht. Handbuch. 6. Auflage 2020, Wien.

Greiner, Stefan (2014): Zwischen Kücük, Albron Catering, Della Rocca und Cartesio, NZA 2014, 284–289.

Grell, Dieter, Der Betriebsinhaberwechsel, Zugleich ein Beitrag zur Lehre von Arbeitsverhältnis und Betrieb, Berlin 1957.

Hanau, Peter, Anmerkung zu EuGH v. 14.04.1994 – Rs. C-392/92, ZIP 1994, 1036–1041.

Hardy, Stephen T., Understanding TUPE, A legal guide. Oxford 2001.

Hartmann, Felix, Der Schutzzweck der Betriebsübergangsrichtlinie in historisch-rechtsvergleichender Perspektive, EuZA 2012, 35–53.

Heinze, Meinhard, Der Betriebsübergang in der Rechtsprechung des EuGH, DB 1997, 677–678.

Henssler, Martin, Aktuelle Rechtsprobleme des Betriebsübergangs, NZA 1994, 913.

Henssler, Martin; Willemsen, Heinz Josef; Kalb, Heinz-Jürgen (Hrsg.), Arbeitsrecht. Kommentar, 10. Auflage 2022, Köln. [zitiert als *Bearbeiter*, in: HWK]

Hepple, Bob, Workers' Rights in Mergers and Takeovers, ILJ 1976, 197–210.

Hepple, Bob, The Transfer of Undertaking (Protection of Employment) Regulations. ILJ 1982, 29–40.

Hörnig, Fritz, Betriebsübernahme – ein Kündigungsgrund?, AuR 1954, 272–273.

Howlin, Michael, New Thinking from the European Court of Justice, Emp. Law 1997, vol. 18, S. 6–8.

Hueck, Alfred; Nipperdey, Hans Carl, Lehrbuch des Arbeitsrecht, Band I. 7. Auflage. 1963, Berlin/Frankfurt.

IDS, Transfer of undertakings, Employment Law Handbook, London 2015.

Jefferson, Michael, What is a relevant "transfer" under TUPE? CompLaw 1997, 294–297.

Joost, Detlev, Betrieb und Unternehmen als Grundbegriffe im Arbeitsrecht. München 1988.

Joost, Detlev, Anmerkung zu EuGH v. 14.04.1994 - Rs. C-392/92, EuZW 1994, 757–758.

Jowitt, William Allen, Jowitt's dictionary of English law, 5th ed. 2019, London.

Junker, Abbo, Der EuGH im Arbeitsrecht - Die schwarze Serie geht weiter, NJW 1994, 2527–2528.

Junker, Abbo, Rechtsvergleichung als Grundlagenfach, JZ 1994, 921–928.

Junker, Abbo, Betriebsübergang in Europa, Frankfurt a.M./New York 2009.

Junker, Abbo, Auswirkungen der neueren EuGH-Rechtsprechung auf das deutsche Arbeitsrecht, NZA 2011, 950–957.

Junker, Abbo, Der identitätswahrende Übergang einer wirtschaftlichen Einheit als Voraussetzung des Betriebsübergangs, EuZA 2019, 45–61.

Junker, Abbo, Die Rechtsprechung des EuGH zum europäischen Arbeitsrecht im Jahr 2020, RIW 2021, 1–10.

Junker, Abbo, Vereinigtes Königreich: Arbeitnehmereigenschaft eines „Uber"-Fahrers und gesetzlicher Mindestlohn, EuZA 2021, 378.

Junker, Abbo, Grundkurs Arbeitsrecht. 21., neu bearbeitete Auflage. 2022, München.

Kahn-Freund, Otto, Selected writings, London 1978.

Langbein, John H.; Lerner, Renée Lettow; Smith, Bruce P., History of the common law, The development of Anglo-American legal institutions, Austin, New York 2009.

Lorenz, Frank, Neuvergabe von Dienstleistungsaufträgen, kein Betriebsübergang?, ZIP 1997, 531–536.

Loritz, Karl-Georg, Aktuelle Rechtsprobleme des Betriebsübergangs nach § 613a BGB, RdA 1987, 65–88.

Löw, Friederike, Die Betriebsveräußerung im europäischen Arbeitsrecht Die EG-Richtlinie 77/187 und ihre Umsetzung in Deutschland und Großbritannien, Frankfurt am Main/Bern 1992

Löw, Hans-Peter; Stolzenberg, Hendric, Die Aufspaltung eines Arbeitsverhältnisses als Folge eines Betriebsübergangs – Diener zweier Herren, NZA 2020, 1279–1284.

Lutter, Marcus, Quo vadis, EuGH?, ZIP 1994, 1514–1515.

Marginson, Paul, European Integration and Transnational Management-Union Relations in the Enterprise, BJIR 1992, 529–545.

McMullen, John, Business Transfers and Employee Rights, 2nd ed. 1992, London.

McMullen, John, Contracting Out and Marketing Testing—the Uncertainty Ends?—Commentary, ILJ 1994, 230–240.

McMullen, John, Transfer of Undertakings – Perspective from Britain and Ireland, IJ 2001, 93–125.

McMullen, John, An analysis of the Transfer of Undertakings (Protection of Employment) Regulations 2006, ILJ 2006, 113–139.

McMullen, John, Some Problems and Themes in the Application in Member States of Directive 2001/23/EC on Transfer of Undertakings, IJCLLIR 2007, S. 335–374.

McMullen, John, Service Provision Change under TUPE: not quite what we thought, ILJ 2012, 471–478.

McMullen, John, The developing case law on TUPE and Service Provision Change, ILJ 2016, 220–230.

McMullen, John, The referendum effect, NLJ 2016, vol. 166 S. 11.

McMullen, John, Leaving a Legacy: Recent Jurisprudence of the European Court on Transfer of Undertakings, ILJ 2021, 130–156.

McMullen, John, Business Transfers and Employee Rights, (Stand März 2022) London 2022.

Münchener Kommentar zum Bürgerlichen Gesetzbuch, Säcker, Franz Jürgen/Rixecker, Roland/Oetker, Hartmut/Limperg, Bettina (Hrsg.), Band 5: Schuldrecht – Besonderer Teil II §§ 535–630h, BetrKV, HeizkostenV, WärmeLV, EFZG, TzBfG, KSchG, MiLoG, 9. Auflage. München 2023 [zitiert als *Bearbeiter*, in: MüKoBGB]

Napier, Brian, CCT, market testing and employment rights. The effects of TUPE and the Acquired Rights directive, London 1993.

Nikisch, Arthur, Arbeitsrecht. Tübingen 1951.

Nikisch, Arthur, Arbeitsrecht Band I. 3. Auflage. Tübingen 1961.

Oetker, Hartmut; Preis, Ulrich (Hrsg.) (teils): Europäisches Arbeits- und Sozialrecht. EAS: Rechtsvorschriften: systematische

Darstellungen: Entscheidungssammlung. Heidelberg, [Heidelberg, München, Landsberg, Frechen, Hamburg], [zitiert als *Bearbeiter*, in: EAS]

Peck, Stephanie, TUPE. A guide to the business transfer regulations. London 2006.

Phillips, Gillian, Scott, Karen, Employment Law, Guildford 2022.

Posth, Martin, Arbeitsrechtliche Probleme beim Betriebsinhaberwechsel. (§ 613 a BGB), Köln 1978.

Pottschmidt, Daniela, Arbeitnehmerähnliche Personen in Europa, Die Behandlung wirtschaftlich abhängiger Erwerbstätiger im Europäischen Arbeitsrecht sowie im (Arbeits-)Recht der EU-Mitgliedstaaten, Baden-Baden 2006

Prassl, Jeremias, The concept of the employer, Oxford 2015.

Preis, Ulrich; Sagan, Adam (Hrsg.), Europäisches Arbeitsrecht. Grundlagen, Richtlinien, Folgen für das deutsche Recht, 2. neu bearbeitete und erweiterte Auflage 2019, Köln.

Richards, Claudina; Mollica, Viviana, English Law and Terminology, 4. Auflage 2016, Baden-Baden.

Riesenhuber, Karl, Europäisches Arbeitsrecht. 2., vollständig überarbeitete und erweiterte Auflage 2021 Berlin.

Röder, Gerhard; Baeck, Ulrich, EuGH: Funktionsnachfolge als Betriebsübergang. NZA 1994. 542–544.

Ryley, Michael, TUPE: it ain't necessarily so, ICCLR 1997, 221–223.

Ryley, Michael; Upex, R. V., Upex and Ryley on TUPE Law and practice, 2nd ed. 2014, Bristol.

Sage, Gill, TUPE A practical guide, London 2002.

Samuel, Geoffrey, A short introduction to the common law, Cheltenham/Northampton 2016.

Schaub, Günter (Begr.), Arbeitsrechts-Handbuch, Systematische Darstellung und Nachschlagewerk für die Praxis, 19. Auflage, München 2021 [zitiert als *Bearbeiter*, in: Schaub, Arbeitsrechts-Handbuch].

Schubert, Jens; Jerchel, Kerstin (2010): Das europäische Arbeitsrecht (2009/2010), EuZW 2010, 687–694.

Seiter, Hugo, Betriebsinhaberwechsel. Arbeitsrechtliche Auswirkungen eines Betriebsübergangs unter besonderer Berücksichtigung des § 613a BGB i.d.F. vom 13. August 1980. Stuttgart 1980.

Smith, Ian Truman; Baker, Aaron; Warnock, Owen, Smith & Wood's Employment Law. 15th ed. 2021, Oxford.

Tröger, Beatrix; Roß-Kirsch, Nadja, Arbeitsrecht in Großbritannien, Praxisrelevante Regelungen und Unterschiede zur deutschen Rechtslage, 2nd ed. Wiesbaden 2016.

von Alvensleben, Constantin, Die Rechte der Arbeitnehmer bei Betriebsübergang im Europäischen Gemeinschaftsrecht, Eine Studie zu den gemeinschafsrechtlichen Grundlagen des § 613a BGB, Köln/Brüssel 1992

von Bernstorff, Christoph, Einführung in das englische Recht, 5. Auflage 2018 München.

Willemsen, Heinz Josef, Der Grundtatbestand des Betriebsübergangs nach § 613a BGB, RdA 1991, 204–216.

Willemsen, Heinz Josef, Erneute Wende im Recht des Betriebsübergangs – ein „Christel Schmidt II"-Urteil des EuGH?, NZA 2009, 289–294.

Willemsen, Heinz Josef, Erosion des Arbeitgeberbegriffs nach der Albron-Entscheidung des EuGH?, NJW 2011, 1546–1551.

Willemsen, Heinz Josef; Annuß, Georg, Neue Betriebsübergangsrichtlinie – Anpassungsbedarf im deutschen Recht? NJW 1999, 2073–2080.

Willemsen, Heinz Josef; Hohenstatt, Klaus-Stefan; Schnitker, Elmar; Schweibert, Ulrike; Seibt, Christoph H. (2021): Umstrukturierung und Übertragung von Unternehmen, Arbeitsrechtliches Handbuch. 6. Auflage 2021, München. [zitiert als *Bearbeiter,* in: *WHSS*, Umstrukturierung und Übertragung von Unternehmen]

Wynn-Evans, Charles, In defence of service provision changes?, ILJ 2013, 152–179.

Wynn-Evans, Charles, The Law of TUPE Transfers, 3rd ed. 2022 Oxford.

Yew, Julian, Is your share sale agreement a sham?, ELJ 2007, 15–17.

Younson, F. R., Employment Law and Business Transfers, A practical guide, London 1989.

Zweigert, Konrad; Kötz, Einführung in die Rechtsvergleichung auf dem Gebieten des Privatrechts. 3., neubearbeitete Auflage 1996, Tübingen.

Schriften zum Arbeitsrecht und Wirtschaftsrecht

Herausgegeben von Abbo Junker

Band	1	Christoph-N. Lerche: Der Europäische Betriebsrat und der deutsche Wirtschaftsausschuß. Eine vergleichende Analyse der betrieblichen Mitwirkung der Arbeitnehmer vor dem Hintergrund der Globalisierung der Märkte. 1997.
Band	2	Christian Walter Mecke: Zur rechtlichen Verbindlichkeit kollektiver Vereinbarungen in England. 1997.
Band	3	Katja Francke: Die betriebliche Mitwirkung der Arbeitnehmer in Belgien. Unter Berücksichtigung vergleichender Aspekte zum deutschen Betriebsverfassungsrecht. 1997.
Band	4	Christian Schulze: Die Zulässigkeit einstweiliger Verfügungen gegen Betriebsänderungen. 1998.
Band	5	Stefan Miersch: Die Rechtsfolgen mitbestimmungswidriger Maßnahmen für das Arbeitsverhältnis. Eine zivilrechtsdogmatische Untersuchung. 1998.
Band	6	Heike Wegner: Internationaler Verbraucherschutz beim Abschluß von Timesharing-verträgen: § 8 Teilzeitwohnrechtegesetz. 1998.
Band	7	Julia Wichmann: Dienstleistungsfreiheit und grenzüberschreitende Entsendung von Arbeitnehmern. 1998.
Band	8	Johann-Volker Peter: Société par actions simplifiée (S.A.S.). Die Vereinfachte Aktiengesellschaft in Frankreich, eine Rechtsform für die Kooperation von Unternehmen. 1999.
Band	9	Sylvia Schnelle: Der Europäische Betriebsrat in Spanien. Zugleich eine Einführung in das spanische Recht der Arbeitnehmervertretung. 1999.
Band	10	Viktoria Bornhagen: Die Zumutbarkeit als Rechtsgedanke im Arbeitsrecht. 1999.
Band	11	Thorsten Schacht: Der Übereilungsschutz beim arbeitsrechtlichen Aufhebungsvertrag. Arbeitnehmerschutz bereits de lege lata? 2000.
Band	12	Marcus Hellmann: Immobilienkauf nach spanischem Recht. 1999.
Band	13	Nicolaus Johannes Ehinger: Die juristischen Personen des öffentlichen Rechts als herrschende Unternehmen. 2000.
Band	14	Alexander Lentz: Das kollektive Arbeitsrecht der Republik Südafrika. Eine Untersuchung mit Bezügen zum deutschen Recht. 2000.
Band	15	Michaela Brunssen: Der Arbeitgeberverbandswechsel. Tarifrechtliche und arbeitskampfrechtliche Konsequenzen. 2000.
Band	16	Morten Petersenn: Das Recht des Grundstückskaufs in Südafrika. 2000.
Band	17	Stefan Krüger: Die umwandlungsrechtliche Haftungsregelung bei der Betriebsaufspaltung und ihre Analogiefähigkeit. 2001.
Band	18	Jürgen Kitzinger: Der GmbH-Geschäftsführer zwischen Arbeits- und Gesellschaftsrecht. Im Blickpunkt: Zuständigkeit der Arbeitsgerichte. 2001.

Band 19 Anja Ruge: Die Lohnersatzansprüche ehemaliger Zwangsarbeiter gegen deutsche Industrieunternehmen. 2001.

Band 20 Michael Knoll: Die Sozialauswahl im Arbeitsrecht. 2001.

Band 21 Britta Albrecht: Mediation im Arbeitsrecht. Individualarbeitsrecht und Betriebsverfassungsrecht. 2001.

Band 22 Annusch Barten: Das System der Arbeitnehmervertretung in Frankreich. 2001.

Band 23 Diane Westera: Der Wiedereinstellungsanspruch nach wirksamer Kündigung. 2001.

Band 24 Kristin Doerlich: Die Tariffähigkeit der Gewerkschaft. Eine Analyse der Mächtigkeitsrechtsprechung des Bundesarbeitsgerichts im Lichte neuerer Erfahrungen. 2002.

Band 25 Tina Witten: Vertragsgestaltung und Gesetzesbindung im Recht der Zeitarbeit. 2002.

Band 26 Martin Hellfeier: Die Leistungszeit im Arbeitsverhältnis. Eine Untersuchung zum Fixschuldcharakter der Arbeitspflicht und zu den Folgen ihrer Nichterfüllung. 2003.

Band 27 Almut Maulshagen: Betriebliche Arbeitskampfregelungen. 2003.

Band 28 Maren Band: Tarifkonkurrenz, Tarifpluralität und der Grundsatz der Tarifeinheit. 2003.

Band 29 Manuela Schulz: Der Bereitschaftsdienst in öffentlich-rechtlich organisierten Krankenhäusern. Eine rechtliche Bewertung. 2003.

Band 30 Felix Benedikt: Die Kürzung von Tariflöhnen zur Sanierung. Eine verfassungskonforme Auslegung des § 3 III TVG entsprechend § 626 BGB. 2003.

Band 31 Tim Kaden: Individuelle Bündnisse für Arbeit und Günstigkeitsprinzip. 2003.

Band 32 Simone Kreiling: Die Erstreckung betrieblicher und betriebsverfassungsrechtlicher Tarifnormen auf Außenseiter. 2004.

Band 33 Carsten Beck: Betriebliche Mitbestimmung und Kündigungsschutz. Die Funktionen betrieblicher Mitbestimmung im und deren Einfluß auf den Kündigungsschutz nach dem KSchG. 2004.

Band 34 Jost Eder: Die Regelungsabrede als Alternative zur Betriebsvereinbarung bei der Gestaltung materieller Arbeitsbedingungen. 2004.

Band 35 Christian Pfab: Wirkungsweise und Reichweite tarifvertraglicher Öffnungsklauseln. 2004.

Band 36 Julia Amlang: Die unternehmerische Entscheidungsfreiheit bei „betriebsbedingten Kündigungen" im europäischen Rechtsvergleich. Kündigung aus wirtschaftlichen Gründen in Deutschland, Frankreich, Spanien, Großbritannien und Schweden. 2005.

Band 37 Alida Milthaler: Das Fragerecht des Arbeitgebers nach den Vorstrafen des Bewerbers. 2006.

Band 38 Doreen Peter: Nebentätigkeiten von Arbeitnehmern. Interessenkollisionen von Arbeitgebern und Arbeitnehmern. 2006.

Band 39 Julia V. C. Bartlog: Das Verhältnis von Gesetz und Tarifvertrag. 2006.

Band 40 Michael Fuhlrott: Der geschädigte Arbeitnehmer. Zur Verfassungsmäßigkeit des Ausschlusses von Schmerzensgeld in der Unfallversicherung sowie zur Herleitung der Haftung bei Eigenschäden im Hinblick auf das Verschuldensprinzip. 2006.

Band 41 Femke Reinecke: Leistungsbestimmung des Arbeitnehmers. 2006.

Band 42 Maria M. Bausback: Der Bestandsschutz des Arbeitsverhältnisses auf europäischer und internationaler Ebene. Entwicklungen vom Mittelalter bis zur Gegenwart. Teil 1 / Teil 2. 2007.

Band 43 Jens Günther: AGB-Kontrolle von Arbeitsverträgen. Analyse der deutschen Rechtslage nach der Schuldrechtsreform und vergleichende Betrachtung des österreichischen Kontrollsystems. 2007.

Band 44 Claudiana Triskatis: Ethikrichtlinien im Arbeitsrecht. 2008.

Band 45 Annette Bruder: Die Weitergabe von Insiderinformationen durch Arbeitnehmervertreter. 2008.

Band 46 Ute Dietrich: Nichtraucherschutz am Arbeitsplatz. 2008.

Band 47 Markus Ebert: Übertragung und Zuordnung von Versorgungsverpflichtungen gegenüber Arbeitnehmern im Rahmen einer umwandlungsrechtlichen Spaltung. 2008.

Band 48 Susanne Schneider: Broad-based Black Economic Empowerment in der Republik Südafrika. 2008.

Band 49 Mandy Reichel: Die Einbeziehung des Außenseiter-Arbeitgebers in den Verbandsarbeitskampf. 2008.

Band 50 Abbo Junker (Hrsg.): Betriebsübergang in Europa. Symposion aus Anlass des 10-jährigen Bestehens der Schriften zum Arbeitsrecht und Wirtschaftsrecht am 10.10.2008 in München. 2009.

Band 51 Till Bender: Vorschläge zur Neuordnung des Sonderkündigungsschutzes nach MuSchG und SGB IX. 2009.

Band 52 Manuela Rauch: Die geschlechtsbezogene Diskriminierung am Arbeitsplatz nach kalifornischem Recht. 2009.

Band 53 Tina Luise Allenberg: Das französische règlement intérieur d'entreprise. Die Arbeitsordnung im französischen Arbeitsrecht. 2009.

Band 54 Bernd Haas: Anwaltliches Mandatsverhältnis zum Betriebsrat. 2009.

Band 55 Martin Fröhlich: Die erweiterte Weisungsbefugnis des Arbeitgebers im spanischen Recht. 2009.

Band 56 Stefanie Lorenzen: Inhaltskontrolle beim Betriebsübergang. Die Anpassung tariflicher Arbeitnehmerpflichten nach Privatisierungen. 2009.

Band 57 Oliver E. Aldea: Das französische Kündigungsrecht im Spannungsfeld von Abfindungen und Bestandsschutz. 2010.

Band 58 Wolfgang Stock: Die Einsetzung einer Transfergesellschaft. Unter besonderer Berücksichtigung betriebsverfassungs- und arbeitsförderungsrechtlicher Vorgaben. 2010.

Band 59 Claudia Hagedorn: Zulässigkeit und Grenzen von Tarifsozialplänen. 2010.

Band 60 Daniela Quink: Inhaltskontrolle von Freiwilligkeitsvorbehalten in Arbeitsverträgen. 2010.

Band 61 Kathrin Kentner: Arbeitskampfmittel der Arbeitgeber. 2010.

Band 62 Angela Nunes Fernandes Gil Wolf: Arbeitnehmereinsatz im Ausland. Das auf doppelte Arbeitsverhältnisse anwendbare Recht am Beispiel der Vertragsgestaltung eines internationalen Konzerns. 2010.

Band 63 Annemarie Berthold: Whistleblowing in der Rechtsprechung des Bundesarbeitsgerichts. 2010.

Band 64 Malte Koch: Die Beteiligung von Arbeitnehmervertretern an Aufsichtsrats- und Verwaltungs-ratsausschüssen einer Europäischen Aktiengesellschaft. 2011.

Band 65 Agnes Maria Kollerbaur: Die französische Arbeitsinspektion. Eine Untersuchung unter besonderer Berücksichtigung ihrer Rolle bei Kündigungen. 2011.

Band 66 Marcus Christian Leinenweber: Landesschlichtungsgesetze? 2011.

Band 67 Frederike Cathérine Gärtner: Die gesetzliche Regulierung von Bahnstreiks in Frankreich. Arbeitskampf vs. Kontinuität öffentlicher Dienstleistungen. 2011.

Band 68 Carolin van Straelen: Der Rollenkonflikt des Arbeitnehmervertreters zwischen Betriebsratsmitglied und Gewerkschaftsfunktionär. 2012.

Band 69 Anna Maria Jordan: Entgeltdiskriminierung in Frauenberufen? 2012.

Band 70 Dominic Köstner: Compliance-Richtlinien im Unternehmen. Arbeits- und datenschutzrechtliche Implementierungsaspekte. 2012.

Band 71 Michael Kobler: Fremdeinflüsse auf die tarifliche Willensbildung. 2012.

Band 72 Anne Kraas: Zulässigkeit und Grenzen der arbeitsvertraglichen Entgeltflexibilisierung. 2012.

Band 73 Melanie Amann: Die Belegschaftsabstimmung. 2012.

Band 74 Christina Mennemeyer: „Dritter Weg" und rechtliche Grenzen der Flexibilisierung des Arbeitsrechts der katholischen Kirche. 2012.

Band 75 Joël Philipp Hofmann: Rechtsmissbrauch und Verwirkung bei Widerspruch gegen den Übergang des Arbeitsverhältnisses nach § 613a BGB. 2013.

Band 76 Jennifer Junker: Das Recht der Arbeitnehmerüberlassung in Japan. 2013.

Band 77 Gabriele Geiselhart: Tarifliche Regelungsmacht bei Haustarifverträgen und Unternehmerfreiheit. Dargestellt am Beispiel von Standortgarantien und Zeitarbeitsquoten. 2013.

Band 78 Lorenz Sylvester Mitterer: AGB-Korrektur in Dauer- und Langzeitschuldverhältnissen. 2013.

Band 79 Janina Morgenweck: Die Arbeitsgerichtsbarkeit in England. 2013.

Band 80 Christoph B. Kistler: Die Rechtmäßigkeit von Spartenstreiks. Alte Kriterien in neuem Licht. 2013.

Band 81 Julia Strasser: Die Haftung bei Lohnwucher im Arbeitsrecht der USA. 2014.

Band 82 Stephanie Amschler: Constructive dismissal. Fingierte Arbeitgeberkündigung im englischen Kündigungsschutzrecht. 2014.

Band 83 Felix Berding: Die Urabstimmung im britischen Arbeitskampfrecht im Licht der EMRK. 2014.

Band 84 Christine Kumpf: Multinationalität der SE-Mitbestimmungsordnung. 2014.

Band 85 Florian Schiffer: Der Leistungsmaßstab im Arbeitsverhältnis. 2014.

Band 86 Stefan Hoffmann: Unterrichtungspflicht und Widerspruchsrecht bei Betriebsübergang gemäß § 613a Abs. 5 und 6 BGB – Grenzen, weitere aktuelle Rechtsprobleme und Strategien zur Risikominimierung. 2015.

Band 87 Marie-Theres Boetzkes: Die Konzernmutter als Mitarbeitgeberin im französischen Recht. 2015.

Band 88 Ines Kranz: Landesarbeitskampfgesetze? 2015.

Band 89 Hendrik Schulte-Wrede: Die Beteiligung der Arbeitnehmer in der Europäischen Privatgesellschaft – SPE. 2015.

Band 90 Kathrin Charlotte Enke: Beteiligungsvereinbarungen nach § 21 SEBG. 2015.

Band 91 Tom Christopher Pröstler: Modelle betrieblicher Arbeitnehmerbeteiligung. Ein historisch-europäischer Rechtsvergleich zwischen Deutschland und dem Vereinigten Königreich. 2015.

Band 92 Achim Engel: Collective Governance in Tarifverbänden. 2015.

Band 93 Michaela Felisiak: Regulierungsbedarf grenzüberschreitender Betriebsübergänge. Zweifel an der grenzüberschreitenden Anwendbarkeit des § 613a BGB. (Urteil des BAG vom 26. Mai 2011). 2015.

Band 94 Robert Cornelius Richard: Inhaltliche Grenzen des Zeugnisanspruchs des Arbeitnehmers. 2015.

Band 95 Martina Reiser: Umgehung des § 613a BGB durch Aufhebungsvereinbarung und Neu-vertrag. 2015.

Band 96 Peter Illes: Das betriebsverfassungsrechtliche Verbot parteipolitischer Betätigung im Betrieb. 2016.

Band 97 Marc Bohlen: Die arbeitsvertragliche Befristung mittels eines gerichtlichen Vergleichs. 2016.

Band 98 Reimo Robin Richarz: Insolvenzrechtliche Einordnung von Ansprüchen des Arbeitnehmers. 2016.

Band 99 Christine Hepp: Mutterschutz für GmbH-Geschäftsführerinnen. Rechtslage de lege lata im Lichte verfassungsrechtlicher und europäischer Vorgaben. 2016.

Band 100 Sabrina Susanna Pechtold: Anerkennung von Gewerkschaften als Tarifvertragspartner in Großbritannien. 2016.

Band 101 Charlotte Sander: Die Zerrüttung des Arbeitsverhältnisses. Die Stellung der gerichtlichen Auflösung des Arbeitsverhältnisses gemäß §§ 9, 10 KSchG im System des Kündigungs-schutzrechts. 2016.

Band 102 Tilmann Restle: Betriebsvereinbarungen und das Kartellverbot des Art. 101 Abs. 1 AEUV. Zur Anwendbarkeit der Albany-Ausnahme des EuGH auf Betriebsvereinbarungen im Sinne des BetrVG. 2016.

Band 103 Antje Hirsch-Hottes: Arbeitnehmerüberlassung aus vertragsrechtlicher Perspektive. 2017.

Band 104 Florian Hertenstein: Die schuldrechtliche Regelungsbefugnis der Tarifvertragsparteien. Unter besonderer Berücksichtigung schuldrechtlicher Verpflichtungen des Arbeitgebers zu einem unternehmerischen Verhalten. 2017.

Band 105 Eva Susanne Felisa Frey: Kündigungsschutz im portugiesischen Arbeitsrecht. 2018.

Band 106 Katrin Maily: Vergütung der Arbeitnehmervertreter. Governanceprobleme bei Doppelmandaten. 2019.

Band 107 Lea Sophie Grohmann: Mitbestimmungsvereitelung nach § 43 SEBG. 2020.

Band 108 Christina Meyer: Arbeitsrechtliche Streitbeilegung in Australien. 2020.

Band 109 Sarah Schimm: Arbeitgeberfluktuation. 2020.

Band 110 Miriam Engler: Entgeltgleichheit zwischen Männern und Frauen im französischen Arbeitsrecht. 2021.

Band 111 Andreas Schöberle: Der Streik im mexikanischen Arbeitsrecht. 2022.

Band 112 Philipp Bienstein: Die Auswirkungen des Tarifeinheitsgesetzes auf Betriebsübergänge und Unternehmensumstrukturierungen. 2023.

Band 113 Sarah Häußinger: Die TUPE Regulations: Betriebsübergang in Großbritannien. 2024.

www.peterlang.com

www.ingramcontent.com/pod-product-compliance
Ingram Content Group UK Ltd.
Pitfield, Milton Keynes, MK11 3LW, UK
UKHW021850290926
8980IPUK00005B/761

9 783631 908785